인간다운 삶을 위한 경제정책

이 도서의 국립중앙도서관 출판예정도서목록(CIP)은 서지정보유통지원시스템 홈페이지 (http://seoji.nl.go.kr)와 국가자료공동목록시스템(http://www.nl.go.kr/kolisnet)에서 이용하실 수 있습니다. CIP제어번호: CIP2017033186(양장), CIP2017033185(반양장)

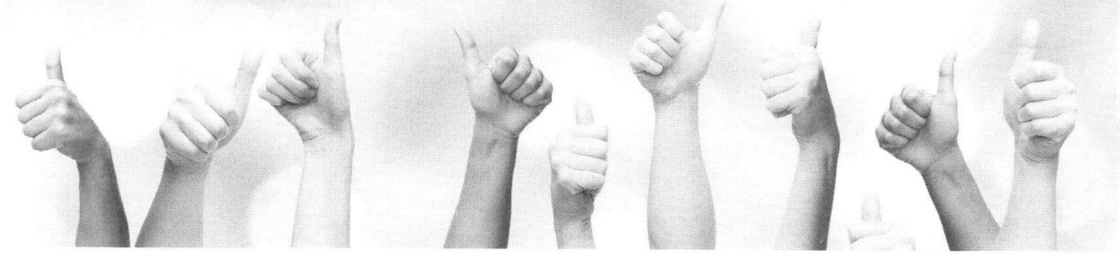

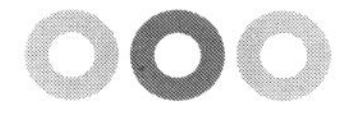

인간다운 삶을 위한 경제정책

서울사회경제연구소 엮음

박순일 · 최영기 · 김현경 · 이병희 · 이상영
남기곤 · 강병구 · 장세진 지음

한울
아카데미

머리말

우리 사회의 양극화가 심화됨에 따라 최소한의 인간다운 삶조차 영위하지 못하는 사람들이 늘고 있다. 이런 사회는 발전은 말할 것도 없고, 지속 가능하지도 않을 것으로 보인다. 우리 사회가 왜 이렇게 되었을까를 생각해보면, 과학기술의 발전이 생활을 편리하게는 하였지만 많은 사람들의 일자리를 앗아가 버렸고, 세계화는 글로벌 대기업들의 번성을 가져왔지만 그 경쟁은 더욱 격렬해져 경쟁력이 낮은 많은 기업과 그에 속한 노동자들을 더 열악한 여건으로 몰아넣었기 때문일 것이다. 우리 사회의 양극화가 더 악화된 데는 가진 자가 주도하는 고용과 분배 없는 성장을 방치하거나 때로는 조장한 정부의 책임도 적지 않을 것이다. 그나마 정부가 양극화 사회를 바로 잡을 실효성 있는 정책을 마련하여 이를 적극 추진했다면 양극화의 그늘은 훨씬 옅어졌을 것이라고 생각한다. 다행히 새 정부는 우리 사회의 양극화 해소에 도움이 될 만한 공정한 경제와 혁신 성장을 경제정책의 주요 방향으로 내세우고 있다. 하지만 그 진행 과정은 더 지켜보아야 할 것이다. 이 책은 인간다운 삶이 어렵게 된 현실을 먼저 진단하고 인간다운 삶을 찾을 수 있는 구체적인 정책 방안을 모색하기 위해 기획되었다. 이 책은 인간다운 삶이 실현되어 우리 사회의 아픔이 줄어들고 경제의 활력도 되찾을 수 있기를 기대하면서 이와 관련되는 논문을 모아 편집했다.

'인간다운 삶'이 무엇인지에 대해서는 사람들마다 견해를 달리 할 것이다. 하지만 인간다운 삶을 위한 조건으로 적어도 안정된 일자리가 있어야 하고, 기본적인 복지가 갖춰져야 한다는 데는 대부분 동의하리라 생각한다. 이 책의 1부는 안정된 일자리와 관련하여 '직장과 삶'의 문제를 다루고 있다. 인간다운 삶이 보장되는 사회는 원하는 자는 모두 일할 수 있어야 하고, 비정규직의 차별에서 벗어날 수 있어야 하고, 청년들이 희망을 갖고 일할 수 있는 사회가 되어야 할 것이다. 이러한 사회를 만들기 위한 정책 제언과 더불어 최근 크게 증가한 시간제 근로의 문제를 함께 다루고 있다.

책의 2부는 기본적인 복지와 관련된 문제를 '삶과 복지'라는 제목으로 다루고 있다. 인간다운 삶을 위한 기본적인 복지로는 많은 조건이 갖춰져야 하겠지만, 적어도 편히 쉴 수 있는 집이 필요하고, 배우고 싶을 때 배울 수 있어야 하고, 큰 질병이나 사고와 같은 인생의 위험에 대해서도 인생 전체가 타격을 받지 않도록 사회안전망이 있어야 할 것이다. 이러한 점에서 이 책은 주거복지, 교육복지, 사회보험의 사각지대 문제를 다루고 있다. 그리고 최소한의 복지를 보장하는 시도의 하나인 기본소득의 문제도 검토하고 있다.

다음은 이 책에 실린 글을 간단히 요약하고자 한다. 제1부 '삶과 직장'에서는 네 편의 글을 싣고 있다. 먼저 '박순일'의 글은 완전고용의 달성을 중시한다. 완전고용은 경제의 주요한 목표인 동시에 국민행복 증진에도 꼭 필요하다고 본다. 하지만 자유시장주의, 사회주의, 사회민주주의적 발전 논리를 적용해온 역사를 볼 때, 완전고용은 성공하지 못했다. 이들 논리는 시장이냐, 정부정책이냐, 아니면 그 중간이냐의 접근 방식으로서, 경제논리에 기반을 두고 있음을 지적한다. 박순일은 완전고용은 시장기능이나 경제정책만으로는 한계가 있고, 경제정책과 더불어 사회정책적 접근이 필요함을 강조한다.

박순일은 시민이 직접 참여하는 제3의 모델이 필요하다고 주장한다. '정부정책의 전환'이 아니라 '경제운영 주체의 전환'을 강조한다. 시장 또는 정부가 실현시키지 못한 완전고용 및 행복 증진의 영역을 시민사회라는 주체가 참여하여, 세 주체가 각자의 역할을 축소 또는 확대함으로써 부족한 영역을 보완해나가야 한다는 것이다. 그는 시장의 실패를 교정하기 위해 정부와 민간사회가 협력·경쟁하고, 정부의 실패를 교정하기 위해 시장과 사회가 협력·경쟁할 수 있어야 완전고용을 달성하고, 동시에 삶의 질이 증진될 수 있다고 주장한다. 그는 이를 실현하기 위한 방안으로 노동대체세, 노동참여 인센티브제도의 도입, 국민행복을 최대화할 수 있는 고용극대화 생산방법, 징벌적 자본보유세 등을 제안하고 있다.

'최영기'의 글은 2000년대 초 이후 국가적 이슈가 되어온 비정규직 문제를 다루고 있다. 최영기는 보수와 진보진영 간에 쟁점이 되었던 비정규직 문제의 원인으로서의 정규직 노동시장의 경직성 여부와 비정규직 고용 해법의 차이를 검토한다. 경직성과 관련하여 양 진영이 해고의 유연성에만 관심을 집중하고 임금, 근로시간, 인사제도, 직무체계의 경직성이나 연공형 위계질서로 인한 경직적 기업문화에 대해서는 충분히 관심을 가지지 않았음을 지적한다. 해법 역시 양 진영이 각각 비정규직 기간 제한의 연장과 법을 통한 고용 형태의 직접 규제라는 법적 해결에 집중해왔음을 지적한다.

최영기는 그동안의 노동 개혁 경험으로부터 볼 때 비정규직의 고용 개선과 양극화 문제를 한두 조항의 노동법 개정으로 해결하려는 것은 환상이라고 본다. 20년의 공방을 통해 균형을 맞춰놓은 고용보호법제에 손대기보다 고용은 안정시키되 임금과 근로조건 등 고용계약의 내용을 유연하게 변경하는 방안을 모색하는 게 바람직하다고 본다. 장기적으로 임금과 근로시간, 직무와 직급체계의 구조 자체를 현재의 연공서열을 중시하는 사람 중심 체계에서 직무를 중시하는 일 중심 체계로 바꾸는 것을 비정규직 해결의 방향으로 보고 있다.

'김현경'의 글은 시간제 근로의 확산에 주목하면서 그 효과에 관심을 가지고 있다. 김현경은 시간제 근로의 확대가 비정규직 규제에 대한 기업들의 회피책에 기인한 것이라고 본다. '일과 가정을 양립하기 위한 자발적인 양질의 시간제 근로가 많아졌는가?'라는 스스로의 질문에 한국의 시간제 근로는 그렇지 못하다고 답변한다. 한국의 시간제 근로는 불안정한 고용 형태의 하나에 불과하고, 대부분 생계를 유지하기 위해 어쩔 수 없이 선택하는 경우가 많고, 근속 연수가 짧고 불안정할 뿐 아니라 저임금에 처해 있으며, 사회보험 가입률도 매우 낮은 상황에 있음을 지적한다.

김현경은 시간제 근로가 노동조합이나 단체교섭 체제를 갖추지 못해 현 상황을 극복하기 어려우며, 시간제 확산이 일할 기회의 박탈과 소득 감소, 나아가 소득불평등 심화로 이어질 우려가 있음을 지적한다. 시간제 근로는 불안정한 근로 형태의 하나에 해당하고, 저임금으로 인간다운 삶이 위협받고 있으므로, 시간제 근로자의 고용 지위 향상을 위한 제도적 개선뿐 아니라 여타 비정규직에 대한 대책, 근로 빈곤층에 대한 사회보장 대책이 동반하여 실시되어야 함을 강조하고 있다.

'이병희'의 글은 일하지도 학교에 다지니도 않는 청년들을 청년 NEET, 그 중 실업에 빠져 있거나 비경제활동인구로 분류되어 있지만 직업을 구하는 노력을 기울이는 청년층을 구직 NEET로 정의하고, 이들이 처해 있는 문제들을 살피고, 그 해결책을 모색하고 있다. 이병희는 한국의 구직 NEET들은 취업 경험이 없거나 장기 미취업 상태인 비율이 높고, 일자리를 얻더라도 불안정한 일자리와 실직을 반복하는 경향이 크며, 임시·일용 근로를 하다가 자발적으로 이직하여 실업급여를 받지 못하고 있다는 등의 특성을 발견한다.

이병희는 청년들의 경우 자발적인 이직자들에게도 구직 급여를 지급하는 청년 친화적인 것으로 고용보험을 개편할 것을 제안한다. 또한 근로 경력이 없거나 고용보험의 보호를 받을 수 없는 청년들에게는 실업의 빈곤화를 방지하기 위해 실업부조를 도입할 것을 주장한다. 실업부조는 소득 지원과 함께 취업 지원이 병행되어야 한다. 이와 함께 필자는 지역 차원의 청년 지원 정책이 청년들의 구직 활동 및 취업 준비의 다양성을 뒷받침할 수 있다고 보고 있다.

다음으로 제2부 '삶과 복지'의 주된 내용을 소개하기로 한다. '이상영'의 글은 주거복지 문제를 다루고 있다. 이상영은 현재 한국의 주거복지정책이 주거 안정에 크게 기여하지 못하고 있음을 지적한다. 월세 전환 등으로 주거 비용이 상승하고 있음에도 불구하고, 주거복지정책 규모가 크지 않아 많은 저소득자들이 공공 주거 지원을 받지 못하고 있으며, 장기공공임대주택도 일정한 기간 후에 분양 전환되는 비중이 커 주거의 안정성이 위협받고 있는 실정이다. 또한 고령자 가구가 급증함에도 그에 대한 대책은 미흡하기 짝이 없다.

이상영은 주거복지정책이 저소득층에 대한 직접적인 주거지원뿐 아니라 민간의 주거비 부담 경감에도 기여해야 한다는 관점을 가지고 있다. 기본적으로 공공임대주택 공급과 지원을 저소득층에 집중하되, 중간소득 계층에 대해서는 민간임대주택시장이 그 역할을 담당할 수 있도록 해야 한다고 본다. 이러할 때 발생할 수 있는 저소득층의 주거 불안정은 민간을 활용해야 하는데, 사회적 기업이나 협동조합 등의 사회적 임대인을 육성하여 저렴한 사회적 주택 공급을 확대할 수 있도록 해야 하며, 비제도권에 머물고 있는 개인 임대인들이 제도권에 진입하도록 하여 임대료와 관리비를 낮추도록 해야 한다는 등의 정책 방향을 제시하고 있다. 이와 함께 고령자용 주택 공급 활성화 대책의 필요성도 강조한다.

'남기곤'의 글은 한국 교육 불평등의 해소를 위한 정책을 다루고 있다. 남기곤은 한국의 경우 노동시장에서 부유한 가정 → 높은 사교육 투자 → 상위권 대학 진학 → 높은 노동시장 성과로 이어지는 현상에 주목한다. 또한 중등교육 단계에서 특목고와 자사고, 고등교육 단계에서 상위권 대학에 많은 교육비가 지출되고 있으며 대학의 재정지원사업에 '선택'과 '집중'의 원칙이 적용되는 것도 교육 불평등을 심화시키고 있음을 지적한다.

그는 교육 불평등의 해소가 한국 사회 전체 구조와 관련된 문제로 쉽게 해결되기 어렵지만, 가정환경에 의해 능력 격차가 생기는 구조는 교육정책을 통해 해결할 수 있다고 본다. 그는 능력 격차의 해소의 방향은 '하향 평준화'가 아닌 '상향 평준화'가 되어야 하며 이를 위해 경쟁에서 뒤처지는 사람이 능력을 쌓아갈 수 있도록 도와줄 필요가 있음을 강조한다. 특히 대학입학 후 한국 청년들의 능력이 오히려 다른 국가들에 비해 상대적으로 뒤처지고 있으므로 경쟁에 뒤처지는 학생들에게 교육자원을 집중 배분할 필요가 있다고 주장한다. 모든 대학의 국공립화와 양질의 균질적인 대학 교육의 제고, 사립이 중심인 전문대학의 정부의존형 전문대학화, 특성화 고등학교에의 교육자원 배분 제고 등의 정책을 제안하고 있다.

'강병구'의 글은 한국에서 자영업자가 높은 비중을 유지하고 있으며, 그 대다수가 영세 자영업자이며, 저소득, 높은 부채비율뿐 아니라 사회보험의 미가입 등으로 노후 생활이 위협받고 있음에 주목하여, 이들에 대한 사회보험 가입을 제고할 수 있는 방안을 모색하고 있다.

강병구는 자영업자들이 사회보험 가입을 기피하는 주요 원인으로 소득 파악에 따른 사회보험료와 조세 부담의 증가를 들고 있다. 자영업자 중 연소득 2000만 원 이하 영세 자영업자와 1억 원 이상 고소득 자영업자의 공적 연금 미가입률이 중간층에 비해 높음을 지적하면서 소득 규모별 대책 실시를 주장하고 있다.

고소득 자영업자의 경우 소득의 탈루 행위를 방지해야 하고, 영세 자영업자에 대해서는 근로장려세제를 통한 소득 지원을 강화해 소득 파악과 사회보험의 가입을 유인할 수 있는 계기를 마련하고, 중장기적으로 두루누리 사회보험 지원 사업을 적용하는 것이 바람직하다고 주장한다.

'장세진'의 글은 안정적인 생활을 보장하는 방법으로 최근 많이 논의되고 있는 기본소득에 대해서 다루고 있다. 장세진은 기본소득에 대해서 일반 교양인들이 가질 만한 전형적인 질문 4가지(1. 충분히 재원을 조달할 수 있는가? 2. 증세에 대한 반발이 심하지 않겠는가? 3. 노동할 의욕을 감퇴시키지 않겠는가? 4. 인플레이션을 유발하지 않겠는가?)에 답변하는 것을 통해 그 정합성을 검토하고, 나아가서 기본소득으로의 원활한 이행 방법에 대해서도 의견을 제시하고 있다.

장세진은 이상의 과정을 통해 1. 재원 부담을 낮추기 위해서는 기본소득은 원칙적으로 빈곤에 근거한 모든 소득 지원을 흡수해야 하고, 2. 증세할 때 국민들에게 순조세의 관점을 이해시킨다면 조세저항이 줄어들 것이고, 3. 기본소득은 시장 노동 공급이 증가할 수도 감소할 수도 있지만, 다만 급격한 감축은 바람직하지 않으므로 기본소득 수준을 신중하게 고려해야 할 것이라는 시사점을 얻고 있다. 그는 기본소득의 도입 방법으로 새로 태어나는 아기부터 무상보육의 재원을 흡수해 실시하는 식으로 점진적인 확대가 바람직하다는 견해를 제시한다.

이 책은 '인간다운 삶'과 관련된 정책 대안들을 충분히 담고 있지 못하다. 인간다운 삶을 누리기 위해 해결해야 될 과제나 시행해야 할 정책들이 수없이 많은데, 이 책에서는 그중에서 몇 가지 주제나 정책만을 다루고 있을 뿐이다. 우리 연구소는 '민주적이고 공정한 사회경제'의 실현을 목표로 하는 만큼 우리 경제와 사회가 '인간다운 삶'을 실현하는 데 지대한 관심을 가지고 있다. 이 책에 머무르지 않고, 더욱 진전된 연구 결과를 내놓기 위해 노력할 것이다. 아무쪼록 이 책이 우리 사회가 일보 전진하는 데 조금이라도 보탬이 되었으면 한다.

2017년 12월

서울사회경제연구소

차례

제2부 삶과 복지

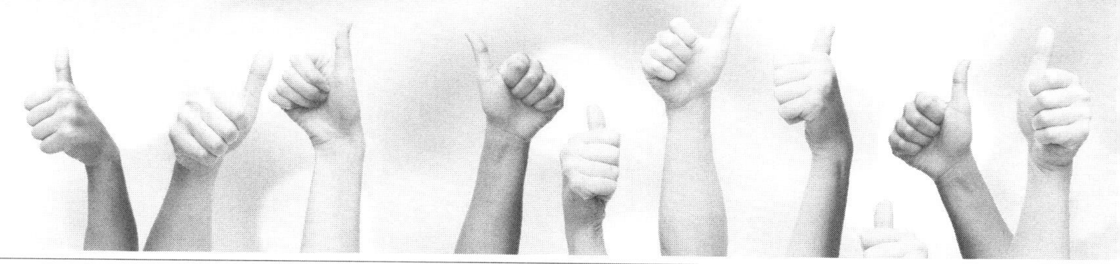

제1부 삶과 직장

제1장

국민행복 증진을 위한 경제와 사회의 순환적 발전과 완전고용*

박순일 | 한국사회정책연구원 대표이사

1. 서론

경제 및 사회의 주요 목표 중 하나는 완전고용이지만 자유주의, 사회주의, 사민주의 체제의 어떤 경제정책도 완전고용 달성에 실패했다. 또한 경제의 궁극적 목표가 국민행복의 증진에 있지만 지금까지의 경제발전에도 불구하고 성공적이지 못했다. 이 논문은 완전고용과 국민행복 증진 달성의 실패에 대해 실증 분석하고, 완전고용을 달성하고 국민행복을 증진시킬 수 있는 경제와 사회의 순환적 균형발전모형을 제시하며, 이에 필요한 정책 개혁 방안을 찾아본다.[1)]

---

* 이 연구에서 계량경제학 부문은 상명대학교 경제학과 함시창 교수와 서강대학교 경제학과 남준우 교수의 도움을, 그리고 통계 처리는 한국보건사회연구원의 이연희 박사의 도움으로 이루어졌다. 또한 국민행복과 관련된 내용은 한국보건사회연구원의 유근춘 박사와의 토론과 정해식 박사의 연구 결과에서 도움을 받았다.

1) 이 글은 구조적 한계를 분석하고 극복하기 위한 주제를 다루고 있어, 주어진 체계 내에서 사회현상의 인과관계에 대한 엄격한 분석으로는 접근하기 어렵다는 제약을 피할 수 없다.

이 연구는 완전고용 및 삶의 질 개선에서 시장에 대한 기대와 정부의 노력이 실패해왔음을 실증적으로 분석하고, 국민행복 증진이라는 사회경제적 목표 아래 자원, 특히 노동의 완전고용을 달성할 수 있는 모형을 찾으려 하고 있다. 경제학은 기본적으로 인간의 생활 문제를 다루는 실증적 학문이어야 한다. 인간의 경제생활과 다양한 욕구를 반영하지 못하고, 순수 경제 질서나 이념 구조에 넣고 그것의 기계적 및 규범적 질서에 묶어 두면 진정한 인간 경제생활 욕구와는 괴리된 많은 문제를 일으키게 된다.

이념의 스펙트럼은 1700년대 중·후반 산업혁명 이래 개인 자유를 중심으로 한 경제 운영과 국가계획에 의한 경제 운영의 양극단적인 방안, 그리고 중간의 여러 유형의 경제 운영 형태로 전개되었다. 그 과정에서 경제성장으로 국가의 궁극적 목표인 국민행복은 증진되고 고용이 확대하고 노동의 질도 향상되었다. 그렇지만 어떤 제도에서도 완전고용을 달성하는 데 실패했다. 애덤 스미스(Adam Smith)를 중심으로 한 자유적 시장주의는 오래전에 완전고용 목표를 달성하는 데 한계에 부딪혔다. 또한 그 이후 국가에 의한 시장 대체나 국가 개입을 확대해온 어떤 이념도 성공하지 못했다. 사회주의는 경험적으로나 논리적으로 실패했다. 이런 문제를 극복하기 위해 탄생된 사민주의는 대부분의 선진국에서 발전되어왔으나 완전고용의 달성에 역시 실패했다. 시장은 개인의 이익 추구를 과도하게 정당화해 경제·사회적 실패를 발생시켰고, 국가는 시장 실패의 교정이나 사회적 편익을 증대시켜야 하는 임무가 있으나 그들은 시민 편익을 위한 봉사가 아니라 권력을 쟁취하고 유지하기 위해 시민 편익 사업을 정치화해 시민 편익과는 멀어지고 역시 완전고용에도 실패했다.

또한 현상에 대한 거시적 시각의 접근이어서 구체적인 논리나 정책안에서는 추가적인 연구들이 뒤따라야 할 것이라고 본다.

시장 중심으로 운영되고 있는 사민주의적 경제발전은 긍정적인 효과에도 불구하고 궁극적인 목표인 완전고용과 국민행복의 증진에서도 성공적이지 못했다.

시장과 정부의 경제정책으로 완전고용을 달성할 수 없다는 것은 장기적 경제 운영의 결과로 실증되고 있다. 그러나 노동은 삶의 질을 결정하고, 노동 자체가 국민행복에 가장 중요한 요소 중 하나이다. 또한 노동은 생산적으로도 경제적 가치뿐 아니라 사회적 가치를 생산하는 주요 수단이다. 경제적 가치와 사회적 가치의 생산은 국민행복을 증진시킬 뿐 아니라, 노동자의 삶의 욕구를 충족시키면서 그 대가도 보상해 개인의 행복을 증진시킨다. 그리고 노동자의 사회적 가치 생산의 참여는 완전고용 달성의 주요 수단이 될 수 있다. 따라서 경제적 가치를 생산할 기회가 없는 노동자는 사회적 가치의 생산에 참여해 완전고용 달성과 국민행복 증진에 기여할 수 있다. 즉, 경제가 불황일 때는 사회적 가치의 생산 참여로, 호황일 때는 경제적 가치의 생산 참여로 완전고용을 유지하고 국민행복을 증진시킬 수 있는 순환적 발전 모델이 필요하다. 따라서 고용 보장과 행복증진이라는 인간의 생활경제 문제는 이념틀이나 경제 논리에 구속되지 않는 종합적인 사회 논리에서 접근되고, 최상의 목표인 인간 행복이라는 체계에서 이를 직접적으로 해결하려는 종합 학문적 노력과 정책이 필요하다.

2. 완전고용 달성과 국민행복 증진에서 실패

현재 대부분의 유럽 선진국에서 사민주의적 경제 운영으로 정부 개입이 확대되어왔음에도 불구하고 대표적인 시장의 실패인 완전고용의 목표를 전혀 달성치 못하고 있고, 빈곤 등 국민의 기본생활 보장이 안 된 상태에서 복지재정만 확대되고 있다. 이 외에도 시장경제에서 실패한 사회 및 환경문제 등 많은 문제가 나타나고 있다.

① 지속적인 실업 발생, 높은 빈곤율, 불평등의 유지

수정자본주의의 등장 이후 지속적인 성장과 일인당 국민소득의 증대에도 불구하고 경기변동에 따른 순환적 실업은 물론 높은 수준의 만성적인 실업이 지속되고 있다. 실업률은 〈표 1-1〉에서 보는 바와 같이 스웨덴과 덴마크에서는 1990년 이후 증가하거나 높은 수준을 유지하고 있고, 프랑스에서는 10%대에 가까운 수준이 지속되고 있다. 영국이 실업률을 낮추는 데 성공했으나 그 수준은 2010년에서 2014년까지 평균 4.3%에 이르고 있다. 국가 개입이 확대되어 OECD 국가에서는 적극적 노동시장 지출을 포함한 사회 지출 증가율이 국민소득 증가율을 앞질러 GDP 대비 공공 및 법정 민간사회복지 지출이 평균적으로 1980년 15.6%에서 2011년 22.1%로 증가했으나, 높은 실업률이 지속되어 실업이 모든 국가의 주요 경제정책 과제가 되고 있다.

② 분배의 악화

1980년대 이후 영국과 미국의 신자유주의와 동시에 유럽에서는 사민주의가 확대되었고, 이에 따라 사회복지를 중심으로 정부의 사회 지출이 급격히 증대해왔으나[2] 분배의 개선은 없거나 적었다. 자료가 있는 OECD 28개 국가 중 7개국에서만 1980년대 중반 이후 지니계수의 평균변화율이 마이너스를

2) 스웨덴은 1970~1980년대에 급속히 증가한 후 1990년 이후에는 감소세를 보이고 있으나, 대부분의 국가에서는 증가 혹은 크게 증가했다.

〈표 1-1〉 주요국의 경제 및 사회정책의 평균적 실적 결과 (단위: %)

구분		한국	일본	미국	영국	독일	프랑스	스웨덴	덴마크
성장률	1990년대	7.6	1.7	3.2	1.9	2.2	2.0	1.1	2.5
	2000년대	3.8	0.6	1.8	2.0	0.8	1.4	2..0	0.9
	2001~2009년	3.7	0.2	2.2	1.7	2.0	1.0	2.4	0.5
일인당 국민 소득 (달러)	1990년대	9,657	34,534	28,374	21,356	26,884	24,978	29,182	30,691
	이후~2009년	16,696	36,318	43,111	36,890	34,443	34,929	41,785	46,427
	이후 5년	25,105	43,688	52,425	45,130	46,554	44,389	59,341	60,823
사회 지출 비율	1990년대	3.6	13.4	14.5	18.6	25.1	27.9	31.6	27.1
	이후~2009년	6.6	18.4	15.8	20.2	26.4	29.3	28.5	271.
	2000~2011년	9.3	22.6	19.2	22.8	26.2	31.6	27.6	30.0
실업률	1990년대	3.3	3.1	5.8	8.2	7.9	11.4	7.1	7.4
	이후~2009년	4.0	4.6	5.5	5.3	7.9	8.8	6.5	4.5
	이후 5년	3.4	4.3	8.1	4.3	5.7	9.6	8.1	7.2
지니 계수	변화율	-	0.4	0.5	0.8	0.7	-0.1	1.1	0.5
	계수	0.32	0.33	0.38	0.34	0.30	0.29	0.26	0.25
빈곤율	변화율	-	1.3	-0.1	2.2	2.1	-0.2	3.7	0.1
	빈곤율	15.0	15.7	17.3	11.3	8.9	7.2	8.4	6.1

주: 1) 지니계수 및 빈곤율의 변화는 1980년대 중반에서 2000년대 후반 사이의 연평균 변화율임. 빈곤율은 2000년대 후반 중위균등화 가구소득의 50% 미만의 인구 비율.
2) 사회 지출은 공공사회복지지출로서 노령, 유족, 근로 무능력, 보건, 가족, 적극적 노동시장정책, 실업, 주거, 기타를 포함하는 지출이다. 한국의 사회 지출 비율은 2010, 2011, 2013년의 평균이다.
자료: OECD/Korea Policy Center(2011: 67, 69)의 표 활용; 고경환 외(2014: 208~213).

보였는데 이들은 프랑스를 제외하면 주요 선진국이 아니다.[3] OECD 28개국의 같은 기간 평균변화율은 0.3%로 매우 작고 2000년대 후반 평균 지니계수는 0.31이다(OECD/Korea Policy Center, 2011: 67).

대표적인 사민주의 국가인 스웨덴에서도 1980년대 중반 이후 지니계수가

3) 아일랜드, 스페인, 그리스, 포르투갈, 터키, 칠레 등이 최근 재정위기를 맞고 있는 국가들이다.

증가했고(평균 증가율 1.1%로서 가장 큰 핀란드 1.2% 다음으로 높음) 같은 성향의 제도를 공유하고 있는 덴마크(0.5%)와 독일(0.7%)도 마찬가지이다. 주요 7개국 모두 조금이라도 개선된 국가는 없으며, 1980년대와 1990년대에서도 프랑스와 영국에서 감소 경험을 했을 뿐이다. 같은 기간에 분배계수가 크게 감소한 국가는 없고, 약간 감소한 국가가 프랑스, 아일랜드 및 스페인뿐이다. 크게 증가한 국가는 핀란드와 뉴질랜드이고, 사민주의가 강한 스웨덴, 독일과 더불어 자유주의가 강한 미국, 캐나다, 일본은 약간 증가했고, 영국, 프랑스, 덴마크 등 14개국은 변화가 거의 없는 것으로 분류되었다(OECD, 2010: 286).

③ 높은 빈곤율의 지속

빈곤율도 1980년대 중반 이후 약 25년간 28개국 중 7개국에서만 평균적 변화율이 마이너스이다. 벨기에만이 크게 감소했고, 멕시코가 약간 감소했다. 프랑스는 -0.2%, 캐나다는 -0.2% 그리고 미국이 -0.1%를 보였다.[4)]

OECD 전체로 보아도 같은 기간 1.0%의 평균 증가율을 보였고 2000년대 후반 빈곤율은 11.1%의 높은 수준이다. 독일과 일본은 크게 증가했고, 스웨덴, 영국, 캐나다는 약간 증가했다. 상위 7개 선진 국가들을 보면 1980년대 중반 이후 2000년대 중반까지 빈곤율이 감소한 국가는 없다. 그리고 덴마크, 노르웨이, 프랑스와 미국 등은 별 변화가 없어 경제체제와 관련성도 전혀 보이지 않는다(OECD, 2010: 286).

이는 사회 지출이 그동안 GDP 증가율을 크게 앞섰지만 저소득층의 기초생활을 보장하는 데서도 실패했음을 시사한다. 국민의 기본생활은 소득 이외에 의료, 교육, 주거, 고용 등 주요 생활 분야에서도 평가해야겠지만, 그동안

---

4) 그 외에 벨기에, 그리스, 포르투갈, 스페인 칠레가 있다(OECD, 2010: 69).

선진국에서 소득 보장을 크게 강화해온 역사에서 볼 때 다른 분야에서 기초생활 보장은 더욱 부족할 것으로 볼 수 있다.

④ 가족 및 사회문제의 증대 등

자유주의적 시장에서 개인적 이기심의 방치에 따라 개인의 이익 추구 행위는 가족, 사회 및 공공 이익과 충돌해왔다. 보이지 않는 손에 의한 조정은 적어도 사회문제에서는 작동하지 않았다. 이윤 극대화만을 목표로 하는 시장경제의 활동에서는 재생되지 않는 자유재, 석유, 석탄 등 천연자원의 남용을 유도해왔다(Schmacher, 1988).

또한 공기와 수질의 오염 등에 따른 생활환경의 악화, 지구촌의 기후변화, 생태계의 변화 등이 인간의 행복과 생존을 위협해왔다. 시장경제의 자동화, 인공지능화에 의한 노동 대체 속도의 증가 그리고 독점 거대 조직 및 산업으로의 발전으로 인해 개개인의 종합적인 인지능력의 부족과 창조능력의 감퇴 등(E. F. Schmacher) 여러 사회문제가 발생되고 있다.

결론적으로 자유시장의 실패를 교정하기 위해 정부가 시장의 자원배분 역할을 대체했으나, 시장의 실패와 마찬가지로 정부의 실패도 적지 않아 각국은 소위 제3의 길 등 새로운 경제 및 사회모형을 찾고 있다.

1) 완전고용 달성의 실패

그동안의 실업 해소를 위한 대책으로서 마르크스의 공산주의, 케인스의 총수요관리, 신자유주의의 시장 원칙으로의 회귀 등 논리가 발전되어왔지만, 완전고용은 달성되지 못했다. 그리고 지난 200여 년의 지속적인 경제성장에도 불구하고 완전고용은 달성한 적이 없고, 적지 않은 실업이 늘 있어왔다.

실업은 자연실업률이든 마찰적 실업이든 혹은 경기순환의 결과이든지 항시적으로 존재하고 인간의 불행을 발생시키는 주요 요인이 된다. 마르크스는 자본주의 논리 구조에서는 자본의 축적과 실업의 발생은 운명인 것으로 가정하고, 신자유주의자는 물가 안정의 목표를 위해 피할 수 없는 자연실업률이 있다고 가정하고,[5] 슘페터는 혁신적 기술 발전이 전통산업을 대체하는 과정에서 실업의 발생은 피할 수 없는 것으로 가정했다. 그렇지만 어떤 논리적 대안에도 불구하고 일정 수준 혹은 상시적 혹은 일시적 대량의 실업은 피할 수 없다는 것이 역사적으로 실증되고 있다. 이는 완전고용과 국민행복이라는 경제와 사회의 궁극적 목표를 달성하기 위해서는 자율적 경제 메커니즘이나 정부에만 의존할 수 없고, 이를 극복하기 위한 모형이 나와야 함을 시사하고 있다.

실업 여부는 생산요소로서의 노동에 대한 기업과 자가 수요에 의해 결정된다. 실업은 경제적 활동의 결과물이어서 기업이나 자영업자의 경제활동 증대에 따른 성장률의 증가는 실업을 감소시켜야 한다. 그러나 경제성장과 실업 사이의 관계는 불확실하고 정부의 실업정책도 한계에 부딪히고 있다. 실업의 증대와 상존이 신규 노동시장의 진입자와 기존의 실업자들을 흡수하는 정도로 충분한 경제성장을 하지 못한 결과인지, 경제성장이 자본과 기술의 확대로만 이루어져 자본 및 경제성장 대비 노동 고용 효과가 감소한 데서 비롯된 것인지, 아니면 해외 노동 인력의 국내시장 참여와 해외 투자 증대로 인해 국내 노동에 대한 수요가 감소된 결과인지는 분석되어야 하겠지만 여기서는 경제성장이 실업률 감소에 영향을 주는지를 분석하고자 한다.

---

5) 프리드만-펠프스가 장기적으로 실업률에 영향을 주지 못하고 물가만 변동시킨다는 것이 자연실업률의 가설이다.

(1) OECD에서 실업의 만성적 지속과 경제성장의 한계 분석

한국을 포함해 OECD 주요 국가 중 한국보다 경제선진국이라고 볼 수 있고 경제체제가 상대적으로 차이가 나는 유형의 15개국의 경제성장률과 실업률 사이 그리고 이들의 전년도 대비 변화량 사이의 관계를 보았다. 먼저, 국가별로 상관관계를 보면 한국과 독일은 상관관계가 있는 것으로 추정되었으나 다른 국가에서는 유의한 확률의 상관관계를 볼 수 없다. 그리고 〈그림 1-1〉에서와 같이 1990년부터 2014년까지의 OECD 자료를 풀링하여 그린 16개국의 실업률 변화(Uw)와 경제성장률 변화(Ygw) 사이의 분포를 보면 낮은 성장률대, 즉 그림에서 연도별 성장률의 차이가 0 주변의 X 측점에서 실업률은 거의 수직 분포를 하고 있다.

계량적 분석을 해보아도 마찬가지로 비슷한 결론이어서 다음과 같은 의미를 얻는다.[6] 첫째, 국가별 성장 배경과 실업 문제의 차이를 고려해 국가별로 성장률과 실업률 수준 사이의 관계를 추정하면 16개국 중 한국, 이스라엘, 독일에서만 성장률이 실업률에 통계적으로 마이너스의 유의미한 영향을 주는 것으로 추정된다.[7] 그것도 한국과 이스라엘에서는 성장률이 1% 증가해도 실업률은 각각 0.076% 및 0.065% 정도 감소할 뿐이다. 그리고 독일에서는 플러스의 영향을 주는 것으로 추정되어 논리적 의미를 갖지 못한다. 두 변수 값이 전년도에 비해 증감된 변화량 사이의 관계를 국가별로 보면 한국과 호주를[8] 제외하면 유의한 추정을 얻지 못했고, 위에서 유의한 추정을 보인 이스

---

6) 통계 처리의 기술적 결과는 박순일(2017: 1~44)을 참조.

7) 한국 u = 4.598(8.17) − 0.18(-2.36) Yg
이스라엘 u = 9.763(20.39) − 0.131(-2.00) Yg
u: 실업률, Yg: 경제성장률, ( )은 t값

8) 한국의 성장률 변화량 변수의 매개변수의 추정값은 -.064이고 t값은 -4.11이며, 호주의 값은 각각 -0.276과 -2.55이다.

〈그림 1-1〉 OECD 주요국 풀링 자료의 실업률과 경제성장률의 분포도

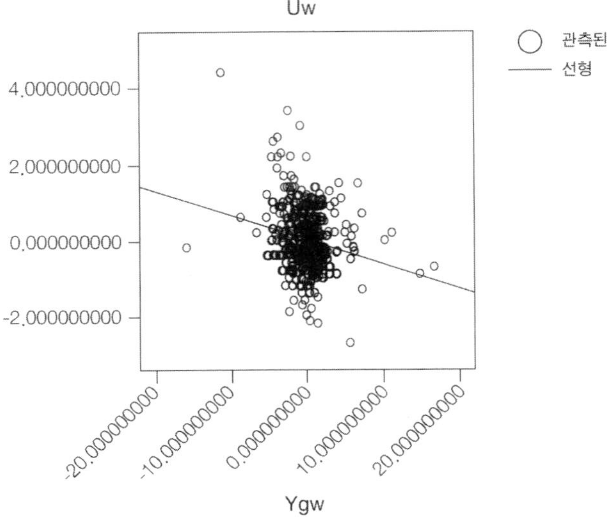

라엘과 독일에서는 유의한 추정을 얻지 못했다. 그리고 풀링 데이터에 국가 더미변수를 포함해 추정해도 성장률은 실업률에 유의미한 영향을 주지 못했지만, 양자의 변화량 사이의 관계를 추정하면 경제성장률 변화량이 실업률 변화량에 중요한 영향을 주는 것으로 추정된다. 그러나 양자 사이의 관계는 유의하지만 1%의 세계성장률 변화에 대해 0.065%의 실업률이 변화하는 반응을 보여 글로벌 경제의 낮은 성장률에 대해 실업률은 매우 적은 정도의 반응을 보인다. 이는 선진국 사회에서 1990년대 이후 일반적으로 경제성장률이 실업률에 영향을 매우 적게 주거나 주지 않고 있음을 보여준다.

둘째, 이에 반해 회귀분석에서 상수항의 값은 매우 크고 유의한 값을 보여주고 있다. 16개국 자료를 풀링하여 추정한 식에서도 상수항 추정 값은 3.99인데 평균 실업률은 6.59(표준편차는 2.51)이어서 실업률 추정치의 많은 부분이 상수항에 의해 점유되고 있다.

셋째, 경제정책이나 운영이 실업률에 중요한 영향을 미치지 못하는 것은 자유주의적 경제 운영의 대표적 국가인 미국이나 영국에서 국민소득성장률 변수의 추정치가 유의하지 않은 데 비해 상수항은 유의하면서 매우 높은 값으로 추정되는 것과 같이, 사회주의적 경제 운영이 상대적으로 강한 스웨덴과 덴마크에서도 거의 비슷한 현상으로 추정되고 있어, 양 변수 간의 관계는 시장주의나 사회주의 양단의 이념적 차이와 관계없는 것으로 보인다.[9)]

결론적으로 첫째, 실업률은 국민소득성장률과의 관계가 통계적으로도 유의미한 관계를 보이지 않거나 매우 작으며, 이는 시장 운영이나 국가 역할의 크기에 관계없이 발생하고 있다. 둘째, 어느 국가나 3~10% 내의 실업률은 호·불황과 관계없이 장기간 지속되고 있어 지금까지의 이념과 정책 효과가 거의 생명을 다해 새로운 패러다임이 필요하다.[10)]

(2) 한국에서 실업의 만성적 지속과 경제성장의 한계 분석

한국의 1963년부터 2015년까지의 실업률(1주 기준 실업률) 추세를 보면 장기적으로는 실업률이 감소해왔으나, 1990년대(〈그림 1-2〉에서 t=30은 1993년임) 이후에는 계속적인 플러스 성장에도 불구하고 실업률(U)은 감소하는 경향을 보이지 않는다. 외환위기 이후의 장기적 실업률 추세는 매우 정체되어 있다는 것이다. 이에 반해 국민소득성장률(Yg)은 꾸준히 하향 추세를 보이고 있

---

9) 미국의 상수항 및 성장률 변수의 추정 값은 각각 6.118(t값 10.723) 및 -0.231(t값 -1.306), 영국은 각각 8.091(t값 8.480) 및 -0.530(t값 -1.569), 덴마크 6.476(t값 6.920) 및 -0.153(t값 -0.427), 스웨덴 5.691(t값 7.218) 및 0.391(t값 1.586).

10) 16개국의 평균 실업률과 성장률은 각각 6.60%, 2.27%이다. 이렇게 높은 장기적 실업률에서 볼 때 신자유주의자들의 자연실업률 가정은 정당화되기에는 지나치게 상아탑적인 개념이다. 이는 자유주의 시장에서 완전고용이 달성될 수 있다는 고전학파의 가설이 현실적이지 못한 데 따른 극단적 자유주의자들의 대안적 개념으로 생각될 수밖에 없다.

다. 한국에서 실업률의 경제성장률에 대한 관계를 보면 경기의 호·불황일 때 반응에 차이가 있고 경제성장률의 수준 혹은 성장 단계에 따라 차이가 있는 것으로 보인다.

첫째, 한국에서 경제성장률이 실업에 끼치는 영향은 경제가 불황일 때 좀 더 분명하다. 실업률과 국민소득성장률을 비교해보면, 불황 기간에 투자는 감소하고 이에 따라 신규 고용의 감소는 물론 한계기업들의 해고 증대로 증대할 수밖에 없다. 한국에서도 제2차 석유파동 기간의 마이너스 성장, 1998년 외환위기 기간의 마이너스 성장과 2009년 세계적 금융위기 기간의 0%대의 성장률에서는 실업률도 주변 연도에 비해 크게 증가했다. 이는 경제의 심각한 불황은 짧은 기간 내에 실업률을 증가시킴을 의미한다.

둘째, 경제가 호황일 때 실업의 감소 효과는 그렇게 분명치 않다. 높은 경제성장률이 실업률을 낮추는 효과가 발생한 추세는 1960년대 후반에서 1970년대 초반까지만 볼 수 있다. 이후의 기간에는 10%대의 높은 성장률에서 실업률도 크게 떨어진(0.6~0.7%) 1986년, 1987년, 1988년, 1999년을 제외하면 실업률은 경제성장률에 크게 민감하게 반응하지 않고 있다. 2001년 이후 2015년까지 14년 동안 실업률이 감소한 해는 2002년, 2006년, 2007년, 2011년, 2012년 5년뿐이다. 2011년과 2012년은 2009년 금융위기에 증대된 실업에서의 정상적 회복이고, 나머지 3년은 5%대 이상의 높은 경제성장률에 따른 실업 감소일 것으로 보인다.

한국의 실업률 분포도인 〈그림 1-2〉에서 경기의 호황과 불황을 포함한 전체 경제성장 기간을 보면, 2000년대 초 이전(t=40 주변)까지는 경제성장률의 변화와 실업률의 변화 사이에는 마이너스 효과가 발생했으나, 이후에는 3%대 실업률에서 경제성장률 변화에 민감하게 반응하고 있지 않은 것으로 보인다. 그 결과 1963년 이후의 분석 기간에 실업률과 경제성장률 사이의 상관관

〈그림 1-2〉 한국의 경제성장률(Yg)과 실업률(U)의 추세선

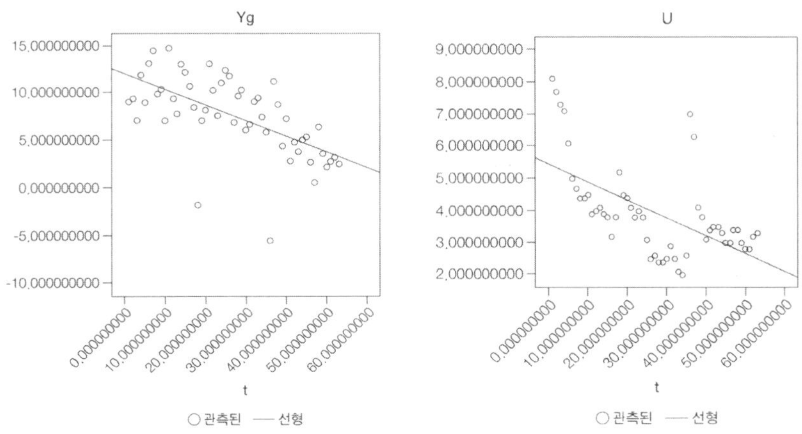

계는 0.049이고 유의하지도 않다.

셋째, 경제성장률이 높은데도 불구하고 실업률 감소 효과가 전년도에 비해 거의 없는 연도도 많이 발견할 수 있다. 예컨대, 분석 기간 중 1976년과 1977년에는 각각 13.1%와 12.3%의 성장률에도 불구하고 실업률은 전년도에 비해 0.2% 및 0.1% 감소했을 뿐이다. 특수한 경우는 2000년에 8.9%의 성장에도 불구하고 실업률은 전년의 6.3%에서 4.1%까지 2.2%나 감소했다. 이는 외환위기 기간의 비정상적으로 높은 실업률의 조정 기간으로 볼 수 있을 것 같다. 그러나 1979년에는 8.6%의 성장률이었으나 실업률은 전년에 비해 0.6% 증가한 3.8%였다. 1980년대에도 같은 현상을 볼 수 있다. 1983년과 1984년에는 10% 이상의 높은 성장률에도 0.3%씩 감소했고, 1991년에는 10.4%의 성장에도 불구하고 실업률은 감소하지 않았다.

경제성장률과 실업률 사이의 관계를 통계적으로 분석하기 위해, 선형 회귀분석을 해보면 상수항을 제외하면 양자 사이에는 유의한 관계를 보이지 않았지만, 양자의 전년도 대비 증감분을 회귀분석하면 매우 유의한 관계를 보인

다.[11] 그러나 성장률이 1% 증가할 때 실업률은 0.088%만큼만 감소했다. 실업률의 변화가 성장률의 변화에 반응을 보였다면 한국에서의 경기부양책이 주로 적극적 노동정책, 특히 취약 계층 및 청년층의 실업 대책과 같이 추진되는 데서 비롯된 것으로 생각되지만, 실업 감소 효과가 크지 않음은 효과적 정책이 아니었음을 시사한다.

성장 단계별로 경제성장률에 대한 실업률의 반응 효과가 다르다고 가정하고 추정해보면, 국면(state)을 둘로 나누고 연도별 차이를 변수로 하여 추정하면 1국면에서는 성장률이 실업률에 유의한 영향을 주는 것으로 추정되나 2국면에서는 역시 유의하지 못하다. 다만 국면을 가르는 시점이 어디인지 나타나고 있지 않지만 1국면은 고도성장기일 것으로 추정된다.

따라서 OECD 국가들에서와 같이 한국에서도 경제성장률은 실업률에 장기적으로 유의한 영향을 주지 못하는 것으로 추정되며, 영향을 준다 해도 그 영향은 매우 적을 것으로 추정된다. 1990년대 이후 OECD 자료에 의한 추정에서도 한국의 추정은 비록 유의한 영향을 주고 있지만 주 11의 식에 의하면 성장률 1% 증가는 실업률을 0.18%만큼 감소시켜 실업률 추정치 값(4.418%)의 4.1% 정도만큼 영향을 준다.[12] 성장률이 4% 이상 증가한다면 실업률은 0.72%만큼 줄겠지만 4%의 추가 경제성장률도 어렵지만 그래도 3.7%의 실업률은 남게 된다.

---

11) 실업률 = 3.789(8.83) + 0.021(0.42) (성장률)
R^2 = 0.004 d.f. = 51
실업률 변화 = - 0.098(-0.98) - 0.088(-3.97) (성장률 변화)
R^2 = 0.239 d.f. = 50
실업률 및 성장률의 변화분 평균은 각각 -0.0923과 -0.0635이다.

12) 김승택(2007)의 연구에 의하면, 한국 산업의 고용탄력성은 크게 감소하고 있다. 1983~1989년 사이에 산업생산에 대한 취업의 탄력성은 0.22, 1990~1996년 0.29에서 2000~2006년 사이에는 0.23으로 감소했다.

결론적으로 첫째, 경제성장률은 장기적으로 특히 저성장 단계에서는 그동안의 일자리 창출을 위한 많은 경제정책에도 불구하고 실업 감소 효과가 없거나 매우 미미한 것으로 볼 수 있다. 둘째, 실업률은 경제성장으로 노동 고용의 외연적 확대가 이루어지는 고도 성장기에는 탄력적으로 감소할 수 있을 것으로 보인다. 그리고 경제발전이 성숙되어 고용의 외연적 확대 가능성이 좁아진 중간 정도의 성장기에는 실업률이 성장 속도만큼 감소하지 않아 비탄력적으로 될 수 있다. 그리고 경제성장이 기술혁신, 특히 노동절약적 기술 및 생산 시스템에 의존하는 저성장기에는 양자 사이의 관계는 매우 비탄력적이거나 유의한 관계가 사라지는 것으로 가정된다. 셋째, 특히 실업률은 경기의 호·불황에 의존하지만, 대체 기술과 노동 대체 등 다양한 대체 방안이 더 큰 이윤과 기업이익을 보장하는 사회 구조에서는 노동의 대체 가능성이 크게 증대하여 성장의 고용 증대 효과는 크게 감소할 수밖에 없다. 넷째, 일정 수준의 실업률은 경제성장과는 관계없이 존재하는 것으로 인정되어야 한다. 비록 성장률이 크게 오르더라도 현 경제구조와 운영체제에서는 한국에서 3~4%대의 실업률은 지속될 것으로 가정할 수 있다. 이에 따라 실업률은 시장 기능이나 경제정책만으로 줄이는 데 한계가 있다. 노동이 국민행복을 증대시키는데 중요한 역할을 한다면 실업률을 크게 줄이기 위해 경제정책과 더불어 사회정책적 접근이 필요하다.

(3) 실업률 지속의 원인

① 자본의 완전이용의 실패: 미활동 자본 축적의 증대

새로운 혁신이 적기에 등장하지 않으면 기업들은 수입금의 상당 부분을 사내유보로 축적해 미래 투자를 대비하게 된다. 그러나 사내유보가 장기간 과도하게 쌓이면 기업의 투자 부족과 노동 수요의 감소로 실업이 증대할 수밖에 없다. 더욱이 축적된 자본이 노동 고용 효과가 적은 금융 및 증권업 등에서 비생산적으로 운영되면 요소 시장과 생산물 생산능력의 과잉 공급 상태로 경제는 위축되어, 국부의 증대는 물론 국민의 일반적 행복에도 기여하지 못한다.

② 노동의 완전고용의 전략 부재: 고용 없는 성장 구조의 추이

첫째, 자본집약적 산업 및 생산방법의 발전과 선택의 증대로 인해 고용 없는 성장이 전 세계적으로 일반화되고 있다. 고용 없는 성장은 빈부격차 확대의 주범이고 사회 갈등의 원인이 되고 있다.

한국도 경제성장의 고용 증대 효과가 크게 감소하고 있다. 전 산업의 생산액별 취업계수가 30% 이상 감소했을 뿐 아니라 수출 주력 산업인 전자 및 전기기기의 국산화율 감소, 즉 수입의존도 증가로 취업계수가 크게 감소했다. 서비스업에서도 사회서비스 및 기타 서비스업에서 취업계수는 약 44% 감소해 서비스 산업의 취업계수가 크더라도 그 효과는 크게 감소하고 있다. 1975년 이전에는 대기업이 고용 창출의 주요 역할을 해왔으나, 지금은 고용 창출의 24.2%(2004년)밖에 못하고 있다. 대기업의 고용비율 감소 부분을 중소기업이 대체하지 못하고, 서비스 부분이 흡수할 수 있으나 시장에서의 서비스 산업의 흡수 능력도 한계에 부딪히고 있다. 그러나 대기업 중심의 경제성장 정책으로 국내 생산액의 비중은 51.1%를 차지하고 있다(김승택 외, 2008: 표 II-2, 표 IV-2 참조).[13] 둘째, 경제 및 기술 발전의 구조적 문제 이외에도 노동시장의 개방과 교통·정보의 발달로 인한 저임금지역으로의 자본 유출 및 저임금 해외 노동의 유입 등으로 경제성장에도 불구하고 국내 노동의 취업 기회는 더욱

---

13) 대기업의 국내 총생산에서의 기여도는 1975년에는 69.3%에서 2004년 51.1%까지 줄어들었다.

제한되고 높은 실업률이 유지되고 있다.

③ 사회정책을 무시한 거시경제정책의 한계

㉠ 일자리 창출 정책의 실패 OECD 국가에서도 1990년대 이후 경제정책이 실업을 감소시킨 것으로 볼 수 없는데, 이는 실업 감소를 위한 노동시장정책이 적극적이지 않거나 전혀 추진되지 않은 결과일지 모른다. 또한 경제와 사회를 통합적으로 접근하는 정책 없이 단순히 현금 혹은 서비스 공급 중심의 기초생활 보장을 위한 보편적 복지나 취약 계층 보호 대책이 확대된 결과로 보인다. 한국에서도 특히 1998년 심각한 경제위기와 대량 실업의 발생 이후 역대 정부는 실업 대책을 최우선 과제로 공약하고 적극적 노동정책에 많은 예산이 투입되어왔지만, 실업률은 높은 수준에서 지속되어 역대 정부의 고용 증대 경제정책은 실패한 것으로 평가된다.

㉡ 거시경제정책의 한계 자유주의적 시장 및 사회민주주의에서 경제 운영과 기술 및 시장의 구조적인 요인으로 시장에서의 신규 노동력의 흡수는 물론 기존 고용의 유지에서도 문제가 발생되었다. 케인스의 총수요 관리정책이 고용 증대 역할에서 힘을 잃었고, 슘페터의 혁신을 통한 고용 증대 효과는 비연속적·장기적이고 혁신이 자본집약적이어서 단기의 고용 증대 정책이 필요하게 되었다. 무작위적인 금융 및 재정의 총량적 확대로는 총수요를 증대시키고 물가 인상 효과는 있어도 총공급의 증가는 적어 실업 감소 효과는 매우 적다.

신자유주의의 노동유연화나 기업의 혁신 장려정책을 통한 투자 및 일자리 창출 효과도 적다. 시장에서 기술의 발전과 자본의 해외 이동에 따른 노동 대체 효과가 정부의 총수요 팽창정책이나 기업 투자 유도정책에 의한 일자리 창출 효과를 넘어서고 있는 것으로 보인다.

시장 자유의 지나친 강조는 시장의 사회적 이상으로서의 자유를 넘어선 개인적 무책임에 사회적 가치를 희생시킴으로써 완전고용과 국민행복 증진에 실패를 피할 수 없었다. 또한 국가가 독선적 사회적 가치에 기업과 개인의 경제적 자유를 종속시킴으로써 시장의 잠재력과 고용 창출 능력을 감소시켰다. 사회주의적 국가 개입이 시장 자율적 결정 원리의 장점을 훼손하는 효과가 큼은 물론, 케인스의 국가 개입도 경제 구조적 문제를 제한된 거시경제 원리로만 해결하려는 한계를 보였다.

ⓒ **경제·사회문제의 통합적 접근 정책의 실패** 시장과 정부의 실패를 극복하고 완전고용을 달성하기 위한 목표는 경제적 효율, 성장 추구의 정책, 이의 결점에 대한 보완적 경제정책으로는 달성되기 어렵다. 또한 독선적인 공동 가치를 추구하면서 개인의 가치를 부차적으로 가볍게 하는 사회정책으로도 달성하기 어렵다는 것이 분명하지만 양자의 전문가와 정책 입안자들은 각자의 영역을 중심으로 접근하고 있다.

예컨대, 고용 문제를 배제한 대기업 중심의 성장 전략은 성장의 실업 감소 효과를 크게 감소시켰고, 또한 노동조합의 배타적 고임금과 고용 유지 전략을 극복하지 못하는 기업과 이들에 대한 설득과 통제를 못하는 정부정책의 한계로 기업의 투자 기피 현상은 더욱 증대되고 실업 감소는 더욱 어려워졌다.

이는 경제·사회문제를 통합적으로 접근하는 이론과 정책이 결여에서 비롯된 것으로 볼 수 있다. 특히 사회적 가치 창출 개념으로서의 일자리 정책이 취약했다. 영국의 산업혁명 이래 우리 사회를 지배해온 자유시장주의, 사회주의나 사민주의에 대한 끊임없는 반성에도 불구하고 아직도 우리 사회는 자유주의적 시장과 국가주의에 대한 맹신을 버리지 못하고 있다.

현재의 세계경제를 자유시장주의 중심에서 정부의 개입이 커진 사회 민주주의적 성격의 경제라고 가정하면, 그리고 사회 민주주의적 정부의 개입 정책이 실패했거나 불충분한 제도라면 시장과 정부가 아닌 시민이 직접 참여하는 제3의 모델이 필요하다. 그리고 제3의 길은 정부정책의 전환이 아니라 경제 운영 주체의 전환이어야 할 것이다.

2) 국민행복 수준 증진에서 경제성장 기여의 한계

(1) 경제적 성취와 국민행복 수준

자율적 경제 메커니즘에 의한 높은 성장률이 국민행복을 증대시킨다는 가정이 많은 사람들의 사고에 자리 잡고 있다. 그러나 경제성장이 실업 문제를 해결하지 못할 뿐 아니라 국민행복 수준 증진에서도 많은 문제점이 있는 것은 분명하다. 경제성장이 국민행복을 증대시킬 것이라는 논리는 이미 오래전부터 비판되어왔고, 국민행복지수에 대한 관심도 꾸준히 증대되어왔다.

① 행복지수와 일인당 GDP의 관계

국민행복을 평가하려는 노력도 계속되고 있다. UN 기구에서는 인간의 삶의 질을 추정하기 위한 사회지표, 인간개발지수 등을 이미 1960년대부터 개발하기 시작했고, 근래에는 매년 UN 행복지수를 발표하고 있다. UN의 Sustainable Development Solutions Networks(USDSN)은 17가지의 행복 목표를 설정하고 평가 기준으로 경제·사회·정치지표 등을 포함한다. 그리고 이들 지표에 대해 각국의 1000명에게 물어본 결과 2015년에는 덴마크가 1위이고 2위 스위스(2014년 1위), 스웨덴 10위, 미국 13위, 브라질 17위, 멕시코 21위, 영국 23위, 이탈리아 50위, 일본 53위(2014년 46위), 한국 58위(2014년 47위), 부탄 84위이다.[14] 결국 UN의 행복지표는 경제성장 및 그 경제적 결과 이외의 다른 행복 요소를 포함시키게 되어 경제가 다른 인간의 행복을 비례적으로 향상시키거나 경제적 성과가 다른 행복지수를 능가하지 않는 한 경제성장과 국민행복지수는 비례할 수 없다.

경제 이외의 다른 행복지표에 대한 중요도는 평가기관마다 달라서 모든 국가나 사회가 동의하는 행복지표를 만들기 어려워 보편적인 행복지수를 얻지 못하고 있다. 예컨대, 영국의 NEF(New Economic Foundation)에서는 경제적 성과가 행복 요소에 포함되지 않고, 기대수명, 삶의 만족도, 생태 발자국이 중요하고 삶의 만족도가 비중은 적으나 순위 결정에 중요한 영향을 주는 것으로 보인다. NEF에서는 코스타리카, 도미니카, 과테말라, 베트남, 콜롬비아, 쿠바, 엘살바도르, 브라질, 온두라스 순이다. 반면에 경제적 실적이 좋아 일인당 GDP가 높고 경제 규모가 큰 미국 같은 나라는 순위가 크게 떨어졌다. 예컨대 미국은 143개국 중 114위이고 영국 74위, 일본 75위, 캐나다 89위이다. 한국은 68위, 중국은 20위이다(≪연합뉴스≫, 2011.12.10).

그러나 경제적 능력도 중요한 생활의 수준을 나타내므로 UN의 기준이 좀 더 일반적인 기준에 적합하다고 생각되므로 이를 이용해 양자의 관계를 본다.

② UN의 행복지수와 경제 수준

UN의 행복평가 기준은 일인당 GDP, 사회부조, 건강수명, 생활에서 선택

14) 과거 부탄은 제일 행복한 나라라고 조사된 것에 비해 경제 수준을 고려하면 행복 수준이 매우 낮은 것으로 조사되었다. 한국과 덴마크의 행복지수 차이는 지역사회의 유대(10/3.1), 일과 생활의 균형(9.8/4.3), 삶의 만족도(9.4/4.2), 환경(9.0/5.3)에서 주로 기인하고, 주택, 소득, 일자리, 건강 등에서는 상대적으로 차이가 적다(OECD, 2014).

의 자유, 관대함, 부패인식도, 살기 어려움(dystopia) 및 기타를 포함하고 있다.[15] 개인의 행복 여부의 심리적 판단 이외에 그에게 영향을 주리라고 생각되는 비개인적 요소, 즉 사회적 요소가 포함되어 있다. 후자가 개인의 행복에 어느 정도 영향을 줄 수 있는지는 불확실하므로 UN의 지수도 개인의 행복 정도를 정확하게 측정하는 데는 한계가 크다고 생각된다.

UN이 2015년 발표한 『2015 세계행복보고서』의 행복지수 및 순위와 세계은행이 발표한 2014년 일인당 GDP 통계를 이용해 만든 〈표 1-2〉를 보면 유럽 국가에서는 룩셈부르크를 제외하면, 일인당 GDP와 행복지수의 순위에 큰 차이를 보이지 않고 있다. 프랑스, 독일, 아일랜드, 미국, 호주 등에서 일인당 GDP 수준에 비해 행복지수가 5등 이상의 격차를 보이고 있으나 행복지수가 발표된 158개국과 비교하면 양자의 순위가 근접하고 있다.[16]

정해식[17]의 분석 결과를 토대로 행복지수를 구성하는 각 요소의 행복점수 기여도를 분석해보면 〈표 1-4〉에서와 같이 소득수준이 높은 OECD 국가에서 일인당 GDP의 UN 행복지수에 대한 기여도가 세계 158개국의 평균 기여도보다 4.3% 정도 크다. 상대적으로 소득수준이 낮은 국가보다 잘사는 국가에서 소득수준 기여도가 크다. 특히 한국의 행복지수에서 일인당 GDP의 기여

---

15) 유엔의 17가지 목표와 행복지수 지표 사이의 관계는 불확실한 것으로 보인다.

16) 2016년 발표 2013~2015년 기준의 UN 지표에서는 이전에 3위였던 덴마크가 1위로 7.526, 2위 스위스 7.509, 3위 아이슬란드 7.501, 4위 노르웨이 7.498, 5위 핀란드 7.413, 스웨덴 10위, 미국 13위, 코스타리카 14위, 독일 16위, 브라질 17위, 멕시코 21위, 영국 23위, 칠레 24위, 아르헨티나 26위, 프랑스 32위, 타이완 35위, 이탈리아 50위, 일본 53위, 러시아 56위, 한국 58위, 홍콩 75위, 중국 83위, 부탄 84위 등이다(UN, 2016).

17) 정해식 외(2016)에서 156개국의 행복지수를 설명 요소에 회귀분석한 결과는 다음과 같다.
행복지수 = -1.68 + 0.338(Log(일인당 GDP)) + 2.334(사회적지지) + 0.029(출생 시 건강기대수명) + 1.056(자유로운 삶의 선택) + 0.820(관대성) − 0.579(부패인식)
(주의) 부패인식은 5%, 다른 변수는 1% 수준에서 유의함.
N = 1,118 Adj. R sqared = 0.738.

〈표 1-2〉 상위 20개국의 일인당 GDP와 UN 행복지수 순위

(단위: 미국 달러, 10점 만점)

일인당 GDP 순위 (A)	1	2	3	4	5	6	7	8	9	10
	룩셈부르크	노르웨이	카타르	스위스	호주	덴마크	스웨덴	싱가포르	미국	아일랜드
	110,165	97,363	93,397	84,733	61,887	60,634	58,887	56,286	54,629	53,313
행복 순위 & 점수 (B)	17	4	28	1	9	3	8	24	15	18
	6.946	7.522	6.611	7.587	7.284	7.527	7.364	6.798	7.110	6.940
A-B	-16	-2	-25	+3	-5	+3	-1	-16	-6	-8
일인당 GDP 순위 (A)	11	12	13	14	15	16	17	18	19	20
	쿠웨이트	아이슬란드	네덜란드	오스트리아	캐나다	핀란드	독일	벨기에	영국	프랑스
	52,197	51,111	51,590	51,127	49,419	49,541	47,627	47,516	45,603	42,736
행복 순위 & 점수 (B)	39	2	6	14	5	6	26	19	21	29
	6.295	7.561	7.378	7.200	7.427	7.406	6.75	6.937	6.867	6.575
A-B	-28	+10	+7	0	+10	+10	-9	-1	-2	-9

주: 일인당 GDP는 세계은행 발표 2014년 통계이고 행복지수는 UN의 2012~2014년 평균임.

〈표 1-3〉 관심 국가의 2014년 일인당 GDP와 행복지수순위

(단위: 미국 달러, 10점 만점)

일인당 GDP 순위 (A)	28	25	23	26	79	32	22	60	64	67
	한국	일본	홍콩	이탈리아	중국	타이완	뉴질랜드	브라질	멕시코	코스타리카
	27,971	36,194	40,122	34,960	7,594	22,083(IMF)	42,409	11,612	10,361	10,035
행복 순위 & 점수 (B)	47	46	72	50	84	38	9	16	14	12
	5.984	5.987	5.474	5.948	5.140	6.298	7,286	6,983	7.187	7.187
A-B	-19	-24	-49	-22	-5	-6	+13	+44	+50	+55

주: 타이완의 일인당 GDP는 IMF의 통계임.

〈표 1-4〉 UN 행복지수에 대한 각 요소의 기여도 비교

(단위: %)

구분	세계	OECD	한국
일인당 GDP	49.7(3.116)	54.0(3.527)	59.1(3.504)
사회적 지지	29.3(1.839)	32.3(2.112)	31.0(1.839)
건강기대수명	28.8(1.807)	31.2(2.041)	35.8(2.121)
자유로운 삶의 선택	12.2(0.763)	12.9(0.844)	11.3(0.672)
관대성	0.0(-0.004)	0.1(0.034)	-0.87(-0.052)
부패의식	6.9(0.436)	-5.7(-0.375)	-8.0(-0.473)
상수항	-26.8(-1.68)	-25.7(-1.68)	-18.8(-1.68)
행복지수 추정 값	100.0(6.277)	100(6.533)	100(5.929)

주: 1) 추정치 값은 실제 값과 다르지만, 특히 세계평균에서 현저한 차이를 보인다. 세계평균 실제 값은 2015년 5.432로서 지난 10년간 이 값의 주위에 있어 추정치 6.277보다 크게 작다. 한국은 실제 값이 2015년 5.780이어서 추정치와 가깝다.

2) '사회적 지지'는 어려움에 처했을 때 다른 사람의 도움을 받을 수 있는지 여부, '자유로운 삶의 선택'은 하고 싶은 것을 선택할 수 있는 자유에 대한 만족도, '관대성'은 지난 달 기부를 했는지 여부를 의미한다.

도는 59.1%에 이르러 OECD의 다른 국가들에 비해 더욱 경제 수준에 의존된 행복수준을 보이고 있다.

그러나 UN 행복지수에 대한 소득수준의 높은 기여도에도 불구하고, 〈표 1-2〉와 〈표 1-3〉를 보면 이 둘 사이에는 몇 가지의 특징적 차이를 볼 수 있다.

첫째, 유럽선진국에서는 두 지수 사이에 순위 격차가 크지 않은 것으로 보아 경제성장과 더불어 삶의 질도 개선되어왔고, 특히 인구가 적고 일인당 GDP가 높은 국가에서는 일인당 GDP 수준 순위보다 높거나 비슷한 수준의 행복지수 순위를 보인다.

둘째, 이에 반해 일인당 GDP 수준에 비해 행복지수 순위가 크게 높은 국가는 남미 국가들과 자연 부유 국가들이 포함되었다. 예컨대, 코스타리카는 일인당 GDP는 67위에 불과하지만 행복지수는 UN에서 12위이고 NEF의 평가에서는 1위여서, 경제적 수준이 인간의 행복과 관련이 없다는 것을 보여주

는 대표적 사례이다. 멕시코, 브라질 등에서도 일인당 GDP 수준에 비해 행복지수 순위가 크게 높아 같은 의미를 나타낸다. 캐나다, 핀란드, 아이슬란드와 뉴질랜드는 인구가 적으면서 자연적 자원이 풍부한 국가로서 높은 일인당 GDP 순위에 비해서도 행복지수 순위가 더 높은 국가들이다. 비록 자연이 행복지수에 포함되어 있지는 않지만 삶의 만족도를 나타내는 다른 변수에 영향을 줄 수 있을지도 모른다.

셋째, 유럽선진국들 중 인구 규모가 큰 국가들은 일인당 GDP에 비해 행복지수가 낮은 순위의 경향을 보인다. 인구 규모가 사회 갈등이나 삶의 질에 부정적 영향을 주고 있는지 모른다.

넷째, 일인당 GDP가 높다고 하더라도 남부 유럽 국가들과 유럽권이 아닌 국가에서는 일인당 GDP와 행복지수 사이에 차이가 많다. 일인당 GDP 순위에 비해 행복지수의 순위가 크게 떨어지는 국가들이 있다. 예컨대, 관심국으로서 홍콩(-49), 카타르(-25), 일본(-24), 쿠웨이트(-28), 이탈리아(-22), 한국(-19), 싱가포르(-16) 등이 있다. 사회적·문화적 차이에서 이런 결과가 나왔을지도 모른다.

③ UN의 행복평가 기준의 한계

UN 행복지수의 일인당 GDP에 대한 강한 의존도는 그 둘의 상관관계가 1% 수준에서 유의한 0.777인 것을 보아도 알 수 있다. 또한 UN의 행복 요소에서 일인당 GDP와 사회적 지지와 건강기대수명 간에도 높은 상관관계를 보이고 있고,[18] 이 세 요소의 행복지수에 대한 기여도는 〈표 1-4〉에서 보는 바

18) 일인당 GDP와 사회적 지지의 상관관계는 0.646, 건강수명과는 0.832를 보인다. 삶의 선택의 자유나 부패인식은 1% 수준에서 유의성을 보이나 각각 0.359, 0.336으로 적고, 관용성은 상관관계 값이 0이다.

와 같이 대부분을 차지하고 있어 경제 수준이 UN 행복지수에 끼치는 영향은 거의 절대적이라고 해석된다.

그럼에도 지난 10년간의 일인당 GDP와 행복지수를 비교하면, 이들 간의 관계는 경제성장과 같은 속도로 다른 삶의 만족도 지표가 동시에 개선되지 않으면 양 지수 간의 차이는 피할 수 없다. 따라서 경제성장이 국민의 행복을 비례적이고 자동적으로 증대시킨다는 주장을 하기 어렵다. 다만 오랫동안 선진국으로 행복을 의식한 사회 개혁을 진행한 국가에서는 경제성장이 행복을 대체로 증진해왔다고 볼 수도 있다.

(2) 행복지수에서 빠진 국민행복의 구성 요소와 고용의 중요성

UN의 행복지수에서도 중요한 행복 요소가 배제되어 있는데 건강한 가정, 일, 사회관계, 심리적 만족 요소 등을 들 수 있다. 이들은 각 기관이나 국가에서 발표되는 사회지표에는 많이 반영되어 있다. 통계청이 발표하는 한국의 사회지표는 한국 사회의 삶의 질을 가늠하는 주요 지표로서 31개 항목으로 구성되어 있고, 중분류는 11개로 분류된다.[19] OECD 사회통계지표는 대분류 5개와 중분류 24개로 이루어졌다.[20] 한국과 OECD의 사회지표나 UN의 행복

---

19) 한국 사회지표 개발 및 연구의 동향에서 인구, 연령, 건강(수명, 사망률, 흡연율, 음주율, 비만 유병률), 가족(혼인, 이혼, 재혼), 교육(교원 및 학급당 학생 수, 상급학교 진학률, 1만 명당 대학생 수, 부모교육 수준 및 사교육 참여율), 직업(전공과 직업의 일치율, 고용률, 직위), 소득 및 소비(국내총소득 및 생산, 일인당 소득 및 생산, 소비지출의 구성비, 소득분배지표), 주거(주택보급률, 주거 공간, 주택 가격, 전셋값), 에너지소비량 및 종류, 교통(교통기반), 통신서비스, 선거(선거투표율, 여성의원 비율), 사회복지시설 등이 포함된다.

20) 일반 상황 6개(인구, 출생과 사망, 결혼과 이혼, 경제 수준, 조세 및 국민 부담률, 연령별 부양 비율), 자활 지표 4개(고용률, 시간제근로자 비율, 경제활동 참가율, 실업), 형평성 지표 4개(지니계수, 사회복지 지출 14개 항목, 노령연금, 주택 비용), 보건지표 4개(연령별 기대수명, 영아 건강, 보건 비용, 장기요양), 사회통합지표(투표, 수감자, 자살, 수감자, 파업, 정치제도 신뢰, 삶의 만족도)이다.

지수는 다양한 행복의 정도를 측정하기 위해 여러 지표를 사용했다.

OECD 및 한국의 사회지표는 포괄 유형이 비슷하지만 구체적인 지표에서는 적지 않은 차이를 보인다. OECD 지표에는 분배 및 사회통합지수 등 포괄적 사회지표가 포함되어 있지만 한국의 사회지표에는 주거, 직업 등 좀 더 다양한 생활지표가 포함되어 있다.[21] UN 행복지수에서는 국민행복을 대표하는 경제지표로 경제발전 수준과 그 결과로서의 소득수준이 강조되지만, 사회지표는 경제발전 과정에서 발생되었거나 소외된 사회생활을 대표하는 것이다. 그러나 각국 혹은 기관의 지표에서 지표 간의 중요도 차이가 고려되지 않았다.

많은 지표 중 행복 정도를 나타내는 주요 항목은 주관적 평가이지만 먼저, 개인과 가족생활에 직접 영향을 주는 가족관계, 경제력, 노동, 건강·질병, 교육, 주거 등의 지표일 것이다. 반면에 친구, 이웃, 사회, 국가로 확대되는 간접적인 사회지표들은 직접적인 개인 생활지표보다 개인행복에 끼치는 영향도가 상대적으로 적을 것이다.

또한 지표들 사이에 국민행복에 끼치는 영향의 정도에는 차이가 있으나 현재 이용되고 있는 지표들은 가중치 부여의 어려움으로 이를 반영하지 못하고 있다. 특히 직접적인 영향을 주는 지표 중에서도 노동은 국민행복 결정에서 매우 중요하다. 노동은 개인, 가족, 사회, 국가의 여러 지표에 영향도가 가장 큰 요소의 하나이다.

① 노동은 개인행복의 근간이고 중심적 요소의 하나이다. 첫째, 근로의 욕구는 인간 존재의 주요 가치여서 적정 수준의 노동은 그 자체가 행복 요소이다.

---

21) 외국의 삶의 질을 측정하는 지표에는 OECD의 better life index 이외에도 UNDP의 여러 지표가 있다. 그러나 OECD 지표가 가장 포괄적이다. 이에 대해서는 정해식·김성아(2015: 77)의 〈표 1〉 참조.

둘째, 노동은 소득이라는 경제적 가치의 창출뿐 아니라 경제적 소득에 의존하는 교육, 주거, 건강, 가족 및 사회관계 등 개인 자신의 다른 행복 요소에 중요한 영향을 줄 수 있다. 같은 연령대에서 근로자들의 교육 수준이 실업자들보다 높을 것이고, 건강도 실업자보다 건강할 것이고, 안정된 소득으로 주거 수준도 높을 것으로 보인다. 예컨대 도시 가구를 전 가구와 근로자 가구로 나누어보면 상위 소득 50% 이상의 가구에서도 대학졸업 이상의 가구비율이 1996년 전 가구 32.4%인 데 반해 근로자 가구는 36.3%였고 1999년에는 각각 35.3%와 39.7%여서(박순일·최현수 외, 2000: 47, 표 II-3 참조) 노동은 삶의 질의 주요 지표인 교육 수준에도 중요한 영향을 미친다. 근로자 가구는 대부분의 시민이 선호하는 아파트의 거주 비율이 전 가구에 비해 1999년도 42.9%로 2.9% 높다(박순일·최현수 외, 2000: 61, 표 II-10 참조).

건강 수준에 대한 취업자와 비취업자의 불만족 비율은 15.4% 대 50.8%로 큰 차이를 보인다(김승권·김유경 외, 2009: 339, 표 10-24 참조). 질병별로 보아도 무직자에 비해 노동자의 뇌졸중 발생률은 매우 적다. 1998년 무직자 및 기타의 뇌졸중 발생비율 18.47%에 비해 노동직은 1.85%에 불과하고 2005년에도 각각 7.34%에 비해 1.61%였다(질병관리본부 및 한국보건사회연구원, 2007: 100, 표 5 참조). 30세 이상 성인의 허혈성 심질환 유병률도 무직 및 기타는 27.4%인 데 비해 노동직은 14.2%이다(질병관리본부 및 한국보건사회연구원, 2007: 117, 표 9 참조). 건강검진 실천율은 실업자 0.25인 데 비해 0.43이다(질병관리본부 및 한국보건사회연구원, 2007: 323 표 6 참조). 노동 여부는 시민의 건강에 중요한 영향을 주고 있음을 통계적으로 보여주고 있다.

셋째, 노동에 따른 심리적 안정, 특히 취약 계층의 노동은 가족 및 사회구성원의 인간관계 등 여러 생활에 큰 영향을 준다. 근로 여부는 가족 취약 형태에도 영향을 준다. 근로자 가구는 모자 가구의 비율이 2.1%인 데 비해 전

가구는 3.1%로 더 크고, 맞벌이 가구의 비율은 근로자 가구 29.6%이고 전 가구는 22.7%여서(박순일·최현수 외, 2000: 68, 표 II-16 참조). 근로자 가구의 가족관계가 더 원만할 것으로 보인다. 취업 가구주의 전반적인 가족생활에 대한 불만족도는 7.8%인 데 반해 비취업 가구는 19.7%에 이른다. 이들의 삶의 성취도에 대한 불만족도 각각 19.5%와 30.6%라는 큰 차이를 보이고 있다(김승권·김유경 외, 2009: 340, 표 10-25; 341, 표 10-26 참조). 기타 취업 가구주에 비해 비취업 가구주의 가족은 가족의 의식주 수준에 대한 불만이 크다. 전자는 10.3%인 데 반해 후자는 24.0%에 이른다(김승권·김유경 외, 2009: 336, 표 10-21 참조). 가족원의 갈등 문제 해결에 대한 불만도 취업 가구의 7.4%에 비해 비취업 가구는 12.1%에 이른다. 가족문화 및 여가활동에 대한 만족도에서도 취업 가구 및 비취업 가구의 불만족 비율은 각각 27.9% 대 40.2%로 큰 차이를 보이고 있어 사회적 관계도 더 원만할 것으로 보인다(김승권·김유경 외, 2009: 337~339, 표 10-22, 표 10-23, 표 10-24 참조).

따라서 노동은 경제 수준 이외의 다른 기본생활 요소에도 중요한 영향을 준다. 이의 행복이 결정되는 주요 과정을 〈그림 1-3〉에서 볼 수 있다. 일자리를 통한 노동은 다른 어떤 요소보다 국민행복에 큰 영향을 준다. 노동은 건강, 교육 및 건강한 가족의 형성과 상호 간 중요한 영향을 주므로 시장의 효율화나 공공투자의 고용 증대적 투자 전략의 선택은 모두 노동의 직간접적인 국민행복 증대 효과로 다른 어떤 요소보다 큰 영향을 준다.

즉, 〈그림 1-3〉에서 다음이 성립된다.

$$(L + LH + LE + LF) > (H + LH) \text{ or } (E + LE) \text{ or } (F + LF) \text{ or } D \text{ or } C$$

따라서 취약 계층의 다양한 기본적 욕구를 충족시키는 데 기여하는 일자리

〈그림 1-3〉 국민행복 요소의 중요도

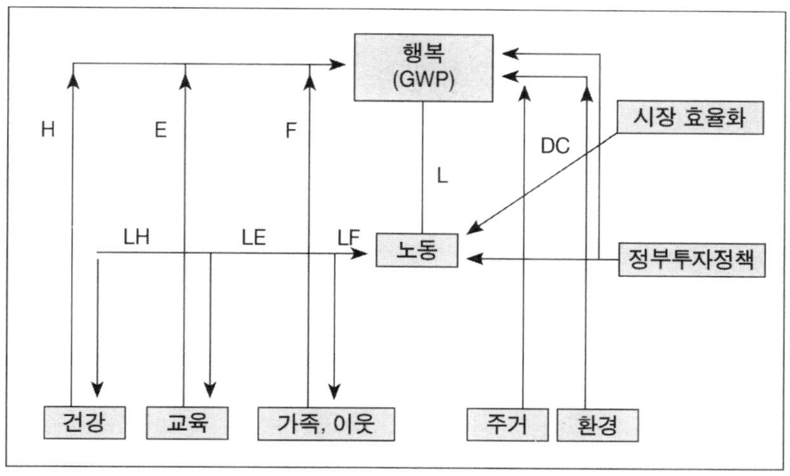

는 행복 효과를 더욱 증대시킨다.

② 개인의 노동은 타인과 사회의 행복을 증진시킨다. 첫째, 실업에 따른 개인의 불안정은 사회적 불안을 증대시켜 타인의 행복을 훼손할 것이다. 둘째, 반면에 취업에 따른 안정된 생활은 노동의 질 향상으로 양질의 상품 및 서비스를, 특히 취약 계층을 위한 양질의 생산 활동은 국민행복을 증진하는 데 더욱 기여할 것이다. 셋째, 개인의 노동은 다른 사람의 행복을 증진시키는 사업에 참여할 수 있다. 따라서 노동은 생산적으로도 경제적 가치뿐 아니라 사회적 가치를 생산하는 주요 수단이다. 경제적 가치와 사회적 가치의 생산은 국민행복을 증진시킬 뿐 아니라 자신의 일 욕구를 충족시키면서 사회적 대가도 받아 개인 자신의 행복을 증진시킨다.

③ 노동은 사회행복지표의 주요 지표인 빈곤 감소와 분배 개선에 가장 효과적인 수단이 된다. 하위 10% 계층에 대한 상위 10% 계층의 소득 비율은 성장률 1%에서는 0.115 감소했지만, 실업률 1%의 감소는 0.417 감소시키는 것으

로 추정되었다.[22] 또한 개인의 실업은 빈곤에 주요한 영향을 준다는 것은 더 말할 필요가 없다(박순일 외, 1983: 90, 표 41).

이런 의미에서 노동의 생산성과 국부 창출을 나타내는 시장가치와 노동이 물질적 생산성과 더불어 개인의 행복과 가족 및 사회에 미치는 가치를 포함하는 노동의 사회적 가치 사이에는 차이가 있다. 노동은 국가의 부뿐만 아니라 국가의 행복에 매우 중요하다. 더욱이 사회목표가 국가의 행복에 있다면 소득 및 활동의 한계효용이 높은 저소득·취약 계층의 노동 참여는 매우 중요하다.[23]

3. 경제와 사회의 순환적 완전고용을 통한 균형 발전과 국민행복증진 모형

시장경제나 국가 간섭에 의해서도 완전고용의 달성은 실패해왔음을 보았고, 국민행복도 경제발전으로서는 달성할 수 없음을 분석했다. 국가의 목표가 국민행복이라면 이를 달성하기 위한 노동과 자본 등 사회적 자원을 최대한 활용해 국민행복을 증대시키는 모형이 필요하다. 이를 위해 지금까지의 시장과 정부의 완전고용과 국민행복 달성의 실패를 개선할 수 있는 새로운 접근이 필요하다. 완전고용과 국민행복이라는 목표를 달성하기 위해 경제와 사회가 순환하면서 노동과 자본을 완전이용하게 하는 경제와 사회의 균형적 발전모델을 새로운 대안으로 생각할 수 있다.

---

22) 1991~2000년의 분기별 자료 분석이다(박순일, 2012: 77).

23) 노동과 행복 사이의 관계는 이외에도 위에서 제시된 여러 사회조사지표나 빈곤과 분배 결과 이외에도 행복을 나타내는 지표와 노동 사이의 별도의 통계학적 실증 분석이 필요하다.

이 대안에서 노동의 완전고용은 국민행복의 중요한 수단이 되고, 완전고용은 사회적 가치를 증진시킬 뿐 아니라 자본의 완전한 이용으로 국민행복은 더욱 증진되고 경기침체와 실업 증대를 완화시킬 수 있다.

1) 국민행복생성 주체의 시민화 및 생성 구조

시장과 정부의 실패를 개선하는 주체는 지금까지 정책을 주도해오고, 실패의 장본인이기도 한 시장과 국가만 될 수 있는 것이 아니다. 행복의 최종 주체이고 결정자인 경제인 및 사회인으로서 사회 구성원 개개인이 스스로 주체자가 되어 실패의 개선에 참여해야 한다. 이들의 주체적이고 자유로운 개선의 노력이 필수적이다.

(1) 시장과 국가의 과도한 권력 확대에 따른 시민의 국민행복생성 주권의 위축

국민행복은 경제적으로 생성될 수도 있고 비경제적 요소에 의해 생성될 수도 있다. 그리고 현대사회에서 경제적·비경제적 국민행복은 시장 활동에서 주로 생성되지만, 비경제적 행복뿐 아니라 경제적 행복도 국가와 시민들 스스로 생성하기도 한다. 다만 사회에 따라 세 주체의 비중이 달라지고 있고 현재는 주로 시장에서 생성되는 정책이 주류이다.

① 경제력의 독점화에 따른 시장의 국민행복생성 기능의 위축

시장에서 많은 물질과 서비스 같은 경제적 가치가 생산되고 이것의 국민행복에서 차지하는 비중은 매우 크다. UN의 행복지수에서 보는 바와 같이 국민행복에서 소득수준이 가장 중요해 자유주의의 시장이 국민행복에서 중요한 역할을 한다. 또한 인간의 행복 혹은 만족도는 개인의 자유로운 선택에서 얻어질 때 강제로 배분된 만족보다 크다. 따라서 만족의 증대 측면에서 자유주의 시장 제도가 사회주의 제도보다 일반적으로 더 큰 기여를 해왔다고 평가할 수 있다.

그러나 시장이 자본, 노동 그리고 국가의 독과점 권력에 의해 지배되어 제대로 작동하지 않는 불완전한 경쟁으로 인해 국민행복이 최대로 생성되지 못하는 시장 실패를 오랜 경제발전 과정에서 경험해왔다. 시장에 대한 부정적 활동은 국민행복 요소인 노동, 소득, 빈곤, 분배 및 자연환경 등에 직접적 영향을 준다. 이들은 다시 가족, 이웃, 사회관계에 부정적 영향을 준다.

② 정치권력의 비대화에 따른 국가 기능의 위축

시장이 실패했거나 시장 영역 밖이어서 국가가 책임져야 할 공공의 가치가 국민행복에 기여하는 것이 적지 않고, 그동안 국가의 정책적 노력으로 많은 가치가 회복되었다. 국가는 시장의 실패에 따른 경제·사회적 문제를 경제적 효율성과 사회적 안정, 사회 연대적 가치 등의 증진 차원에서 해결해야 할 뿐 아니라 이기적 시장에서 생성되지 않는 물질적·비물질적 인간의 이타적 욕구를 충족시키기 위해서도 경제·사회적 실패를 해결할 책임이 있다. 따라서 국가의 정책 목표에는 전통적 가치인 경제적 효율성, 사회적 안정, 통합의 이념과 더불어 인간 본성의 가치인 이타심의 발현을 제약하는 장애물을 제거하고 이타심의 가치를 최대한 충족시킬 제3의 목표가 있고, 이들은 국가가 책임지어야 할 공공의 가치이다.

예를 들어 첫째, 주요 경제적 국민행복 요소인 실업, 빈곤, 분배 등은 시장 실패의 결과여서 국가가 보완해야 할 전통적 경제과 사회정책의 주요한 영역이다. 특히 실업은 시장에서는 경제적 가치로 평가되지만 개인적으로는 모든 개인의 생활에 영향을 주는 포괄적 가치 요소여서 실업의 시장가치와 사회적 가치에는 큰 차이가 발생한다.

둘째, 인간 행복의 가장 큰 비경제적 행복 중 하나는 가족과 가까운 이웃과의 관계이다. 그러나 이것도 경제적 요소가 아니지만 경제적 요소에 의해 영향을 받을 수도 있는 심리적 요소이기도 하다. 국가는 경제적 정책뿐 아니라 사회정책을 통해서 이를 해결하려고 오랫동안 노력해왔다.

셋째, 자연과의 관계에서 인간의 행복은 생성된다. 이들은 개개인 간의 거래로 이루어지는 시장에서 거의 생성되지 못해 국가에 의해 주도적으로 추진되어왔다.

이러한 시장 실패와 충족되지 못한 비경제적 부분의 행복은 공공의 가치로서 오랜 동안 정부가 담당할 수 있는 기능으로 간주되어왔다. 그에 따라 대부분의 선진국에서 의존하고 있는 사민주의에서 정부 역할의 증대가 강조되었고 자원 배분에서 정부의 역할이 오랫동안 크게 확대되어왔지만 국가가 성공하지 못한 국민행복 영역이 적지 않게 남아 있다. 특히 정치인의 포퓰리즘에 의한 비효율적 복지, 사회간접자본의 투자 공약 남발, 행정가들의 민간시장의 규제 확대를 통한 권한 강화 등의 태도는 국가의 이기적 활동의 대표적 결과이다.[24)]

③ 시민의 사회참여를 통한 시민 권리의 회복

시장에 참여한 경제인들과 국가 운영자들의 이기적 활동에 의해 시민의 행복이 위축되어 있기 때문에 행복의 주체자이고 피해자인 시민이 직접 국민행복생성에 참여하고 시장과 국가 기능의 일정 부분을 대체하여 시민의 권리를

---

24) 자연실업률과 같은 단어를 만드는 것으로 자유주의 시장경제를 강조하는 노벨상을 수상한 경제학자 에드먼드 펠프스(Edmond Phelps)도 재정지출의 불가피성을 인정하면서도 포퓰리즘 예산에 반대를 표시했다(≪조선일보≫, "토일섹션 Weekly BIZ", c1 및 c3면 참조).

회복해야 한다.

이는 또한 시장과 정부의 활동이 못 미치는 틈새 영역이기도 하다. 틈새의 크기는 개인별, 국가별, 그리고 심리적 차이에 따라 차이가 날 것이다. 만성적인 실업, 빈곤·취약 계층에 대한 의료, 교육, 주거, 인적 서비스의 부족, 시장의 높은 가격이나 지리적·제도적 배제로 인해 충족되지 않는 경제적 수요가 적지 않다. 또한 시장에 의해 공급되지 못하는 비경제적 수요도 정부에 의해 충족되지 못해 시민들 자신의 공급 활동이 필요하다.

개인의 이타적 욕구의 충족도 시민 스스로 더욱 잘 충족시킬 수 있을 것이다. 물론 이들은 정부, 사회, 개인의 종교 등 시장 밖에서 생성될 수 있고 극단적으로는 개인의 심리적 태도에 의해 많은 부문이 생성될 수 있다. 이를 좀 더 쉽게 이해하기 위해 다음과 같이 체계화할 수 있다.

(2) 국민행복생성의 구조와 주체

국민행복생성(Gross Wellbeing Production)을 증대시키는 모델에서는 시장의 실패를 교정하기 위해 정부와 민간사회가 협력하고 경쟁하면서, 그리고 정부의 실패를 교정하기 위해 시장과 사회가 협력하고 경쟁하여 실패 부분을 교정하고 국민행복 혹은 삶의 질을 증진시킬 수 있어야 한다.

① 국민행복생성의 구조

국민행복(GW)은 경제적 행복(EGW)과 비경제적 혹은 사회적 행복(SGW)으로 구성된다.

$$GW = EGW + SGW$$

EGW는 경제적 생산요소에 의해 결정되지만, SGW는 노동(L)의 심리적 효과, 분배(Di), 빈곤(Pv)과 같이 경제적 활동에서 발생되는 행복과, 가족관계(Fa), 이웃관계(Ne), 사회관계(So), 환경(En) 등의 사회적 활동으로 만들어지는 행복으로 구성된다.

$$SGWP = F(E(L, Di, Pv), S(Fa, Ne, So, En))$$

국민행복 가운데 시장에서 생성되는 물질적인 만족은 현대사회에서도 매우 큰 비중을 차지한다. 그러나 재화와 서비스로 구성되는 물질적 만족은 주로 시장에서 생성되고, 시장에서 생성되지 못하는 물질적 욕구와 사회적 욕구는 정부 혹은 정부와 시민사회의 협력으로 충족될 수 있다. 국민행복을 구성하는 또 다른 요소는 심리적 욕구이다. 개인의 심리적·심미적 욕구는 개인적 노력에 의해 결정된다. 물질적·비경제적 행복에서 심리적 만족이 상호 영향을 주지만 독립적인 만족도 존재한다. 사무엘슨(P. A. Samuelson)은 일찍이 욕망을 줄여서 행복을 증대시킬 수 있는 것으로 심리적 요소를 행복 개념에 도입했지만(Samuelson, 1970: 745; 유근춘 외, 2014: 37~38 참조),[25] 여기서 행복은 물질적·사회적 욕구와는 독립적인 심리적 만족의 존재를 가정한다. 그리고 물질적·사회적 욕구 이외에 심리적 욕구를 추가적으로 달성하면 행복의 외연이 확대됨을 강조한다. 물론 물질, 여가 등 비경제적 만족은 심리적 욕구의 확장에 도움이 될 수 있다.

따라서 국민행복생성(GW)은 생성 주체에 따라 크게 네 가지 요소로 구성될 수 있다. 즉, 〈그림 1-4〉에서 시장에 의해 생성되는 국민행복(M), 정부와

25) 그는 (행복 = 물질적 소비/욕망(desire))로 표현했다.

〈그림 1-4〉 시장과 정부의 성취 및 실패의 그림 설명

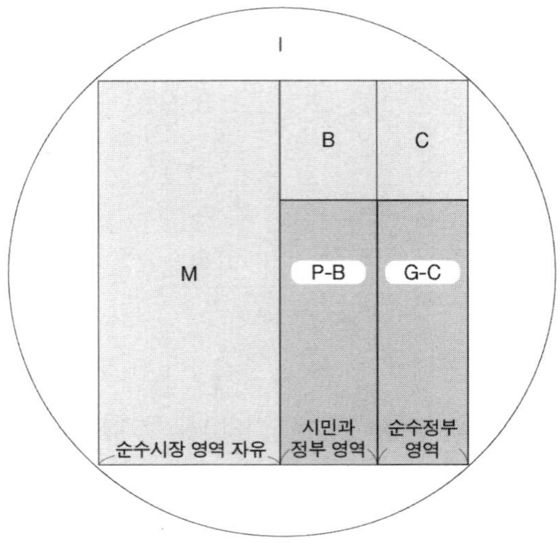

제3의 국가 운영 주체인 시민사회에 의해 생성되는 국민행복(G 및 P)과 개인의 심리적 결정에 의해 생성되는 국민행복(I)으로 구성된다.

〈그림 1-4〉는 국민행복이 생성되는 주체별 영역을 설명한다. 원은 인간의 가장 행복한 상태(bliss 혹은 nirvana의 상태)를 의미하고, 사각의 영역은 자유주의 시장이라는 제도와 국가 및 시민사회의 개입으로 달성될 수 있는 최대의 행복이다. 사각형과 밖의 원 사이의 행복(I)은 개인적으로 책임지거나 노력해서 달성해야 할 행복이다. 사각형은 시장 및 정부와 시민사회에 의해 성취될 수 있는 행복이다.

$$GWP = I + M + (G + P)$$

즉, 시장(M), 정부(G), 시민사회(P), 개인(I)은 국민행복생성을 증대시키는

데 독립적이고 추가적으로 기여할 수 있다. 단기적 혹은 정태적으로는 어느 한쪽의 결함이 생기면 이를 보완하기 위해 다른 한쪽에서 국민복지의 감소분만큼을 대체 창출하여 전체적으로 국민행복생성 수준은 같아야 한다. 그리고 장기적으로는 한쪽 혹은 여러 부문에서 국민행복을 외연적으로 증진시켜 총 국민행복도 증가할 수 있다. 〈그림 1-4〉에서 P는 민간 독자적으로 혹은 정부와의 협력에 의해 달성될 수 있는 영역이지만 B만큼의 달성되지 못한 영역이 있음을 표현했고, G는 순수 정부에 의해서만 달성되는 영역이지만 정부의 노력 부족이나 실패로 남겨진 영역이 C만큼 있음을 표현한 것이다. 따라서 B와 C 영역은 시장의 실패를 정부와 민간이 교정하여 달성되어야 하지만 아직 성공하지 못한 영역이다.

② 시장, 정부, 시민단체 3주체의 관계

시장에서 실패한 완전고용과 사회적 가치의 실현은 정부에서 역할을 맡아 왔으나 정부 또한 실패를 해온 것으로 실증되고 있어서, 시장과 정부 이외에 가치 충족의 주체인 시민의 역할이 필요하다. 정부와 시민의 역할 분담은 시장에서 실현되지 못하거나 부족한 경제·사회적 가치를 생성하는 데서 구분된다. 첫째, 시장에서 전혀 생성하지 못하는 가치, 즉 시장생성능력 = 0인 가치는 정부 혹은 이타적 시민에 의해 생성될 수 있다. 둘째, 소비자의 구매력 부족으로 시장에서의 생성능력/이 부족한 가치는 즉, 0 < 시장생성능력 < 시장가격인 가치는 시민(비이타적 시민도 가능)이 주도하거나 정부의 지원 아래 추진될 수 있다.

이는 사회적 가치의 주요 대상이 완전고용이지만 완전고용의 달성 과정에서 노동자로서의 시민이 주요 가치들을 생성하는 데 참여해 완전고용과 사회적 가치 증진에 의한 국민행복 증진을 동시에 달성시키는 모델이다.

〈그림 1-4〉 사각형의 행복에서 순수자유시장의 역할이 어느 수준이냐는 국가의 제도에 의해 결정될 것이지만 순수시장이 인간 행복과 그것의 총합인 국민행복의 상당 부분(예: 60%)을 결정할 수 있다면 그림에서 M과 P의 합이 될 것이다. 그러나 시장과 정부의 실패를 수반하는 것이 현실적이므로 시민 독자적으로 혹은 정부와의 공동 노력으로 P만큼의 행복이 생성될 수 있다. 현재 충족되지 못하고 있는 B만큼의 부분은 시민과 국가의 공동의 노력으로도 생성되지 못하고 있어 추가적으로 달성되어야 할 남겨진 행복이다. G는 시장에서 얻어질 수 없고 국가에 의해서만 달성될 수 있는 행복이다. C는 정부의 부족한 노력으로 충족되지 못한 행복이다. B와 C의 크기는 현재 경제 운영에 대한 평가에 의해 결정될 것이다. 예컨대, 시장 혹은 정부의 역할에 비판적일수록 B 혹은 그리고 C의 영역은 50%를 넘을 수도 있다.

2) 국민행복생성 증진을 위한 경제와 사회의 순환적 완전고용의 균형발전모형

(1) 완전고용을 통한 경제와 사회의 순환적 균형발전모형[26)]

시장과 정부의 경제·사회적 실패에 대응하여 국민행복생성을 증진시키기 위해서는 시장과 정부와 더불어 시민사회가 참여해 세 주체가 경기순환 과정에서 각자의 역할을 축소 혹은 확대 조정해 단기적으로도 국민행복생성의 감

---

26) 균형순환적 모델은 박순일(2012) 참조. 균형의 의미는 경제와 사회발전의 차이가 너무 크지 않은 것을 의미한다. 예컨대, 본문에서 다른 국가의 소득수준의 순위와 행복 수준의 순위가 차이가 적은 예컨대, 순위 차가 5 이내의 국가는 비교적 균형적 발전을 이루었다고 볼 수 있다. 그리고 경제와 사회의 동시적 발전은 현실적이 아닌 것이 일반적이고, 다만 경제발전을 시차가 적게 뒤따르는 사회발전이 가능하고 사회발전 이후에는 동일하게 경제가 뒤따르는 것이 가능하다는 의미에서 순환적이다.

소를 막아야 한다.

① 완전고용의 순환균형 구조

시장의 실패를 교정하기 위해 정부와 시민사회는 시장이 포기한 유휴노동, 즉 실업자와 과도히 축적된 자본인 유휴자본을 이용해 국민행복을 증진시키는 사회적 가치를 생성할 수 있다.[27] 국민행복의 순환적 모형의 궁극적 목적은 사회의 유휴자원을 완전히 이용해 국민총생산은 물론 국민행복의 증진에 기여하는 것이다. 이런 의미에서 생산요소 자원의 완전이용이 곧 국민행복의 최대화이다.

$$GWP = I + M(Lm, Km) + (G(Lg, Kg) + P(Lp, Kp))$$

이 모형에서는 자원이 완전이용 상태이어야 함으로 $\bar{L} = Lm + Lg + Lp$와 $\bar{K} = Km + Kg + Kp$가 성립된다. 따라서 순환모형은 자원의 완전이용을 위한 순환 이용을 의미한다. 여기서 현재 이용되지 못하고 있는 노동과 자본의 완전사용은 물론 재생 불가능한 자원의 재생사업을 통해 재순환시켜 순환적 균형을 이루는 것을 목표로 한다.

순환의 과정에서 경기불황 시에는 유휴노동과 자본을 시장, 국가, 시민사회에 의해 국민행복생성에 기여하는 사회적 편익을 생산하는 데 이용해 국민행복생성의 증대와 완전고용 유지를 달성한다. 경기호황 시에는 시장으로 노동과 자본이 이동하고 이용되어 국민총생산 증대와 완전고용을 유지한다.

경기침체에 따라 발생된 자본 초과 공급분은 정부 가격정책, 금융·재정정

27) 유휴노동과 유휴자본의 축적은 총수요의 부족으로 인한 경기침체를 지속시킬 것이다.

책을 통해 실업노동을 고용하여 경제·사회적 가치를 생산하면서 국민행복생성의 증대에 기여한다. 그럼으로써 생산요소 시장에서 불완전 고용된 노동과 불완전 이용된 자본이 사장된 사회적·경제적 가치를 생산·창출해[28] 총요소의 완전이용과 생산물 시장에서의 총공급과 총수요를 일치시킴으로써 생산요소와 생산물 시장의 균형과 사회 경제적 균형을 동시에 달성하는 메커니즘이 작동하는 사회를 이룰 수 있을 것이다. 새로이 생산된 가치의 소비를 위해 일반소득 계층은 그들의 지불 능력과 수익 원칙에 따라 가격을 지불하도록 하고, 지불 능력이 부족한 모든 취약 계층은 재정 및 금융 지원으로 소비하도록 유도한다.

② 고용순환균형모형에서 기본생활을 보장해 국민행복 완성

시장경제의 침체를 가져오는 가장 큰 요인 중 하나는 과도한 자본의 축적으로 인해 구매력이 부족한 것이다.[29] 시장에서의 투자활동을 멈추고 과도하게 축적된 자본을 사회적 가치가 높은 기초생활 보장을 확대해 국민의 삶의 질 개선을 통한 국민행복생성의 증대에 이용할 수 있다. 경제발전과 자본 축적 과정에서 빈부격차의 지속 및 확대에 따라 지불 능력이 부족하게 된 잠재

---

28) 잉여자본과 노동은 물론 신산업의 창출에 이용될 수도 있다.

29) 마르크스 그리고 피케티의 주요 주장은 자본주의 경제의 자본 축적이 이윤율을 떨어뜨리고 투자처를 못 찾은 결과이므로 공산주의로의 논리적 전환이나 부유세를 증대해야 한다는 것이다. 1920~1930년대 세계적인 불황으로 인해 과소소비의 문제는 존 홉슨, 클리포드 H. 더글러스(Clifford Hugh Douglas) 등에 의해 과도한 자본 축적에 따른 생산에 비한 소비의 부족으로 분석되었다(더글러스, 2016: 97). 그러나 더글러스는 완전고용 정책은 인플레로 인한 경제 파국이나 과잉생산을 수출하려는 전쟁으로 발전할 것으로 보고(더글러스, 2016: 46), 국가(예: 영국)주식회사를 구상하고 국가의 증대된 생산 능력분을 국가가 관리하고 일반 주주인 모든 국민에게 배분하면서 절약된 노동은 정신적·문화적 창조에 이용되어야 한다는 것이다(더글러스, 2016: 117, 173).

적 소비자들이 생기고 이로 인해 이들의 기초소비 부족이 늘 발생하게 되고 이는 사회적 문제와 분배 문제가 되어 국민행복을 위축시켜왔다. 기초소비 부족분의 충족은 단순한 기본소득의 이전이 아니라 실업자의 완전고용을 통해 분배 문제 해결과 국민행복을 증대시키는 가장 일차적인 유휴자본의 투자 대상이다. 시장에서 유휴자본의 투자를 국가와 시민사회가 완전이용할 수 있도록 사회적 가치가 높은 순서로, 예컨대 의식주, 의료, 교육 및 빈곤퇴치 사업으로 유도해 시장의 실패를 교정할 수 있다. 과도히 축적된 자본 중 노동의 완전고용을 달성하는 데 필요한 수준은 정부의 중개로 공익사업에 투자되도록 유도될 수 있다.

이러한 순환 균형적 발전 과정에서 정부 및 시민사회 부문이 전 국민의 기초생활 유지를 보장하면서 임금 총액과 총소비구매력의 증대, 빈곤의 제거, 적정 분배 개선, 가족 및 사회관계의 개선, 환경 개선이 이루어져 국민이 안심하고 살 수 있는 국민행복의 목표가 완성된다. 또한 과도한 자본 축적, 상시적 실업의 압박, 경기침체, 가족 및 사회관계의 악화, 기타 각종 실패를 해결해 국민행복생성을 확대함은 물론 국민총생산을 증대시키는 경제·사회적 목표의 달성에 기여할 수 있다. 그리고 욕구 축소를 통해 행복을 증진시키려는 종교적 국민행복모형을 지양하고, 끊임없이 개인의 안정된 생활 속에서 사회를 새롭게 창조하고 발전시키는 국민행복생성의 외연을 팽창시켜 나가는 데 기여할 수 있을 것이다.

4. 시장의 경제적 논리와 정부의 공공적 논리의 충실화와 시민사회 역할 증대를 위한 전략

시장은 이기적 자유주의에 따른 공공가치의 손실을 통해 국민행복 증진을 제약하지만 국가주의에 의한 지나친 규제도 시장의 효율적 기능을 제한해 국민행복 증진을 제약하고 있다. 시장의 자유로운 활동의 제약은 주로 국가의 행정 편의적 규제 관행과 부패한 권력의 금권결탁으로 인한 독과점 유지·확대를 보장하는 경제정책의 결과이다. 반면에 국가는 시장에서 상실되거나 제대로 실현되지 못한 공공의 이익을 발현시킬 수 있으나 정치와 정부의 포퓰리즘과 정부의 관료주의로 인한 사회정책의 실패로 공공의 가치가 국가에 의해 달성되지 못하고 있다.

따라서 시장과 정부가 각자의 맡은 바 기능을 충실히 해야 하지만 시장과 정부의 속성상 기본적 한계가 있는 것이 역사적으로 실증되고 있어 시장과 국가의 기능에 혁신이 필요하다. 그래서 사회의 주체로서 시민과 시민사회가 권리 회복을 위해 사회적 역할을 확대하고 국가의 운영에도 직접적으로 참여해야 한다. 시민사회는 시장과 정부에 의해 지배되지 않은 독립적인 권한을 가지고 시장과 국가를 감독하고 독자적 경제·사회적 행위를 할 수 있는 제도가 마련되어야 한다. 이는 정치계에서 선호하는 선거를 통한 지배자의 교체로서는 투표 대상의 부적합과 선거 후의 권력적 지배를 제어하기 어렵기 때문이다.

1) 시장 기능의 정상화

생산요소 시장의 경쟁적 이동이 원활하도록 제도적 정비가 필요하다. 경제활동 3주체 간의 노동과 자본의 자유로운 이동이 가능하기 위해서는 시장에서의 완전경쟁은 물론, 독점적 성격이 큰 정부 부문과 시민사회 조직의 독점적이고 비탄력적인 요소 공급 형태를 제거해야 한다. 시장에서는 가능한 자율적 결정과 경쟁이 보장되는 자유로운 경제활동이 가능해야 하고, 이로부터 창출되는 시장 효율성의 증대 혹은 극대화는 자유주의적 국민행복의 증대 혹은 극대화를 가져와야 할 것이다.

(1) 시장에 대한 규제를 포괄적 규제로의 전환[30)]

강화된 시장 규제와 탐욕적인 기업의 이익 추구로 축적된 미활동 자본을 시장에서의 생산적 자본으로 유도하기 위해서는 먼저, 투자를 쉽게 할 수 있게 하는 시장 기능의 자율성이 강화되어야 한다. 기본적이고 효율적이며 인간 본성에 근거한 자유주의 활동에 대한 비합리적 제약을 제거해야 한다. 손쉬운 행정과 관리에 안주하고 부패, 정경유착, 독점화의 주요 원인이 되고 있는 포지티브(positive) 규제는 철폐되어야 한다. 시민의 경제활동에 대한 규제는 가능한 포괄적 규제 혹은 네거티브(negative) 규제로 해서 꼭 '필요한 금지항목' 이외의 활동에 제약을 두지 않아야 한다. 시장에서 경제 주체들의 자유로운 경제활동을 억제하는 모든 규제정책은 공익적 차원에서 금지되어야 할 행위에만 제한해야 한다. 그리고 규제 밖의 문제 발생에 대해서는 공공기관의 평가에 의해 통제되어야 한다. 시장에서의 법 위반과 공공 이익 훼손은 정부와 시민사회의 적극적 참여로 감시·시정되어야 한다.

---

30) 제시된 정부 정책안들은 논문의 틀에서 가능한 포괄적 방안들로 제시되었다. 따라서 이들의 고용 증대 효과는 추가적으로 구체화되고 실증이 되어야 할 것이다. 실증을 근거로 구체적 정책의 방향이나 규모, 그리고 정책 간의 체계화가 가능하기 때문에 많은 심도 있는 실증적 연구가 뒤따라야 할 것이다.

(2) 기업의 고용 감축에 대한 노동 대체세와 노동 권력의 노동시장 진입 방해에 대한 노동 진입 방해세 혹은 초과임금세 부과하는 시장가격 교정 정책

노동시장에서 현재의 노동 공급과잉 상태는 기업의 자본집약적 기술의 선호에 따른 노동 감축과 노동조합, 의사, 변호사 등 전문가 집단의 탐욕적 독점력으로 인한 노동시장 진입의 제약에서 발생한다. 대기업, 독점적 노동, 그리고 집단적 직업 권력의 사회적 책임을 강화하기 위해 과도한 권력을 당장 해체하지 못할 수 없다면 각종 독과점적 지대를 제거해 시장의 진입 문턱을 낮추는 가격 및 조세정책의 활용이 필요하다. 첫째, 대기업에서 고용원의 감축을 통해 이익을 증대시킬 때 감축의 사회적 비용을 보상받기 위한 노동 대체세를 신설하고, 둘째, 독점적 노동 및 직업시장 지배로부터 얻는 고임금에 대해 초과임금세를 도입한다. 후자의 경우 노동 진입 방해에 대한 벌금적 성격의 과세도 가능하다. 그래서 기업과 노동 및 직업 집단에 의해 시장에서 독점화된 권력을 완화해 자유화를 확대하고 노동 수요를 공급 수준까지 확대해 실업을 없애거나 감소시키고, 총임금은 노동의 증대를 통해 모든 노동자가 공유하도록 유도한다.

그리고 고용 절약적 생산방법을 선택한 대기업이 노동 대체 효과로 얻은 이윤에 대해 과세하여 징수된 기금은 사회적 편익의 생성을 위한 고용에 활용한다. 또한 동일 노동의 노동시장 진입을 제한하는 독점적 노동 및 직업 시장에 부과된 초과임금세는 노동시장 독점의 해체를 유도하면서, 징수된 세금은 배제된 노동을 흡수하는 비독점시장기업에 지원하여 임금 평등화와 고용 증대를 통해 노동의 총공급과 총수요를 일치시키는 가격과 조세의 복합정책을 통해 실업을 제거하거나 감소시킨다.

(3) 과도한 자본 축적과 과도한 노동 기피를 줄이기 위한 자본 활용 및 노동

참여 인센티브 제도의 도입

자본가들의 투자 기피나 노동자의 근로 기피에 대한 징벌적 과세가 어려운 조건에서는 이들을 물적 혹은 사회적 가치의 생산 활동에 참여하게 할 임금 및 이윤 보장의 가격 지원 유인책이 필요하다. 기피하지 않는 자본과 노동에 대한 적절한 보상을 통해 자원 이용을 활성화한다.

2) 정부의 공공 기능의 회복을 통한 고용의 확대

정부와 정치는 공공 기능을 회복해야 한다. 정부는 시장의 자유가 실패했을 때 효율성을 증진시키고 상실된 사회적 가치를 회복하고 생산해야 한다. 그러나 이를 담당하는 관료와 정치가 본래의 기능에서 벗어난 독과점적 시장 지배로 오히려 효율적 기능을 발휘할 시장의 자유와 시민의 자유를 억압하고 있는 경우가 많다. 따라서 관리와 정치의 독점적 지배는 정치·경제·사회에 폐해를 발생시키지 않는 범위 내에서 적정 수준으로 재조정되어야 하고, 이럴 때 시장과 사회의 기능도 효율적이고 공공의 가치도 최대화될 것이다. 공공의 기능을 회복하기 위한 국가 고용정책의 방안은 다양할 것이다. 공공의 역할 확대를 통한 국민행복의 증대는 시장의 활동에 의해서 이루어지는 국민행복과는 생성의 방법이나 결정 형태가 다를 수밖에 없다. 즉, 위의 생성함수에서 시장과 정부 그리고 뒤에 다룰 민간의 행복생성함수의 성격은 개인의 이익의 추구와 공공 이익의 추구라는 상이한 활동 목표를 가지고 있어 달라질 수밖에 없다.

(1) 정부가 국민행복생성 지수를 최대화할 수 있는 고용 극대화의 생산방법과 사업을 선택할 수 있는 시스템의 필요(박순일, 1975)

정부의 직접적인 사업 참여는 사회적 편익이 크지만 민간사업자가 비용 부담 압박으로 사업을 지속할 수 없을 때에 필요하다. 상실된 사회적 가치의 재생산과 시장 공급이 부족한 가치재의 생산과 공급에서 정부는 고용 증대 중심의 전략을 선택해야 한다. 이를 위해 첫째, 정부사업의 선택에서는 국내총생산(GDP)이 아닌 총국민행복생성(GWP)의 개념을 적용해야 한다. 시장의 확대에 따른 사회적 가치의 상실과 시장 공급 부족의 예로서 아동과 노인의 서비스 부족, 저소득·취약 계층에 대한 기초생활서비스의 부족, 환경의 파괴, 교통의 혼잡화, 도시 과밀화에 따른 사회 및 생활 여건의 악화, 농촌의 공동화 등이 있다. 이들 서비스의 공급 증대와 고용 증대는 국민행복 그리고 국민총생산을 증대시키는 데 기여할 것이다. 기술변화 영향으로 일자리가 기계로 대체되는 현상[31]에 대해 '마이클 스펜서를 포함한 많은 경제학자는 교육, 의료, 노후 보장 등 기본적인 사회서비스에 대한 공공투자의 중요성을 강조한다'(유종일, 2016: Erik Brynjolfsson et al., 2014 참조).

이를 위해 정부와 시민단체 활동의 평가는 효율성 중심의 경영평가 방식이 아닌 공익을 최대로 하는 평가 시스템으로 바뀌어야 하고, 평가 요원도 그에 적합한 전문가로 대체되어야 한다. 기업경영 평가나 이익단체의 이익을 조절하는 사회 갈등 조정 방식은 후차적인 접근이 되어야 한다.

(2) 고용 증대 중심의 공공투자로 전환을 위한 정부공사와 사회적기업의 혁신

정부의 국민행복 증대 사업이 민간기업에 위탁되어 지금까지는 기업의 이

---

31) 바둑에서 인공지능이 세계 제일의 바둑기사에게 승리하는 장면은 향후에 수학적·통계적 추론체계로 발전시킬 수 있는 모든 직업군에서 노동이 인공지능의 로봇으로 대체되어 고용 규모를 줄이거나 없앨 것이라는 우려를 낳고 있다(예: 운전사, 약사, 의사, 회계사, 변호사 등).

윤 극대화 기술선택 운영에 자유롭게 맡겨졌지만, 향후에는 일자리를 더 많이 창출하는 기술을 선택하도록 해야 국민행복이 더욱 증대될 것이다. 그리고 정부사업 수탁 기업은 이윤 극대화가 아닌 고용 극대화 투자 전략을 선택해야 한다.[32] 이를 위해 시민사회가 참여하기 어려운 대형 공공사업에서도 국가는 고용 증대적 서비스를 확대하는 공급 방법을 선택해야 한다. 즉, 민간위탁사업과 같은 동일 예산으로 동일한 생산을 할 수 있는 중소기업이나 정부공사를 선정해 고용을 증대시키는 생산방법을 선택하도록 한다. 민간기업은 노조 압력, 행정·관리 비용 등으로 고용절약 방법을 선택해야 하지만, 정부사업에서는 이런 비용을 치르지 않는 고용 증대적 기업의 선택이나 운영 방법을 선택해야 한다.

예컨대, 각종 대형 국책사업 중에서 4대강 정비사업은 동일예산이라면 기계 의존형 대기업보다는 중소기업을 통한 고용 증대적 기술을 선택할 수 있었을 것이다.

향후에도 하천 정비사업, 도시재정비 및 재건축사업 등에서는 이런 방법의 선택이 필요하다.

(3) 사회적 편익 증대사업에 기업의 자발적 참여를 유도하는 금융정책과 더불어 호황기에는 자본을 시장으로 환류하기 위한 재정지원정책의 개발

실업 혹은 노동 수요의 부족을 발생시키는 또 다른 이유는 기술혁신에 필요한 자본 수요 이상의 과도한 자본 축적이다. 축적된 과도한 잉여자본은 총생산이 총수요를 초과하게 하여 경제를 침체시키고 노동의 수요를 위축시킨

---

32) (B/C)m = (B/C)g이지만 (L/C)m ≤ (L/C)g이면 (L/C)g의 생산방법 혹은 사업을 선택한다. B와 C는 편익 및 비용, L은 고용량을 m과 g는 시장과 정부를 표시한다.

다. 과도히 축적된 자본을 노동 수요의 증대와 재화 및 가치 생산(GWP)의 증대로 유도하는 방법으로는 ① 과도하게 축적된 기업자금에 대한 징벌적인 자본 보유세를 포함한 금융재산부유세 인상, 정부의 기업 유보 이윤의 국채로의 매입 혹은 기업이 예금한 은행자금을 정부가 빌려 사회적 가치 창출 사업을 직접 하든가 민간업자에게 융자를 통해 간접적으로 사업을 추진한다. 그러나 호황기에는 기업들의 자금을 돌려받아 사업을 할 수 있도록 기업보유 국채를 매입하고 그들의 자금을 돌려줄 수 있는 방안을 찾아야 한다.

② 정부의 기업자금 활용 방안 이외에 직접 혹은 간접 투자의 공익사업에서 발생된 수익금이나 증대된 조세 수입이 이런 사업에 활용될 수 있다. 투자에서 얻은 국민편익은 수익자 부담의 원칙에 따라 비용으로 징수해 수익금을 얻을 수 있는데, 취약 계층에 대한 투자여서 장기간이 소요되므로 세대 간에 걸친 모형에서 추진되어야 한다. 그리고 공익사업의 확대는 직간접적으로 경기 회복과 고용 증대의 마중물이 되어 조세 수입을 증대시키므로 이를 기업의 빚 상환에 이용할 수 있다.

③ 기업 및 개인의 고용 증대적 국민행복증진사업에 자발적 참여를 유도하려면 투자가치보존 제도의 도입과 같은 정부공공투자사업의 혁신이 필요하다. 미활동 자본을 국민행복생성으로 유도하기 위해서는 첫째, 기업의 축적된 미활동 자본을 정부의 자금 손실 보전이나 이윤 보장을 통해 정부와 민간기업이 합동으로 성장 전략 산업뿐 아니라 국민행복생성사업에도 투자한다. 기업의 공공가치 생산의 참여에 대해서는 공공가치의 수준까지 가격을 보장해서 공공사업으로의 참여를 적극 유도한다. 단, 고용 증대적 방안을 제시한 기업에 우선권을 주어 시장에서의 공공가치의 생산과 더불어 고용을 증대시킨다. 둘째, 개별 기업의 자본 손실의 두려움을 없애기 위해 정부와 기업이 협의체를 구성해 미활동 자본의 활용을 협의해 추진한다. 그럼으로써 개별

기업의 투자 손실 리스크를 줄이고 사회적 발전에 기여하게 한다. 셋째, 국민행복생성에 대한 투자금의 회수는 수익자 부담(benefit pricing)의 원칙에 따라 중장기에 수혜자가 대가를 치르게 한다.

(4) 정부 통화정책도 물가 안정과 성장 이외에 고용 우선의 공공가치에 기여하게 함

전통적 금융정책에서도 대전환이 필요하다. 국가의 통화정책은 오랫동안 이용되어온 헬리콥터 방식의 단순한 정책이 아니라 공공가치를 충족시키는 재정적 목적에 맞는 구조적 정책이어야 한다. 정부의 주요 통화정책도 지금까지 교과서적 목표인 물가 안정과 경제성장보다는 고용, 빈곤 제거, 분배 완화 등의 경제적 가치와 가족 및 사회관계의 증진을 통한 사회 안정 및 통합, 그리고 개인의 이타심 충족 등 공공가치를 증대시키는 데 주력해야 한다. 예컨대, 발행된 통화는 부실기업을 지원하는 것이 아니라 이들의 고용 유지에 지원해 간접적으로 지원하고, 저소득 근로자의 부족한 생활 욕구의 지출에 쓰이도록 유도하며, 고용 증대를 위한 공공사업에 투자하도록 한다. 그래서 총자본의 수급 균형을 이루면서 노동시장에서의 수급 균형을 유도한다.

(5) 정부 권력의 분산을 위한 사회적기업의 적극 지원

공공사업 위탁 기업이 정부사업을 수주하는 과정에서 발생하는 각종 비리와 폭리, 안이한 운영 형태에서 벗어나 고용을 극대화하면서 이윤을 내는 방법을 찾아야 하고, 그렇지 못하면 사회적기업에 사업을 위탁해야 한다.

정부사업 중 노동집약적 방법으로 할 수 있는 사업들을 영리기업이 아닌 사회적기업에 위탁하는 것이 효과적일 수 있다. 예컨대, 사업 수익의 발생을 전제하지 않는 기초생활서비스를 공급할 공공의료시설 건축 및 리모델링, 주

택 개량, 교육시설, 복지시설 등은 사회적기업에 위탁할 수 있다. 또한 현재 정부가 직접하고 있는 청소, 직업훈련, 고용 알선 등에 시민사회가 참여할 수 있을 것이다. 예컨대, 주말 길거리 청소, 직업훈련에 대한 과도한 정부 평가로 인한 민간기관의 신청 기피 등을 개선하기 위한 시민사회 중심 민간의 평가 참여, 고용 알선에서도 시민사회의 적극적 참여를 유도하기 위해 정부의 실적별 시민사회 지원 등 인센티브 개발이 필요하다. 이때 민간에 위탁된 사업 추진은 정부의 실패를 교정하기 위해 시민사회 혹은 민간이 운영하도록 하고 다만 비용 부족분만 정부의 지원이 필요하다.

3) 시민의 경제·사회적 역할 확장[33)]

경제인뿐 아니라 사회인으로서 시민사회의 참여는 시장의 이기주의, 국가의 권력화라는 현실에서 국민행복을 증진시키기 위해 시장 및 정부 실패를 개선하는 작업에 들어갈 수밖에 없다. 시민이 시장과 정부의 주인이므로 실패한 대리인을 직접 조정해서 양 주체의 비효율성과 부정을 개선해야 한다.

시민사회도 조직화되면 또한 권력으로 변하는 현상은 정부와 시장에 의해 교정되어야 한다.[34)] 따라서 3자는 상호 견제하고 교정해야 한다. 관료화되고 권력화된 행정·입법·사법기관들의 독립성으로는 현재의 문제를 개선하지 못한다. 그리고 시민사회 참여도 시장과 정부에 대해 역기능을 하지 않는 방향에서 참여해야 한다.

---

33) 전병유 외(2003)에 시장 및 정부의 실패로 인한 제3섹터에서의 사회서비스 생산 개념이 등장한다.

34) 민간이 정부사업에 참여해 실패 경험도 적지 않음을 역사적으로 보아왔다. 사회적기업 등은 이런 폐해를 고려하면서 추진되어야 한다.

사회적기업[35] 시장경제와 국가의 경제적 실패를 보완하기 위한 시민사회 역할의 주요 영역이다.[36] 이는 미국식 민간기업과 개인의 기부에 의해 얻을 수 있는, 즉 자유시장주의 중심에서 얻을 수 있는 국민행복 증진 효과는 매우 부족하다는 가정과 일부 유럽 국가식의, 직접적인 정부 개입을 통해서 달성된 일자리 창출과 사회서비스의 증대 효과도 성공적이지 못하고 비효율적이었다는 가정에서 출발한다.

사회적기업은 국민행복 증진을 증대시키기 위한 재화 및 서비스를 창출해야 하고, 또한 이 과정에서 사회적기업은 시장자유주의나 사민주의의 정부 개입 확대보다는 일자리가 더 많이 증가하는 방법을 선택해야 한다.

시민사회의 참여에는 사회적기업 이외에도 구성원의 이윤 창출을 허용하는 협동조합과 이윤을 허용하지 않은 미국식의 비영리 기업 등 여러 모형이 가능할 것이다. 국민행복 구성 요소의 중요도에서 보면, 사회적기업의 우선

---

35) 2012년 시행된 '사회적기업 육성법'에 의하면, 사회적기업이란 "취약 계층에게 사회서비스 또는 일자리를 제공하거나 지역사회에 공헌함으로써 지역주민의 삶의 질을 높이는 등의 사회적 목적을 추구하면서 재화 및 서비스의 생산·판매 등 영업활동을 하는 기업으로서 제7조에 따라 인정 받은 자"를 의미한다.
EU 15개 국가의 사회적기업에 대한 연구프로젝트인 EMES(European Research Network) 정의에 따르면 사회적기업의 범주적 정의는 아홉 가지로 요약된다. ① 재화생산과 서비스 판매 지속성, ② 높은 수준의 자율성, ③ 높은 수위의 경제적 위험 노출, ④ 임금노동자 사용의 최소화, ⑤ 공동체에 혜택 부여, ⑥ 시민집단에 의한 발의, ⑦ 자본 소유에 비례하지 않는 의사결정권, ⑧ 사회적 경제활동의 영향을 받는 사람들의 참여, ⑨ 이윤배분의 제한(윤정향, 2007: 9, 12 참조).
전병유의 보고서에서 사회적기업의 정의, 기여, 문제점을 분석했다. 한국 사회적기업의 실시 내용과 평가는 123쪽에 간략하게 기술되어 있다(전병유 외, 2003: 21~33 참조).

36) 사회적기업 등장의 배경을 보면, 고실업 사회에서 예컨대 1970년대 세계적인 경제침체에 대응해 미국과 영국식의 민영화 등 신자유주의적으로 접근한 데에 반해, 유럽은 적극적인 노동정책으로 일자리를 창출하려는 접근을 했다. 이는 유럽, 특히 산업혁명 이전부터 프랑스 등에서 성립해온 사회경제적 개념을 재현하는 것이다. 정부의 시장 개입을 강화하는 공동체 의식이 강조된 개념으로 볼 수 있다.

순위는 첫째 일자리 창출사업이 가장 중요한 사업이 되어야 한다. 둘째, 개인 과 가족의 건강한 유지와 관련된 사업으로서 수익성이 있는 사업이다. 셋째, 사회의 행복지수를 넓히는 사업은 중요하다. 다만 수익성 확보가 있어야 한다.

사회적기업의 예로서 건설기술 인력 도우미 사이트의 운영, 저소득·취약계층의 저렴한 인건비를 이용한 수익성 재생사업, 쪽방촌의 리모델링 및 임대사업 등이 있을 수 있다.

참고문헌

고경환 외. 2014.『2013년 기준 한국의 사회복지지출』. 한국보건사회연구원 정책보고서 2014-83.

김승권·김유경 등. 2009.『전국 출산력 및 가족보건·복지실태조사』. 한국보건사회연구원 연구보건서 2009-33.

김승택·신용상 외. 2007.『일자리 창출을 위한 고용전략 연구: 2008 고용전략연구』. 한국노동연구원. 2007 고용영향분석·평가시리즈.

김혜원. 2007.「사회서비스 분야의 사회적 기업은 지속 가능한가」. 한국노동연구원. ≪노동리뷰≫.

김혜원·박찬임·황덕순. 2008.『제3섹터부문의 고용창출 실증연구』. 한국노동연구원 협동연구총서.

더글러스, 클리포드 H.(Clifford Hugh Douglas). 2016.『사회신용: 왜 기본소득이 필요한가』. 이승현 옮김. 역사비평사.

박세경 외. 2014.『사회서비스업의 산업적 성장 가능성 진단 연구』. 한국보건사회연구원 연구 14-12.

박순일. 1975.「기술선택과 고용」. 서울대학교 대학원 경제학과 석사학위논문.

______. 2001. "Worsening Income Distribution After the Economic Crisis And Policy Recommendations." 아태지역 사회복지대회 2001년 발표.

______. 2012.『복지경쟁 그 끝은 어디인가? 새로운 복지시대의 기회? 새로운 갈등시대의 서막?: 경제와 사회의 균형 순환발전 모형』. e-book 21.

______. 2017.「국민행복증진을 위한 경제와 사회의 순환적 발전과 완전고용」. ≪경제발전연구≫, 제23권 제1호(3월호).

박순일 외. 1993.『우리나라의 빈곤화 요인 분석과 정책방향』. 한국보건사회연구원.

박순일·최현수 외. 2000.『빈부격차 확대요인의 분석과 빈곤·서민생활대책』. 한국보건사회연구원 정책보고서 2000-14.

슈마허, E. F.(E. F. Schmacher). 1988.『불교경제학(Small is Beautiful; Economics As If People Mattered)』. 김정우 옮김. 대원정사.

유근춘 외. 2014.『복지와 기술융합체계 구축연구』. 한국보건사회연구원 협동연구 2014-2.

유종일. 2016.3.「자본주의 시장경제의 미래」. 서울사회경제연구소 세미나 '위기의 세계경제와 한국경제'.

윤정향. 2007.『사회적 알자리 창출 사업 실태와 개선방안』. 한국고용정보원.

전병유·박찬임·황덕순 외. 2003.『사회적 일자리 창출 방안 연구』. 한국노동연구원.

정해식·김성아. 2015.9. 『OECD BLI지표를 통해 본 한국의 삶의 질』. 보건복지포럼 한국보건사회연구원.

질병관리본부 및 한국보건사회연구원. 2007. 『국민건강조사 제3기(2005) 심층분석: 건강면접 및 보건의식부문』.

한국보건사회연구원 및 한국노동연구원. 1999.4. 『실업실태 및 복지욕구조사결과보고서』. 노동부 용역사업.

홍석표·박순일 외. 2012. 『사회안전망제도의 재정효율화를 위한 제도개선연구』. 연구보고서 2002-13.

Brynjolfsson, Erik, Andrew McAfee, and Michle Spence. 2014. "New World Order, Capital, and Ideas in the Power Law Economy." *Foreign Affairs*, July/August 2014.

OECD. 2014. *Better Life Index*.

OECD/Korea Policy Center. 2010. *Growing Unequal? Income Distribution and Poverty in OECD Countries*.

______. 2011. 『한눈에 보는 사회』. 2011 OECD 사회지표.

Samuelson, P. A. 1970. *Economics*. 8th ed.

UN. 2016. "World Happiness Report."

제2장

비정규직의 현황과 노동시장 개혁 과제

최영기 | 전 한국노동연구원장

1. 비정규직 관련 정책의 이력(issue history)

비정규직 문제는 그 자체로서도 중요한 정책과제였지만 동시에 노동시장의 이중구조와 우리 사회의 양극화를 상징하는 문제로 인식되어왔다. 2000년 전후의 시기에 노동시장의 '양극화'가 우리 사회경제의 중요한 문제로 대두된 이유는 비정규직 근로자의 급격한 증가와 이들의 조직적인 투쟁, 이들에 대한 차별적 처우가 부각되었기 때문이다.

특히 2000년 대표적인 공기업과 민간 기업에서 동시에 비정규직 고용이 정규직의 고용안정을 위한 방패막이이자 비용 절감의 수단으로 활용되는 상징적인 조치가 있었다는 점을 상기할 필요가 있다. 2000년 한국통신(현 KT)에서 계약이 해지된 비정규직 노동자들이 500일 넘도록 복직투쟁을 벌였지만 한국통신 노조(위원장 이동걸)는 이들의 노조 가입을 거부하고 어떤 지원활동도 전개하지 않았다. 비슷한 맥락에서 현대자동차 노조(위원장 정갑득)는 사내하도급 근로자 비중을 16.9%까지는 용인한다는 데 사측과 합의(2000.6)함으로써 오늘날 사내하청의 불법파견 시비의 발단이 마련된 셈이다.

한국 노동운동을 대표하는 양대 조직에서 비정규직 문제를 자신들의 교섭 테이블에서 밀어내는 결정을 내림으로써 비정규직 문제는 노사관계 시스템 내에서 노사자치의 원리에 따라 해결되지 않고 사업장 밖에서 해결해야 할 정치사회적인 문제로 발전하게 되었다. 그 이후의 발전 과정을 보면 기업 중심의 노사관계 시스템은 오히려 비정규직 문제 해결에 도움이 되기보다는 더 증폭시키는 방향으로 작동되어왔다고 하겠다.

정부가 비정규직 문제와 노동시장 양극화를 국가 정책과제로 받아들이게 된 계기는 2002년 대통령 선거였다. 선거 과정에서 비정규직 노동자 문제는 핵심적인 정치 쟁점으로 부각되었고, '비정규직의 눈물을 닦아 주겠다'는 약속과 함께 2003년 출범했던 노무현 정부는 취임하자마자 비정규직 문제에 대해 본격적인 정책적 대응에 나서기 시작했다.

2004년 초 정부는 공공 부문 비정규직 종합 대책을 마련하는 한편 민간 부문 비정규직 대책의 일환으로 별도의 보호법 제정 방침을 밝혔다. 이와 동시에 노동시장의 양극화가 노동시장만의 문제가 아니라 우리 경제 전반의 문제이자 국가적 과제라는 인식하에 관련 국책연구기관을 모두 동원해 양극화 완화를 위한 국가 차원의 대응 방안을 마련하도록 했다.[1)]

그러나 2008년 출범한 이명박 정부는 노무현 정부의 비정규직 보호 정책이나 양극화 완화 정책 전반을 친(親)노동 또는 '좌파적인 편향'에 기인한 것으로 치부했다. 경제 살리기로 고용위기 극복과 양극화 해소가 가능하다는 인식하에 오히려 비정규직 보호규정의 완화를 골자로 하는 법 개정과 감세정책

---

1) 정부의 종합적인 진단과 처방으로 제시된 것이 「동반성장을 위한 비전과 전략」(2006)이고 이러한 정책과제를 정부가 추진할 수 있는 장기계획으로 마련된 것이 기획예산처의 「비전 2030: 함께 가는 희망 한국」(2006)이다.

을 추진했다.[2)]

이와는 달리 박근혜 정부는 비정규직 보호와 양극화 완화를 표방하고 나왔다. 국정 목표로 제시된 고용률 70%와 중산층 70% 달성은 이러한 정책기조가 구체화된 것이라고 하겠다. 그렇다고 구체적인 정책들이 제시되거나 실행되었던 것은 아니다. 2014년 들어서 노사정위원회를 중심으로 이중구조 개선과 노동시장 구조 개혁을 위한 사회적 대화와 타협 논의가 시작되면서 비정규직 보호의 문제가 다시 핵심 정책과제로 부각되었다.

그러나 2015년 '9.15 대타협'이 끝나자마자 정부 여당은 기간제와 파견 관련 보호 규제를 완화하는 방향으로 관련법을 개정하겠다는 입장을 밝힘으로써 이중구조 개선을 위한 노동시장 개혁이라는 합의정신을 무색하게 했고 이것은 결국 2016년 한국노총의 합의 파기로 이어지게 되었다. 비정규직 관련법 개정안이 국회에 제출되었지만 정부 여당의 강력한 개정 요구에도 불구하고 제대로 심의조차 이루어지지 않은 채 19대 국회 해산과 함께 폐기되었다.

2016년 4월 20대 국회가 출범하며 양극화 완화와 격차 해소는 또다시 정책적 개입이 필요한 국가적인 과제로 대두되었다. 이는 3당의 교섭대표 연설에서도 그대로 드러났다. 정부 여당은 또다시 과거의 비정규직 관련법 개정을 들고 나왔지만 해당 상임위원회에서는 상정조차 하지 않았다. 국회 통과 가능성이 전혀 보이지 않는 데도 정부 여당이 관련법 개정에 집착하는 데에는 또 다른 정치적 목적이 있었던 것이 아닌가하는 의구심을 갖게 한다.

15년 전 처음으로 비정규직 문제가 정치사회적 쟁점으로 부각되었듯이

---

2) 이명박 정부는 비정규직보호법에 따른 2년 기간 제한으로 100만 명에 가까운 비정규직이 해고 위험에 직면해 있다는 명분을 들어 2년 기간 제한을 4년으로 연장해야 한다는 방침을 갖고 2009년 법 개정을 시도한 바 있다. 법 제정 이후 비정규직 변동 추이를 분석한 결과 해고 대란은 근거가 없는 것으로 밝혀져 법 개정은 무산되었다.

2017년 대통령 선거에서도 비정규직과 양극화 완화를 위한 치열한 정책 경쟁이 있었고 문재인 정부는 출범과 동시에 매우 과감한 정책 드라이브를 걸고 있다.

2. 비정규직 노동시장의 현황

기간제와 파견근로에 대한 2년 기간 제한이 적용되기 시작한 2007년을 고비로 비정규직 증가 추세가 꺾이긴 했으나, 비정규직 근로자는 33%, 600만 명 안팎의 수준을 유지하고 있다. 기간제 근로자 비중이 줄고 시간제 근로자 비중이 빠르게 증가하고 있기 때문에 비정규직보호법의 비정규직 억제 효과가 전혀 없었다고 할 수는 없다.[3)]

비정규직보호법이 제정되기 전인 2006년부터 2016년까지 10년의 비정규직 변화를 업종별로 나누어보면 공공사회서비스와 사업서비스 분야에서 빠르게 증가했고 제조업과 금융보험 업종에서 감소한 것으로 나타났다. 정부 예산이 주로 투입되는 공공사회서비스 분야는 지난 10년간 154만 개의 일자리를 창출해 전체 일자리 창출 450만 개의 1/3을 차지할 정도로 빠르게 성장한 업종이지만 신규 일자리의 46.1%가 비정규직 형태였다.

공공사회서비스 분야는 정부 예산이 주로 투입되는 업종으로 그동안 빠르게 증가한 아이와 노인 돌봄 서비스 확대를 위한 정부 투자에 힘입어 전체 일자리 창출을 선도했지만 일자리의 질적 개선이라는 관점에서 보면 정부가

3) 기간제 근로자의 비중은 2006년 8월 17.7%(272만 2000명)에서 법 시행과 함께 15% 안팎으로 하락한 이후 일정 수준을 유지(2015년 286만 명, 14.8%)하고 있다.

〈그림 2-1〉 정부와 노동계 비정규직 규모와 비중(2003~2016)

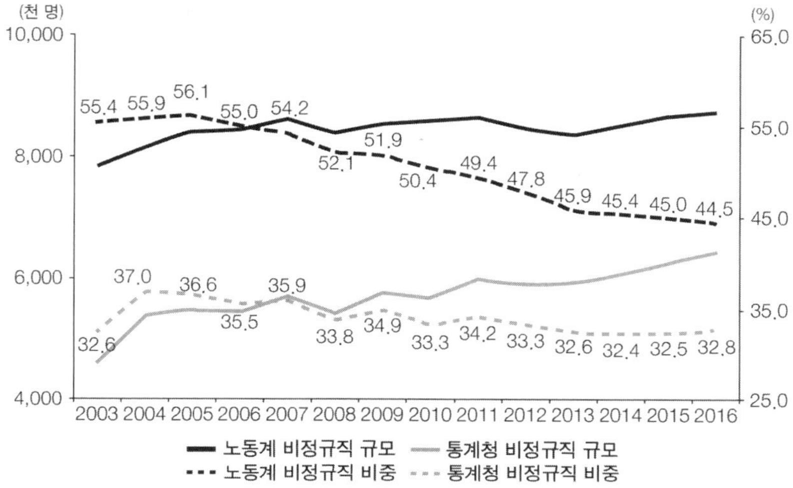

오히려 고용의 질적 악화를 선도했다는 비판을 받을 수 있다. 정부 예산은 확대되었지만 서비스 전달체계나 서비스 인력의 양성과 관리에 대한 준비가 없었기 때문에 서비스 제공은 시장 자율에 맡긴 결과가 바로 고용의 질적 악화이다.

임금격차나 사회보험 혜택 등 근로조건에서의 격차가 꾸준히 개선되고 있는 것도 사실이다. 정규직·비정규직 간의 시간당 임금격차는 그래도 꾸준히 개선되고 있다. 월평균임금을 기준으로 계산된 임금격차가 오히려 지속적으로 확대되는 이유는 시간제 근로가 이 기간 중에 빠르게 늘었기 때문일 뿐이다. 따라서 지금 비정규직 관련 주된 정책과제는 고용불안정과 불완전한 고용으로 인한 소득의 불안정 문제, 주로 중소영세기업에 포진한 400만 명가량의 사회보험 사각지대 문제라고 하겠다. 건강보험과 국민연금, 고용보험에 가입하지 않은 비정규직 노동자들의 비율은 오랫동안 30% 수준에서 정체되

〈그림 2-2〉 기업 규모별·고용 형태별·성별 임금과 근로조건(2016)

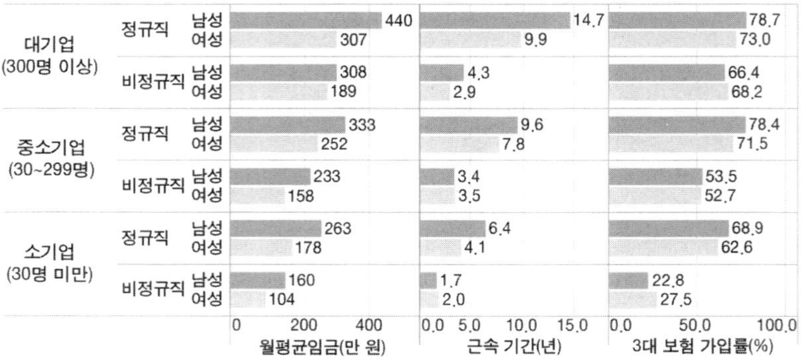

기업 규모	고용 형태	성별	월평균임금(만 원)	근속 기간(년)	3대 보험 가입률(%)
대기업 (300명 이상)	정규직	남성	440	14.7	78.7
		여성	307	9.9	73.0
	비정규직	남성	308	4.3	66.4
		여성	189	2.9	68.2
중소기업 (30~299명)	정규직	남성	333	9.6	78.4
		여성	252	7.8	71.5
	비정규직	남성	233	3.4	53.5
		여성	158	3.5	52.7
소기업 (30명 미만)	정규직	남성	263	6.4	68.9
		여성	178	4.1	62.6
	비정규직	남성	160	1.7	22.8
		여성	104	2.0	27.5

어 있다. 주된 원인은 이 규모의 사업장에 많이 분포하는 일반 임시직과 임시 파트, 호출 근로(일용직), 특수고용 근로자들의 사회보험 가입률이 20~30% 수준에 그치고 있기 때문이다.[4)]

중소기업 저임금 노동자들에 대한 사회보험 가입 지원정책인 두루누리 사업이 시행되고 있으나 사회보험 사각지대를 줄이는 효과보다는 영세 사업장에 대한 보험료 지원으로 변질되었다는 연구 결과들이 제시되고 있다. 사용자의 기여 회피와 가족 피부양자 등으로 등록된 여성, 청년, 장년층 저임금 노동자들의 소극적 순응 때문에 신규 사회보험 가입이 크게 늘지 않는 것으로 해석된다.

비정규직보호법이 겨냥했던 기간제와 파견에 대한 규제에는 어느 정도 효과를 보였다고 할 수 있지만 그렇다고 넓은 의미의 '비정규직' 형태의 고용을

---

4) 이들은 대부분 30인 미만 영세사업장에 집중 분포하고 있으며 사업주의 영세성과 더불어 가족 내 지위, 연령 등이 변수로 작용하면서 건강보험의 직장가입피부양자, 국민연금 지역가입자 등의 형태를 취하고 있다. 산업별로는 영세사업장이 다수 분포하는 음식·숙박업과 도소매판매업 등 서비스업 여성 노동자들과 중년·고령 남성 노동자들이 다수를 차지하고 있다.

〈표 2-1〉 임금격차 추정치

고용 형태		평균 연봉
기아자동차 광주 공장	정규직	약 1억 원
	사내하청	약 5000만 원
1차 협력사	정규직	약 4만 7000만 원
	사내하청	약 3000만 원
2차 협력사	정규직	약 2만 8000만 원
	사내하청	약 2만 2000만 원

자료: 한국노동연구원.

선호하는 기업의 고용 관행이 바뀌었다고는 할 수 없다. 고용부가 집계한 300인 이상 대기업의 고용공시 자료에 따르면 2016년 기준으로 대기업의 간접고용(파견, 용역, 사내하도급 등 소속 외 근로자) 규모가 93만 1000명(19.7%)으로 기간제 고용 규모(90만 명)를 능가하는 수준이기 때문이다. 즉, 기업들이 비정규직보호법의 규제를 받는 비정규직 채용은 크게 늘리지 않더라도 기간 제한을 우회하기 위한 사내하청 확대 등 간접고용을 늘리고 있는 것이다. 2016년 기준 300인 이상 대기업 종사자 중에서 고용불안 계층(기간제 + 간접고용)으로 분류할 수 있는 근로자 집단은 43.4%에 이르는데, 이는 2015년 고용공시 자료상 기간제 84만 2000명과 소속 외 근로자 87만 8000명으로 고용불안 계층 규모가 38.3%였던 것에 비해 오히려 증가한 것이다. 제조업 등 일부 업종에서 비정규직이 줄거나 크게 늘지 않은 것은 이러한 사내하청 형태의 고용 증가가 반영된 결과이다.

사내하청 근로자들은 비정규직 보호법의 적용을 받지 않고 2년 기간 제한의 혜택이나 차별 시정을 요구할 수도 없기 때문에 고용 지위가 더 불안정하고 근로조건도 더 열악할 수 있다. 많은 경우에는 매년 경쟁 입찰을 통해 최저가 낙찰자를 결정하는 방식이어서 임금과 근로조건은 항상 최저임금에 묶

〈표 2-2〉 비정규직의 함정 (단위: %)

구분	1년 후			3년 후		
	정규직	임시직	실업자	정규직	임시직	실업자
한국	11.1	69.4	19.5	22.4	50.9	26.7
일본	17.5	72.1	10.4	24.9	59.7	15.4
독일	46.6	38.6	14.9	60.0	23.5	16.4
네덜란드	49.1	40.9	10.0	69.9	17.6	12.5
영국	51.9	29.9	18.3	63.4	15.1	21.5

자료: OECD(2013).

여 있게 된다. 또한 정규직이지만 용역계약에 따라 고용계약도 갱신되는 지위이기 때문에 단결권을 비롯한 노동기본권을 제대로 행사할 수 없는 것이 이들의 처지라고 하겠다. 이러한 현실을 반영하는 하나의 사례가 기아자동차 광주공장의 공급망에서 확인할 수 있는 임금 분포이다.

비정규직보호법에도 불구하고 비정규직의 고용불안은 태생적인 문제이다. 1997년 외환위기 이전의 고용 관행으로 보면 소위 비정규직 또는 임시계약직 노동자들은 정규직으로 전환하기 전의 예비사원과 같은 신분이었다. 2000년 한국통신 비정규직 노동자들의 해고자 복직투쟁도 그러한 맥락에서 가능했던 것이다. 형식은 1년 단위의 계약직이었지만 정규직 자리가 날 때까지 계약 갱신을 반복했기 때문에 갑자기 기간 만료를 이유로 고용계약을 해지한 기업의 결정을 노동자들이 받아들일 수 없었던 것이다.

그러나 비정규직 사용에 대한 2년 기간 제한이 도입되면서 동일 사업장 내에서 정규직으로 전환되는 비정규직의 비중은 크게 줄어들면서 비정규직은 정규직과 다른 입직구를 통해 채용되었다가 특정 직무에만 종사하는 신분으로 별도의 고용 지위를 얻게 되었다. OECD 비교 통계로 보면 최하위 수준으로 한국의 비정규직 탈출률은 1년 후 11%, 3년 후에도 22%를 조금 넘는 수준에 불과하다. 특히 동일 직장 내에서 정규직으로 전환되는 비율이 2007년 이후 꾸준히 줄어들고 있으며 직장 이동을 통한 정규직 전환 가능성도 OECD 국가들에 비해 매우 낮은 수준에 정체되어 있다.

3. 비정규직에 대한 상반된 두 개의 진단과 처방

2002년 대통령 선거를 거치며 비정규직 고용 개선을 위한 정책적 개입이 요구된다는 것에 대한 사회적 합의가 있었다고는 하겠으나 비정규직 발생의 원인과 처방에 대해서까지 합의가 있었던 것은 아니다. 오히려 상반된 두 가지 견해가 지속적으로 대립해왔다. 두 가지 견해가 각축을 벌여왔는데 이를 논의의 편의상 보수와 진보로 분류할 수도 있다.

보수적 시각은 주로 정규직 노동시장의 경직성과 조직 노동자들의 독점적 지위가 비정규직을 증가시키는 근본적인 원인이라고 보고, 고용의 유연성 제고와 파업 시 대체근로 허용 등을 해법으로 제시한다. 진보적인 시각은 비정규직과 영세사업장 노동자들의 고용불안과 저임금, 법적 보호와 사회보장의 사각지대에 주목해 비정규직 고용에 대한 규제 강화와 최저임금 인상, 사각지대 해소를 해법으로 제시해왔다. 이와 같이 상반된 시각은 1996년 '노동법' 전면개정 과정에서 경영상의 해고와 파견근로 허용에 대한 찬반 논쟁을 계기로 표면으로 드러나기 시작해 노동문제에 대한 대부분의 이슈를 두고 대립하며 서로의 진영 논리를 강화시켜왔다고 하겠다. 양 진영이 지난 20년간 지속적으로 논쟁을 벌여왔던 첫 번째 쟁점은 노동시장의 경직성 여부이다.

OECD 기준 고용보호지수는 양 진영이 모두 인정하는 지표임에도 경직성에 대한 판단은 아직도 대립 중이다. 2015년 OECD 자료는 〈표 2-3〉과 같

〈표 2-3〉 고용보호법제 평가

2013년 OECD 국가 중 유연성 순위	
일반(개별) 해고	23위
집단(경영상) 해고	4위
임시직(기간제) 규제	26위

자료: OECD(2015).

〈표 2-4〉 WEF 국가경쟁력 평가

세계 144개국 중 부문별 순위(2014)	
노동시장 효율성	86위
노사협력	132위
임금 결정의 유연성	58위
고용·해고 관행	106위
정리해고 비용	120위

다. 경영상 해고는 OECD 평균보다 유연한 편이나 개별 노동자를 대상으로 하는 일반 해고와 임시직 근로자에 대한 규제는 평균 이상으로 경직적인 것으로 평가된다.

이 밖에도 WEF(세계경제포럼)의 경쟁력비교지수가 언론 등에서 경직성의 근거로 활용되지만 이는 주로 기업인들의 인식 조사를 근거로 삼기 때문에 객관성이 떨어지는 지표이다. 다만 해고 비용 비교는 주관적인 판단도 나름의 의미를 부여할 수는 있겠다(〈표 2-4〉 참조).

이러한 국제비교 통계에도 불구하고 양 진영은 제도는 제도이고 고용의 실제 관행은 다르다고 주장하기도 한다. 진보 진영은 노동 이동의 실태 통계 등을 근거로 우리 노동시장이 실제로는 결코 경직적이지 않다고 주장한다. 근속 기간에 대한 OECD 통계에 따르면 1년 미만 근속자 비율이 최고(32.8%)인 반면 10년 이상 장기근속 비율은 최저(19.7%) 수준을 기록하고 있으며, 통계청의 임금 근로자 일자리행정 통계(2013년)에 나타난 민간 부분의 1년간 동일 직장 유지율이 66.0%에 불과하다는 것이 그 근거이다. 반면 보수 진영에서는 경영상 해고가 제도상으로는 매우 유연한 것처럼 보이지만 노동조합의 저항과 근로자 대표와의 충실한 협의라는 법적 요건 때문에 대부분의 기업들은 정리해고 절차를 택하기보다는 명예퇴직 형식을 빌리므로 그만큼 해고 비용이

〈표 2-5〉 해고 관련 법규의 변천

1996.10	노사관계개혁위원회 공익안	긴박한 경영상 사유가 있을 때
1996.11	정부 수정안	계속되는 경영 악화, 인수합병, 생산성 향상이나 기술 혁신에 따른 경영상의 필요
1996.12	국회 처리안	정부안과 동일
1997.3	총파업 후 재개정안	노사관계개혁위원회 공익안과 동일, 시행을 2년 유예
1998.2	노사정대타협 개정안	인수합병의 사유 추가, 즉시 시행
2006	'근로기준법' 전면 개정	정리해고자의 2년 내 우선 복직 의무, 해고의 서면통보 의무
2016.1	일반 해고 행정 지침	성과 부진자에 대한 해고의 기준과 절차를 기존 판례에 따라 정리

올라갈 수밖에 없다는 것이다.

보수와 진보의 고용경직성 논쟁은 논쟁으로 그치지 않고 지난 20년간 반복적으로 정치사회적 갈등과 노사갈등의 진앙 역할을 해왔다. 특히 1996년 말의 '노동법' 개정은 김영삼 정부를 정치적 위기로 몰아넣는 직접적인 원인이 되기도 했다. 이러한 정치적 민감성은 지금도 전혀 변하지 않았다는 사실을 쉽게 확인할 수 있는 사건이 일반 해고에 대한 지침의 제정에 관한 공방이다. 지난 2015년에 일반 해고의 기준과 절차에 관한 행정지침(2016.1 발표)으로 인해 고용보호법제의 개정에 버금가는 갈등과 노사관계의 파행이 있었고 결국 이로 인해 '9.15 타협체제'가 와해되었던 것이 이를 반증한다.

이와 같이 20년에 걸친 공방에도 불구하고 해고 관련 법제를 크게 변경하지 못하는 데에는 우리 노동시장 특성에서 비롯되는 또 다른 이유가 있다고 봐야 할 것이다. 첫째, 대기업 정규직 노동시장이 근속과 연공서열 중심의 내부 노동시장에 기초해 있다는 점과 둘째, 사회안전망의 사각지대가 넓고 실업급여의 소득대체율이 OECD 최저 수준인 30%(5년 평균 6.6%)에 불과할 정도로 사회안전망이 부실하다는 점, 그리고 마지막으로 과도한 기업 규모별 임금

〈표 2-6〉 비정규직 관련 주요 정책의 추진 경과

2000	KT(한국통신) 계약직의 해고와 복직투쟁, 현대차 노사의 사내하청 확대 합의
2001.4~2003.5	노사정위원회 비정규특위 활동, 고용 개선을 위한 공익안 제시
2004	공공 부문 비정규직 대책 및 비정규직 보호입법 추진
2006	2년 기간 제한과 차별 시정 등 비정규직법 제정, 2007년 시행
2009	기간 제한을 4년으로 연장하는 법 개정안 발의(2012년 자동 폐기)
2015.9	기간 제한 4년 연장과 파견확대 법 개정안 발의(2016년 자동 폐기)

격차로 인해 전직하는 근로자가 감수해야 할 임금과 인사상의 불이익이 과도하기 때문에 고용의 유연성이 떨어진다는 점 등이 노동의 유연성을 떨어뜨리는 원인이 된다고 하겠다. 보수와 진보의 경직성 논쟁은 해고의 유연성에만 한정되었고 임금과 근로시간, 인사 제도와 직무체계의 경직성이나 연공형 위계질서로 인한 경직적인 기업문화 등에 대해서는 관심을 보이지 않았던 것도 특이하다.

정규직 노동시장의 경직성 못지않게 보수와 진보가 뜨겁게 대립했던 쟁점이 비정규직 고용 개선에 대한 해법이었다. 정부가 2004년 공공 부문 비정규 대책을 내놓고 기간제, 파견, 단시간 근로자에 대한 차별 금지와 기간 제한을 골자로 하는 비정규직 노동자보호 입법 방침을 천명했지만, 비정규직보호법이 2006년 국회를 통과하기까지는 2년여에 걸친 폭넓은 공론화와 노사정 간의 절충, 국회 차원의 조정 과정을 거쳐야 했다.

그러나 이 법은 2007년 7월 시행된 이후에도 그 효과와 부작용에 대한 공방이 끊이지 않아 노사정위원회는 2007년 4월 '비정규직 후속대책위원회'를 구성해 2년간 그 효과와 개선 방안 등을 협의해야 했다. 2009년 7월 고용노동부는 비정규직의 대량해고 위험('100만 해고 대란')을 내세워 관련법이 전 사업장에서 시행되기도 전에 2년 기간 제한을 4년으로 연장하는 법 개정안을 국회에 제출했으나 제대로 논의도 이루어지지 않은 채 2012년 18대 국회 해산과 함께 폐기된 바 있다. 놀랍게도 이와 비슷한 패턴의 비정규직법 개정 시도가 박근혜 정부 중반에 시작되었고 실패 과정도 과거와 같았다. 2014년 12월 정부가 마련한 비정규 종합 대책에는 기간 제한을 4년으로 늘리고 파견을 확대하는 법 개정안이 제시되었지만 2016년 국회에서 자동 폐기되었다.

고용 형태를 법으로 직접 규제해 비정규직 문제를 해결하겠다는 진보의 처방도 세계 추세와 맞지 않을 뿐 아니라 기대만큼의 효과를 낸다는 보장도 없다. 이는 기간 제한 규정을 우회하는 수단으로 사내하청을 늘려왔다는 경험으로 확인된다. 비정규직 보호법의 차별 시정 효과나 비정규직 감소 효과가 당초 기대와 달랐던 이유도 비정규직 문제를 법적 규제로 해결하는 방식이 시장을 바꿔놓을 수 없기 때문이기도 하다. 지금 진보 진영에서 주로 제기되는 비정규직 보호 방안은 사용 사유 제한 등으로 규제를 더욱 강화해야 하고 사내하도급 남용과 불법파견의 확산을 근로 행정의 강화나 또 다른 법규로 막아야 한다는 입장이다. 또한 차별 시정의 실효성을 높이기 위해 차별 시정의 신청 자격을 확대하고 비교 대상도 확대해야 한다고 주장한다.

가장 최근 정책서클에서 논의되었던 비정규직 관련 정책들은 2016년 노사정위원회의 노동시장구조개선특별위원회에서 마련한 전문가 검토 의견에 집약되어 있다(경제사회발전노사정위원회, 2016). 그동안 논의되었던 메뉴 중에서 노사정과 학계에서 그나마 약간의 공감대라도 형성되었던 사항은 기존의 제도에 대한 미세 조정 수준에 불과한 것들이다. 차별시정 제도의 실효성을 높이는 방안으로 신청대리권의 범위를 약간 넓히는 것과 생명·안전 핵심 업무에 정규직을 채용하는 방안 그리고 2년 기간 내에 계약 갱신을 3회로 제한하는 방안 등에 대해서는 대체적인 공감이 이루어졌다.

그러나 정부가 들고 나왔던 핵심 이슈, 예컨대 기간 제한을 4년으로 연장하고 퇴직금(3개월 이상 근무자)과 이직수당(2년 이상 근무자)을 신설하는 방안에 대해서는 노사의 의견이 대립하고 전문가 사이에서도 이견이 많았다. 정부는 기간 연장으로 정규직 전환률을 높일 수 있다고 주장하지만 기간 제한을 2년으로 할 것인지 4년으로 할 것인지 또는 사용 사유를 제한할 것인지 등에 대해서는 이미 2006년 입법 당시 충분히 논의했기 때문에 그간의 사회적 합의를 도외시하고 기간만을 조정하려 한 것은 성공 가능성이 높지 않았다. 비슷한 맥락에서 파견 규제를 완화하려 한 것도 무리한 정책 추진이었다. 제조업의 뿌리산업 6개 공정과 55세 이상 고령자, 고소득 전문직(관리·전문직)에 한해 파견을 허용하는 법 개정안을 발의했지만, 이는 제조업으로까지 파견을 확대하는 것이어서 노동계의 강한 반대에 부딪혔다. 고소득 전문직과 55세 이상 고령자의 파견을 허용하는 방안에 대해서는 정규직 일자리를 파견으로 대체하는 효과가 있을 것이라는 우려 때문에 공감대를 만들지 못했다.

그러나 검토 대상으로 삼았던 정책 메뉴가 정부가 마련한 비정규직 기간 제한의 완화와 파견범위 확대 방안에 한정되어 있었기 때문에 비정규직 문제에 대한 좀 더 근원적인 분석과 해법까지는 논의되지 못했다. 한국노총의 불참으로 폭넓은 공론화로 이어지지 못했던 것도 좀 더 다양한 대안이 논의되지 못했던 이유 가운데 하나이다. 예컨대 시흥·안산 지역을 비롯한 중소 제조업의 만성적인 인력난에 대해서는 뿌리산업의 숙련 인력에 대해 좀 더 근본적인 고용 개선 대책을 마련하는 것을 우선 검토해야 한다는 의견이 있었지만 정부의 호응이 없는 상태에서 지나가는 코멘트에 불과했다.

큰 부담을 지지 않으면서도 제도 개선의 성과를 낼 수 있는 이슈가 차별 시정에 관한 것이다. 차별 시정의 취지는 비정규직 사용 제한은 풀되 불합리한 차별은 받지 않도록 한다는 원칙으로 설계된 비정규직보호법의 양대 축 중 하나로 기대를 모았지만 지난 10년간 운용 실적은 이런 기대와는 매우 달랐다.

차별 신청 건수는 법 시행 초기인 2008년에만 1325건에 달했을 뿐 그 이후 연간 100건 안팎 수준으로 크게 감소했고 차별이 인정되거나 조정을 거쳐 시정이 이루어진 건수는 그 절반에 불과했다. 제도 도입 이후 차별시정 제도의 실효성을 높이기 위해 여러 차례 제도 개선을 시도했지만 사정은 별로 달라지지 않았다. 차별 시정에 대한 신청대리권을 노동조합 등 제3자에게도 부여하는 방안과 차별의 비교 대상 근로자의 범위를 확대하는 방안 등이 새롭게 제기되지만 그 실효성에 대해서는 많은 의문이 제기되는 이슈다.

2016년 노사정위원회 논의에서 검토의 대상으로 삼았던 정책 메뉴가 정부가 마련한 비정규직 기간 제한의 완화와 파견범위 확대 방안에 한정되어 있었기 때문에 비정규직 문제에 대한 좀 더 근원적인 분석과 해법까지 논의되지는 못했고 시간적인 제약도 따랐다. 더구나 2015년 하반기부터 한국노총이 노사정위원회의 논의에 실질적으로 참여하지 않음으로써 비정규직 문제에 대한 제대로 된 공론화가 이어지지 못했던 것도 한계다.

보수 진영은 지속적으로 기간 제한을 4년으로 연장한다거나 파견 업종을 확대하려고 했다는 점에서 비정규직 문제 해결을 위한 법적 처방은 현실적으로 어렵다고 판단하는 것이 현실적이다. 새 정부가 이런 방식의 처방을 꺼내드는 순간 노사와 여야 모두가 또다시 갈등의 소용돌이에 빠져들게 될 것이다. '9.15 대타협'을 1년도 되지 않아 완전히 말아먹게 된 근본 원인도 과거의 실패를 반면교사로 삼지 않고 정부가 해고의 유연화와 비정규직 규제 완화라는 구형 폭탄을 또다시 협상 테이블에 올려놨기 때문이다.

4. 어떤 대안이 있는가?

2017년 대선을 거쳐 새 정부가 들어서면서 비정규직 문제는 또다시 우리 사회의 양극화와 격차의 완화라는 큰 틀에서 논의되고 종합적인 해법이 모색되고 있다. 2002년 대선에서 논의되었던 처방이 비정규직보호법의 제정으로 구체화되었다면 이번에는 15년 전의 법적 해법이 아니라 시장적인 해법을 찾아야 한다고 생각한다. 우선 새 정부가 경계해야 할 첫 번째 주의사항은 보수와 진보를 막론하고 비정규직의 고용 개선과 양극화 문제를 한두 조항의 '노동법' 개정으로 해결할 수 있을 것이라는 환상을 갖지 말아야 한다는 점이다. 이는 지난 20년의 노동 개혁 경험에서 얻을 수 있는 최소한의 교훈이다. 따라서 19대 국회부터 아무 의미도 없이 논의 테이블에 올려 두기만 한 비정규직법 개정안부터 폐기해야 한다. 그리고 정부가 주도하는 법 개정 중심의 비정규직 대책이 아니라 노사가 주도하고 정부가 지원하는 방식으로 노동시장 구조 개혁이라는 큰 그림 속에서 좀 더 근본적인 해법을 모색해야 할 것이다.

우리가 지향해야 할 방향은 5~10년의 장기계획을 갖고 연공 중심적이고 기업 중심적인 제도와 규범을 직무 중심적이고 기업횡단적인 틀로 바꾸어나가는 것이다. 지금의 고용위기와 양극화는 저성장과 고령화, 4차 산업혁명과 중국의 부상 등 경제구조적인 변화와 맞물려 있는 것이기 때문에 고도성장기에 세팅되었던 노동시장 제도와 근로생활 패턴 전반을 재정비해야 하고 이를 위해서는 노사정이 함께 달리는 5~10년의 장기 레이스를 각오해야 한다.

20년 공방을 통해 겨우 균형을 맞춰놓은 고용보호법제를 다시 손대려 하기보다는 고용은 안정시키되 임금과 근로조건 등 고용계약의 내용을 유연하게 변경하는 방안을 타협 가능한 대안으로 강구해봐야 한다. '노동법' 개정으로 일거에 시장의 고용 관행을 바꾸려 하기보다는 기업의 임금직무체계와 근로 관행을 혁신하고 근로자의 라이프스타일을 바꾸는 데 사회적 역량을 결집하는 것이 비정규직의 고용안정과 격차를 완화하는 데 더 효과적일 것이다. 이는 임금과 근로시간, 직무와 직급체계의 구조 자체를 연공서열을 중시하는, 사람 중심(person-based) 체계에서 그 사람이 맡고 있는 직무를 중시하는 일 중심(job-based) 체계로 전면 개편하는 노동시장 구조 개혁이자 기업의 인사관리 혁신이다.

생년월일에 따라 명예퇴직 대상을 고르고 입사 기수별로 승진하는 인사 제도하에서는 50대 초반의 은퇴가 당연시될 수밖에 없고, 하는 일과 성과보다는 연공에 따라 임금이 결정되는 보상체계하에서는 비정규직과 사내하도급이 크게 늘어날 수밖에 없다. 연공서열형의 시스템은 30~40대 정규직 남성에게만 유리한 제도일 뿐 청년들이나 출산을 전후한 여성, 은퇴를 앞둔 50~60대 고령층 모두의 고용 여건을 악화시키는 요인이 되고 있다.

직무형 노동시장이 잘 발달하면 비정규직과 여성의 고용이 훨씬 더 안정될 수 있고 동일 노동, 동일 임금의 원리가 확산됨으로 인해 근로자 간의 임금격차와 차별의 소지도 크게 감소할 것이다. 비정규직을 정규직화할 수 있는 근본적인 처방은 그들이 상시적·지속적인 업무에 종사하는 한 이를 안정적인 직무형 일자리로 잘 설계하고 그 직무에 상응하는 시장임금(market going wages)을 책정해주는 것이다. 기업들이 비정규직이나 사내하도급으로 전환하는 대부분의 직무들은 핵심 업무가 아니거나 근속이 쌓여도 직업 능력에 큰 차이가 없는 단순 직무이다. 공공 부문이나 민간 대기업의 노조조직 사업장일수록 이런 직무형 일자리들을 비정규직이나 아웃소싱 형태로 외부화했는데, 이에 대한 시장 친화적인 해법은 고용계약 조건을 시세에 맞추는 것이다.

이를 공공 부문 전체로 확대해 상시적·지속적인 비정규직(외주 하청 포함) 업

사례 1

> 서울시는 2013년 지하철의 청소 업무를 전담하는 자회사(서울메트로환경, 그린환경)를 설립하여 3500여 명의 1년 단위 용역계약 근로자들을 직접 채용하고 별도의 임금체계를 설정하여 정규직으로 전환함.

사례 2

> 페덱스 코리아(Fedex Korea)가 항공화물 물류회사임에도 680명 전원을 정규직으로 고용하고 3% 이하의 낮은 이직률을 유지하는 비결은 단순히 경영철학의 문제가 아니라 임금과 직무를 연공 중심이 아니라 일 중심으로 관리했기 때문임.

무를 분석해 직무표준을 세우고 그에 상응하는 시장임금을 적용해 정규직화하는 방안을 우선 추진할 수 있을 것이다. 노동시장 전체로 보면 비정규직이나 30인 미만 사업장의 근로자들은 대부분 이러한 직무형 노동시장에서 활동한다고 할 수 있기 때문에 공공 부문에서의 직무 분석과 시장임금 조사 결과가 민간 부문으로 확산될 수 있을 것이다.

같은 원리로 대기업 정규직의 임금과 인사관리에서도 연공성을 약화시키고 직무 가치를 강화하는 방향의 임금 개혁과 직무 혁신을 추진해야 고용이 안정되고 정년을 넘어서까지 장기 고용이 가능할 것이다. 이는 노사가 대립해왔던 연공급의 직무급 전환의 문제가 아니라 인사관리 전반에서 연공성을 완화하고 직무주의를 강화하는 방향의 제도 개편이다.

2017년 대통령 선거를 거치며 각 당은 불평등과 우리 사회 양극화 해소를 위한 다양한 방안을 제시했고 선거 과정에서 사회적으로 수용할 수 있는 대안들이 어떤 것인지도 판가름났다. 다만 대선이 끝나고 새 정부가 출범과 동시에 주요 정당과 노사정 대표들이 참여하는 라운드테이블을 통해 국회와 행정부가 할 일을 구분하고 노사 자치로 해결할 과제들을 구분해내면 좋았을 것이다. 가장 확실한 노동시장 개혁의 길은 타협 가능하고 실천 가능한 작은 변화들을 지속적으로 추진하는 것이다.

부록 _ 사회복지서비스업의 돌봄 노동자들의 실태

사회서비스를 사회적 돌봄으로 좁게 정의하면, 노인, 장애인, 아동돌봄서비스 노동자들과 가사근로자로 분류됨. 대표적인 직업으로 사회복지 관련 종사자, 유치원 교사, 의료복지 관련 서비스 종사자, 가사 및 육아 도우미가 있음.

【보육 분야】

□ 전국의 어린이집은 2015년 말 기준으로 4만 2517개소이며 원장, 보육교사, 기타 종사자를 포함한 보육교직원 수는 약 32만 명(국공립 어린이집 포함), 약 29만 명 민간 어린이집에 종사.

✔ 민간 어린이집 보육교사는 평균 10시간가량의 장시간 근로, 과도한 교사 대 아동 비율, 낮은 임금 등이 문제, 특히 국공립과 민간 어린이집 간의 차이가 큼. 국가인권위원회가 2012년 조사한 자료에 의하면 일반 교사의 급여는 국공립 153만 원, 직장보육시설 138만 원, 법인보육시설 131만 원, 민간보육시설 112만 원, 가정보육시설 101만 원으로 격차가 있으며, 파트타임 교사의 경우에는 60~80만 원 수준.

✔ 2016년 정부는 어린이집 운영 지원비로 3조 7675억 원을 사용. 2017년 예산에서 보육교직원 처우 개선 예산이 3211억 원으로 377억 원 증액됨.

【돌봄 분야】

□ 2017년 장애인활동 지원 예산은 5461억 원.

✔ 중증 장애인에 대한 활동 보조, 방문 간호, 방문 목욕 서비스 제공. 바우

처 방식으로 제공됨.

□ 2017년 지역아동센터 지원 예산은 1472억 원, 이 중 아동복지교사 파견 지원 예산은 226억 원(3500명, 월 112만 원).

□ 2017년 노인돌봄기본서비스 예산은 764억 원. 수혜자 수는 22만 5000명, 제공 인력은 9000명.

✔ 인건비는 서비스 관리자 월 156만 원, 생활관리사 월 84만 원(최저임금 수준).

□ 아이돌봄 서비스(여가부 사업)

✔ 만 12세 이하 아동을 둔 가정 등에 아이돌보미가 직접 방문하여 종일제, 또는 시간제로 아동을 돌보는 서비스로, 가정과 국가가 비용을 분담(2016년 예산 828억 원).

✔ 건강가정지원센터 등 약 212개 기관이 민간위탁사업으로 진행.

✔ 2015년 기준으로 약 1만 8000명의 아이돌보미가 종일제 또는 시간제로 활동함.

〈표 2-7〉 돌봄서비스 종사자 현황

구분	종사자 수	평균 연령	월평균 임금	주당 근로시간	비정규직 비율	최저임금 미만자 비율
사회복지 관련 종사자	377,439	39	176	39	28.6%	7.1%
의료/복지 관련 서비스 종사자	323,788	56	102	35	67.9%	33.7%
유치원 교사	63,587	34	198	40	22.2%	4.7%
가사 및 육아 도우미	172,150	57	83	29	95.0%	46.6%
총합계	936,963	48	139	36	54.0%	23.4%

자료: 지식협동조합 좋은나라(2017).

〈표 2-8〉 시간당 정액 급여

(정규직=100)

구분	2007	2011	2015
비정규직(전체)	67(48)	71(47)	78(43)
기간제 근로자	74(62)	78(63)	72(65)
단시간 근로자	72(26)	78(24)	89(23)

주: 괄호 안의 숫자는 총급여를 기준으로 비교한 비중.
자료: 고용노동부(2015a).

〈표 2-9〉 차별 시정신청 현황

연도	접수	판정				조정 중재	취하
		소계	인정	기각	각하		
2008	1,325	71	19	9	43	477	777
2009	82	26	19	5	2	11	45
2010	194	146	61	28	57	19	29
2011	46	13	3	7	3	20	13
2012	96	41	13	13	15	25	30
2013	80	35	17	13	5	12	33
2014	180	59	16	34	9	12	109
2015	175	127	37	27	3	6	54(39)

주: 괄호 안은 현재 진행 중인 사건.
자료: 중앙노동위원회.

〈표 2-10〉 노조 조직률 격차

(단위: %)

규모	전체	정규직	비정규직
5인 미만	0.8	1.2	0.2
5~29인	4.7	5.7	1.3
10~299인	14.5	16.9	3.3
300인 이상	27.6	31.9	4.1
평균	9.5	12.2	1.5

자료: 고용노동부(2015a).

참고문헌

경제사회발전노사정위원회. 2016. 「차별시정, 기간제, 파견 쟁점 관련 전문가그룹 논의 결과」.

고용노동부. 2015a. 「고용형태별 근로실태조사」.

______. 2015b. 「노동조합 조직 현황」.

정책기획위원회. 2006. 「동반성장을 위한 비전과 전략」.

중앙노동위원회. 2015. 「차별시정사건 처리 현황」.

지식협동조합 좋은나라. 2017. 「공정한 노동시장 구축을 위한 정책과제」.

통계청. 2016.3. 「경제활동인구조사 고용형태별 부가 조사」.

OECD. 2013. "Strengthening Social Cohesion in Korea."

______. 2015. "Strictness of Employment Protection."

제3장

시간제 근로의 확산과 불평등*

김현경 | 한국보건사회연구원 부연구위원

1. 서론

「OECD 2016 고용 전망 보고서(OECD employment outlook 2016)」에 따르면 2000년과 2015년 사이에 OECD 국가들의 시간제 일자리 비율은 평균 13.9%에서 평균 16.8%로 증가했고, 한국의 시간제 비율도 7%에서 10.6%로 크게 증가했다.[1] 2017년 2월에는 주 36시간 미만 단기 근로자가 402만 명, 주 17시간 이하 초단기 근로자가 129만 명으로 한국의 시간제 근로자가 400만 명을 넘어섰다. 이 연구는 이러한 시간제 근로의 급격한 확산이 한국 사회에 낳는 분배 효과에 주목하고자 한다.

2013년 한국 정부는 '고용률 70% 로드맵'을 발표하고 양질의 시간선택제 증가를 그 핵심적인 정책으로 추진하고 있다. 로드맵에 따르면 남성 중심의

* 이 장은 김현경 외, 『시간제 일자리 확산이 소득 불평등과 빈곤에 미치는 영향』(한국보건사회연구원, 2015)의 일부를 수정, 발전시킨 것이다.

1) 주 30시간 미만 근로라는 공통의 정의를 활용한다.

1인 소득자 장시간 근로 문화에서 여성 소득자 포함, 근로시간이 단축된 일·가정 양립이라는 근로 문화로의 전환을 꾀함과 동시에 고용률 증대라는 목표를 달성하는 데 있어 시간제 일자리 증가가 핵심적인 역할을 담당하고 있다. 구체적으로는 고용률 70% 달성을 위해서는 2017년까지 5년간 총 238만 개의 일자리가 필요하며, 이 중 약 40%에 해당하는 93만 개를 시간제 일자리로 확충하고자 한다.

고용률 증가를 목표로 하는 이와 같은 정부의 정책적 배경에 앞서 2000년대 들어 다양한 형태의 고용계약관계가 증가한 것이 시간제 일자리 증가의 더욱 근본적인 배경이라 할 수 있다. 특히 2000년대 중·후반 비정규직 전반에 대한 사회적 관심과 논의가 증가함과 더불어 무분별한 비정규직 사용을 규제하는 법 제도적 장치들이 마련되고 이와 동시에 임시직 비율이 감소한 반면, 간접 고용과 시간제 근로는 증가한 경향이 있다. 유연한 고용 형태에 대한 요구는 유지되는 가운데 임시직 사용에 대한 규제적 장치가 생겨나자 이에 대한 회피책으로 간접 고용과 시간제 일자리가 증가한 측면이 있는 것으로 보인다.

관건은 정규직 고용의 회피책으로 유연한 단시간 일자리가 증가되었는가, 아니면 임금 등 각종 근로조건에 차별을 받지 않는 질 좋은 일자리가 증가되었는가 하는 점이다. 최근 증대된 시간제 일자리를 중심으로 그 추이와 인적 특성, 근로조건, 시간제 일자리 관련 각종 법 제도의 변화를 알아보고, 임금 불평등 및 가구소득 불평등에 어떤 영향을 미쳤는지 분석함으로써 양질의 시간선택제가 양산되었는가라는 질문에 답하고자 한다.

2. 한국 시간제 일자리 추이와 특성

〈그림 3-1〉은 통계청의 경제활동인구조사에서 근로 형태별 부가 조사(이하 경활 부가 조사)를 활용해 나타낸 고용 형태별 취업자 수와 임금 근로자 대비 비중 추이이다. 1998년 아시아 금융위기 이후 비정규직 문제가 사회적·경제적 관심을 받은 이후 2000대 중반부터 비정규직 일자리의 수는 안정적이며, 비율은 다소 감소하는 추세를 보인다. 이 가운데 시간제 일자리의 수와 비중은 2010년경부터 눈에 띄게 상승세를 유지하고 있으며, 증가세는 최근 2년 사이 더욱 가팔라지고 있음을 알 수 있다.

인구 집단별 시간제 일자리 추이를 살펴보면, 한국의 시간제 일자리가 고용 지위가 열악한 비정규 일자리의 한 형태임을 알 수 있다. 경활 부가 조사로 한국의 시간제 근로 현황을 살펴보면 특히 여성의 시간제 근로자 비중이 지속적으로 증가해 2016년 20.6%에 이르고, 30세 미만 청년층에서 그 비율이 2003~2016년 사이 7.4%에서 16.8%로 2배 이상 증가했으며, 50세 이상 중·고령층 역시 2003년 8.8%에서 2016년 18.5%로 2배 이상 증가했다. 그리고 모든 학력별 집단에서 시간제 일자리 증가를 확인할 수 있지만 중졸 이하에서 2003년 10.3%에서 2016년 28%로 그 증가세가 현저함을 통해 시간제 근로가 주로 상대적 취업 취약 집단에서 증가했음을 알 수 있다.

이러한 특성은 시간제 일자리의 질을 나타내는 몇 가지 지표에서도 드러난다. 경활 부가 조사에 따르면 전일제 대비 시간제 근로자의 시간당 임금수준은 2004년 83.9%에서 2013년 59.1%로 크게 하락했고, 시간제 근로자 중 최저임금 미달자의 비중이 2004년 17.2%에서 2013년 36.4%로(오호영·이은혜, 2014), 여성 시간제 일자리 중 저임금 비중이 2004년 47.4%에서 2013년 62.5%로 꾸준히 상승했다(성재민, 2014). 또한 시간제 근로자의 사회보험 가입

〈그림 3-1〉 한국의 고용 형태별 취업자 수와 임금 근로자 대비 비중 (단위: 천 명, %)

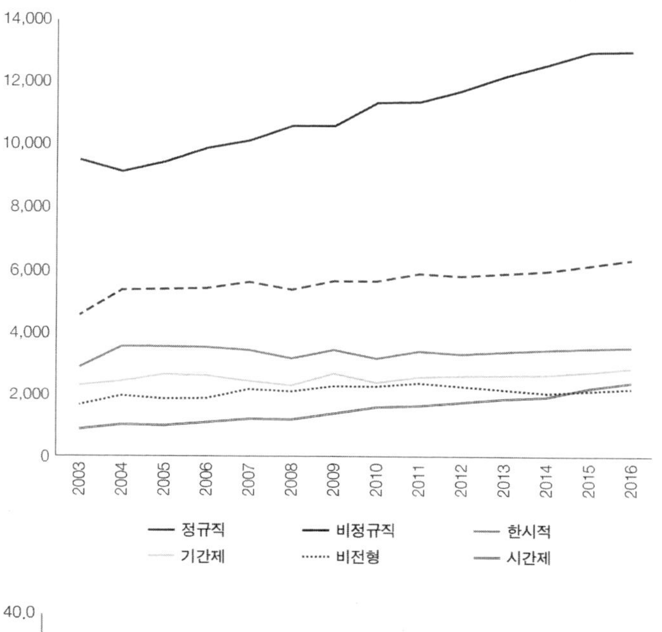

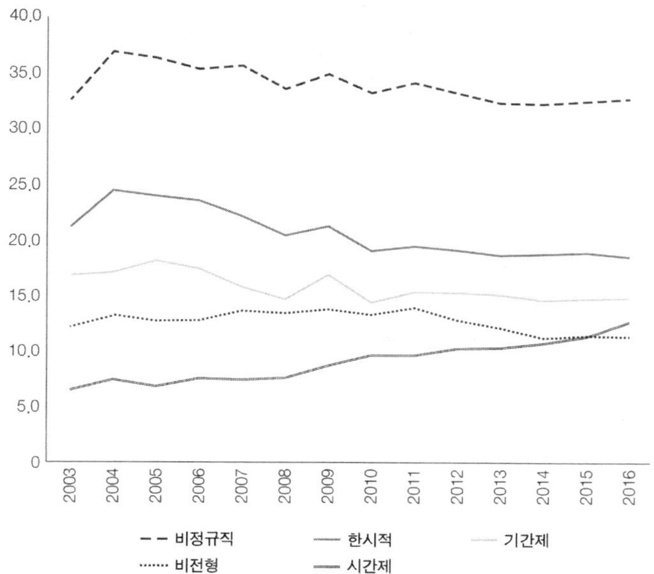

자료: 통계청, 「경제활동인구조사 근로 형태별 부가 조사」(각 연도).

〈그림 3-2〉 성별·연령별·학력별 시간제 일자리 비율 (단위: %)

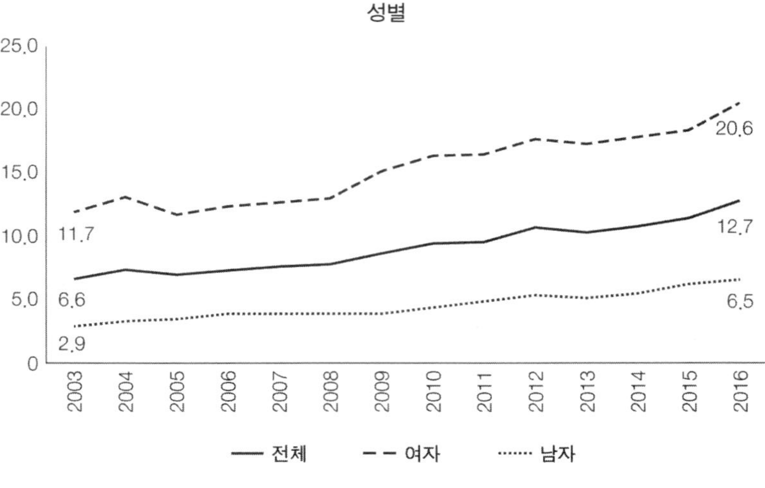

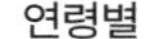
연령별

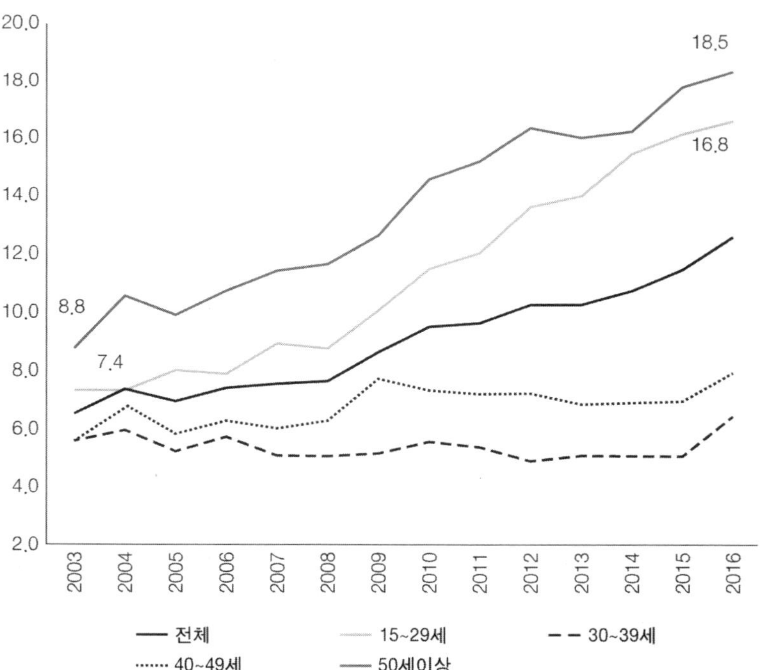

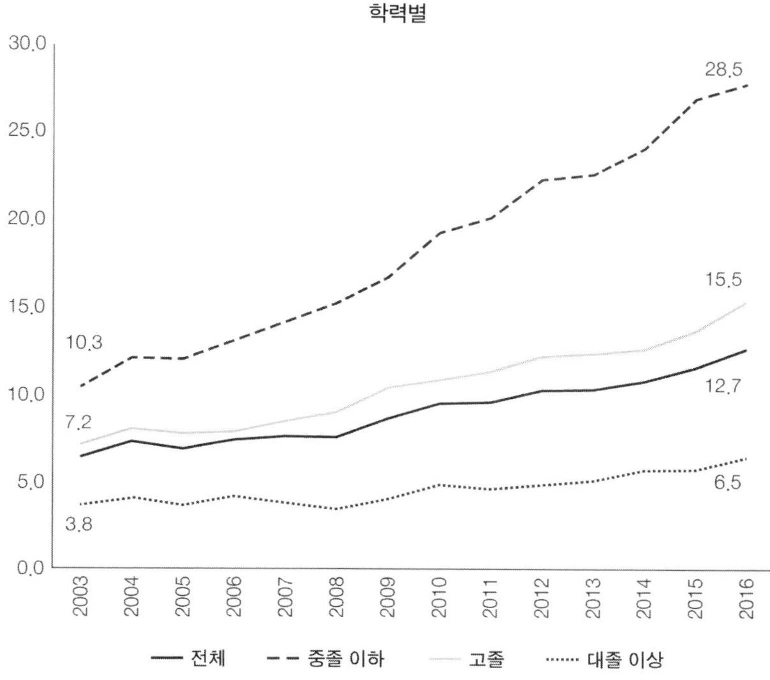

자료: 통계청, 「경제활동인구조사 근로 형태별 부가 조사」(각 연도).

자 비율은 전체 임금 근로자의 1/4 수준이다. 이러한 열악한 처우는 시간제 일자리가 근로자들이 선택하는 일자리가 아니라, 당장 수입이 필요해서(2014년 시간제 근로자의 63.4%) 비자발적으로 선택하게 하는 원인이 되기도 한다.

경활 부가 조사 분석 결과 시간제 근로자의 월평균 임금은 2004년 53만 9000원에서 2014년 66만 2000원으로, 전체 임금 근로자의 월평균 임금 대비 비중이 같은 기간 35%에서 30%로 감소했으며, 이는 전체 임금 근로자에 비해 월평균 임금 증가 속도가 낮음을 말해준다. 그러나 시간제 근로자가 임금 차별을 받고 있는지에 대해서는 근로시간을 통제한 시간당 임금을 비교할 필요가 있다. 경제활동인구조사에서 근로 형태별 부가 조사에 따르면 전일제

〈그림 3-3〉 한국의 전일제 및 시간제 일자리 시간당 임금 추이

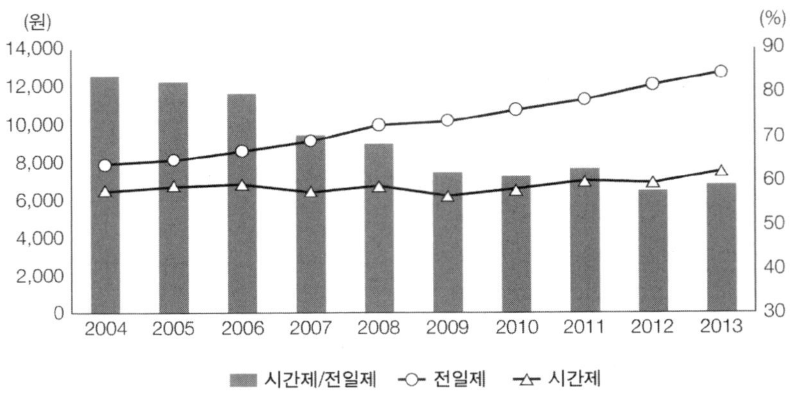

자료: 통계청(각 연도); 오호영·이은혜(2014)에서 발췌·재구성.

〈표 3-1〉 한국의 여성 시간제 저임금 비중 추이

(단위: %)

연도	전체 저임금 비중	여성 저임금 비중	여성 시간제 저임금 비중	여성 시간제 제외 비정규직 저임금 비중
2004	26.3	41.5	47.4	48.8
2005	26.6	41.7	49.7	48.8
2006	29.3	44.8	54.7	52.2
2007	27.4	42.3	53.4	49.7
2008	26.8	40.8	55.6	45.1
2009	27.3	41.1	56.2	49.2
2010	26.3	39.8	56.6	44.2
2011	26.7	40.3	58.0	45.6
2012	25.7	38.5	62.5	42.5
2013	24.7	37.1	62.5	41.4

자료: 통계청(각 연도); 성재민(2014)에서 발췌.

근로자 대비 시간제 근로자의 시간당 임금수준은 2004년 83.9%에서 2013년 59.1%로 크게 하락했다. 이는 전일제 근로자의 임금수준이 지속적으로 상승

하는 반면, 시간제 근로자의 임금수준은 시간당 약 7000원 내외에서 정체되어 있기 때문이다(오호영·이은혜, 2014).

전일제 대비 시간제의 시간당 임금격차와 더불어 임금에 관한 시간제 일자리의 질을 나타내는 한 가지 지표는 시간제 일자리가 얼마나 저임금(중위임금의 2/3 미만)에 노출되어 있는가 하는 점이다. 이에 대해 시간제 근로자 중 최저임금보다 낮은 임금을 받는 비중이 2004년 17.2%에서 2013년 36.4%로 크게 높아졌고(오호영·이은혜, 2014), 여성 시간제 일자리 중 저임금 비중이 2004년 47.4%에서 시작해 2013년에는 62.5%로 꾸준히 상승하는 모습을 보이고 있어(성재민, 2014) 시간제 일자리의 임금수준은 매우 낮으며 이는 더욱 악화되고 있는 것으로 나타났다.

〈표 3-2〉에서 본 시간제 근로자의 사회보험 가입자 비율은 2008년을 기점으로 크게 증가한 후 2010년 이후 지속적으로 증가하고 있지만, 전체 임금 근로자 평균과 비교할 수 없이 낮은 것으로 나타난다.

시간제 일자리 선택의 자발성 여부와 이와 관련이 깊은 전일제/시간제 사이의 이동의 자율성은 시간제 일자리의 질을 판단하는 데 매우 중요한 잣대이다. 〈표 3-3〉을 통해 시간제 근로자의 일자리 선택 동기를 살펴본 결과, 과거 평균 비자발적 사유가 자발적 사유를 크게 앞서는 것으로 나타났다. 자발적 시간제 근로자의 세부 동기를 살펴보면, 근로조건에 만족 또는 안정적인 일자리는 41.5%에 불과했고 직장 이동 사유가 44.6%로 높았다. 이는 자발적 시간제 근로자들은 많은 경우 시간제 일자리를 직장 이동을 위해 머무르는 일자리라고 생각하고 있음을 의미한다. 다만 2016년의 경우 자발적으로 시간제를 선택한다는 답변이 57.8%에 이르렀는데, 이는 시간제 일자리의 질적인 개선에서 오는 긍정적인 변화일 수 있으나 앞으로의 변화를 지켜볼 필요가 있다. 다음으로 비자발적 시간제 근로자의 세부 동기를 살펴보면, 2016년 기준 당

〈표 3-2〉 시간제 근로자 사회보험 가입 비율 추이 (단위: %)

연도	전체 임금 근로자			시간제		
	국민연금	건강보험	고용보험	국민연금	건강보험	고용보험
2004	59.5	61.3	52.1	2.4	3.7	3.6
2005	61.4	61.9	53.1	2.1	2.3	2.2
2006	62.6	63.2	54.6	3.2	3.8	3.2
2007	63.2	64.4	55.3	3.3	4.0	3.7
2008	64.3	65.6	56.8	6.4	6.1	6.3
2009	64.7	67.1	58.9	7.4	8.8	9.1
2010	65.0	67.0	63.3	9.3	10.6	10.7
2011	65.1	68.3	64.6	11.0	13.0	13.5
2012	66.5	69.9	66.2	12.2	14.6	15.0
2013	67.6	71.3	67.7	13.5	17.9	17.3
2014	67.9	71.4	68.8	14.6	17.8	19.6
2015	67.4	71.5	68.6	13.3	17.5	18.8
2016	67.6	72.6	69.6	15.3	19.3	20.9

주: 국민연금과 건강보험 가입자는 직장 가입자에 한함.
자료: 통계청(각 연도).

〈표 3-3〉 자발적 시간제 근로자의 일자리 선택 동기 (단위: %)

연도	비자발적	비자발적 사유(100%)		자발적	자발적 사유(100%)			
		당장 수입이 필요	원하는 일자리 없음		근로 조건에 만족	안정적인 일자리	직장 이동	노력한 만큼 수입
2010	60.5	64.4	13.5	39.5	31.2	4.2	47.1	17.4
2011	55.3	68.3	12.7	44.7	35.3	3.5	43.5	17.7
2012	56.0	67.1	11.1	44.0	38.2	6.0	41.2	14.7
2013	55.6	66.2	14.9	44.4	38.7	5.5	43.5	12.3
2014	52.3	63.4	15.2	47.7	37.8	3.7	44.6	13.9
2015	52.6	67.1	14.0	47.4	40.4	4.6	43.2	11.9
2016	42.2	68.7	15.9	57.8	43.1	4.2	40.5	12.2

자료: 통계청(각 연도).

〈표 3-4〉 시간제 근로자 평균 근속 기간과 근속 기간별 구성비 (단위: 개월, %)

구분	전체 임금 근로자(100%)				시간제(100%)			
연도	평균 근속 기간	1년 미만	1~3년 미만	3년 이상	평균 근속 기간	1년 미만	1~3년 미만	3년 이상
2004	53	(39.4)	(23.4)	(37.1)	12	(74.7)	(17.5)	(7.7)
2005	54	(39.3)	(22.7)	(38.0)	11	(77.7)	(14.8)	(7.5)
2006	54	(39.9)	(21.7)	(38.4)	12	(74.3)	(16.7)	(9.0)
2007	55	(38.4)	(22.9)	(38.7)	11	(75.9)	(16.5)	(7.6)
2008	57	(37.3)	(22.3)	(40.3)	12	(75.2)	(16.3)	(8.5)
2009	59	(37.8)	(20.8)	(41.4)	12	(76.3)	(15.1)	(8.6)
2010	59	(37.4)	(21.3)	(41.3)	13	(73.7)	(17.0)	(9.3)
2011	61	(35.9)	(21.3)	(42.8)	16	(70.6)	(17.4)	(12.0)
2012	64	(34.6)	(21.9)	(43.5)	17	(69.0)	(18.0)	(13.0)
2013	67	(32.7)	(21.5)	(45.8)	19	(68.4)	(17.3)	(14.3)
2014	67	(32.3)	(21.5)	(46.1)	18	(68.2)	(17.9)	(13.9)
2015	68	(32.6)	(21.0)	(46.4)	19	(69.1)	(17.2)	(14.3)
2016	69	(32.5)	(21.5)	(46.0)	20	(66.0)	(20.0)	(14.1)

자료: 통계청(각 연도).

장 수입이 필요해서(68.7%), 원하는 일자리 없음(15.9%) 등으로 나타나 매우 높은 비중의 비자발적 근로자들이 주로 생계를 위해 시간제 근로를 선택한 것을 알 수 있다.

시간제 근로자의 월평균 근속 기간은 전체 임금 근로자 평균 근속 기간의 1/4가량에 해당한다. 1년가량에 머물던 시간제 근로자의 근속 기간이 2011년부터 다소 증가해 현재는 1.5년에 해당하며, 이는 전체 임금 근로자의 근속 연수 증가세보다는 다소 높다고 볼 수 있다. 다만 근속 연수가 1년 미만인 시간제의 비중이 여전히 2/3가량으로 매우 높아, 한국의 시간제 일자리는 주로 근속 연수가 짧고 불안정한 비정규직으로 보인다.

3. 한국 시간제 일자리 관련 법과 제도

한국의 '노동법'상 단시간 근로자의 개념은 '근로기준법'상의 정의를 바탕으로 한다. '근로기준법'의 정의에 따르면 '단시간 근로자'란 "1주 동안의 소정 근로시간이 그 사업장에서 같은 종류의 업무에 종사하는 통상 근로자의 1주 동안의 소정근로시간에 비해 짧은 근로자"(제2조 제1항 8호)를 말한다.

또한 '근로기준법'은 고용 형태 다양화에 따라 근로기준 제도를 합리적으로 규정한다는 취지에서 1997년 단시간 근로자에 대해 근로시간에 비례해 이 법상의 주요한 보호 내용을 적용한다는 '비례보호의 원칙'을 규정했다. 이 비례보호 규정에 따르면 "단시간 근로자의 근로조건은 그 사업장의 같은 종류의 업무에 종사하는 통상 근로자의 근로시간을 기준으로 산정한 비율에 따라 결정되어야"(제18조) 하며, 근로시간에 따라 비례적으로 적용되어야 할 근로조건은 유급 연차휴가, 주휴수당, 출산전후휴가 기간 급여의 계산(시행령 별표 2) 등이다. 이러한 비례보호 원칙은 일견 합리적인 방식으로 보이나 임금이 '근로시간 × 시급'으로 결정되다 보니, 임금에서 중요한 부분을 이루는 생활 보장성, 복리후생성 급여는 제외될 수 있다는 문제점이 있다. 생활 보장성, 복리후생성 임금이 여전히 중요한 한국의 임금체계에서 이러한 격차는 양질의 시간제 일자리를 만드는 데 큰 걸림돌이 될 수 있다.

이후 '근로기준법'에 있는 몇 개의 조항만으로는 단시간 근로자를 보호하는 데 한계가 있기에 노사정위원회 논의를 거쳐 2006년 '기간제 및 단시간 근로자 보호 등에 관한 법률'(이하 '기간제법')을 제정해 단시간 근로자에 대한 차별을 금지하고 있다. 해당 조항에 따르면 "사용자는 단시간 근로자임을 이유로 당해 사업 또는 사업장의 동종 또는 유사한 업무에 종사하는 통상 근로자에 비해 차별적 처우를 해서는 아니 된다"(제8조). 차별적 처우가 금지되는 대상

〈표 3-5〉 사회보험법상 적용 제외 대상

구분	근로시간에 따른 적용 제외 대상
고용보험법령	1개월간 소정근로시간이 60시간 미만인 자(1주간의 소정근로시간이 15시간 미만인 자를 포함한다)를 말함. 다만, 생업을 목적으로 근로를 제공하는 자 중 3개월 이상 계속해 근로를 제공하는 자와 법 제2조 제6호에 따른 일용근로자(이하 "일용근로자"라 한다)는 제외함.
국민연금법령	1개월 동안의 소정근로시간이 60시간 미만인 단시간 근로자. 다만, 해당 단시간 근로자 중 생업을 목적으로 3개월 이상 계속해 근로를 제공하는 사람으로서, 다음 각 항목의 어느 하나에 해당하는 사람은 제외한다. 가. 「고등교육법 시행령」 제7조 제3호에 따른 시간강사 나. 사용자의 동의를 받아 근로자로 적용되기를 희망하는 사람 다. 둘 이상의 사업장에 근로를 제공하면서 각 사업장의 1개월 소정근로시간의 합이 60시간 이상인 사람으로서 1개월 소정근로시간이 60시간 미만인 사업장에서 근로자로 적용되기를 희망하는 사람(2015.6.30. 개정)

자료: 국가법령정보센터(http://www.law.go.kr/main.html)에서 2017.2.28. 인출.

은 임금, 정기 상여금, 명절 상여금 등 정기적으로 지급되는 상여금, 경영 성과에 따른 성과금, 그 밖에 근로조건 및 복리후생 등에 관한 사항(동법 제2조 3호)이다. 이러한 규정으로 인해 단시간 근로에 대한 한국의 법 제도가 선진적인 것으로 비추어지기도 한다. 그러나 기간제 및 단시간 근로자의 취약한 지위로 인해 차별시정 제도를 이용하기 어렵다는 문제점이 있고, 이를 보완하는 규정을 2012년 마련했으나[2] 여전히 차별시정 제도는 단시간 근로자의 취약한 고용상 지위와 엄격한 차별 심사 기준으로 인해 입법 당시 목표했던 비정규직 보호 효과를 내지 못한다는 비판을 받고 있다.

단시간 근로자 역시 고용보험이나 국민연금 등 사회보험에 가입할 수 있으나 단시간 근로자의 84.3%가 30인 미만 사업장에 근무하기 때문에 사회보험 접근성이 매우 낮다고 할 수 있다. 이들 대다수가 고용보험제도 내에 진입도

2) 고용노동부가 사업장에 대해 차별 시정 지도 및 통보를 할 수 있도록 하고, 차별 시정 신청 기간을 3개월에서 6개월로 연장하고, 명백한 고의로 인한 차별이거나 반복적인 차별인 경우 손해액 3배에 해당하는 범위 내에서 부가적인 손해배상을 할 수 있도록 하는 내용.

못하는 소규모 영세사업장에 근무하기 때문이다.

더욱이 사회보험법 중 '고용보험법'과 '국민연금법'은 단시간 근로자 가운데 월 근로시간이 60시간 미만인 초단시간 근로자[3]를 적용 제외 대상으로 명시하고 있는데, 이와 관련해 근로시간만을 기준으로 가입 자격을 규정하는 것은 사회보험 제도의 취지에 반하기 때문에 개선해야 한다는 비판이 제기되어 왔다(이승욱, 2012). 이러한 비판과 시간선택제 확산의 정책적 배경으로 인해 최근 '국민연금법'은 개정(2015.6.30)을 통해 각 사업장의 월 근로시간의 합이 60시간 이상인 사람으로 가입 대상을 확대해 단시간 근로자가 국민연금에 가입할 수 있는 여지를 열어준 바 있다.

마지막으로 시간제 일자리가 근로자의 자발성에 근거한 양질의 일자리가 될 수 있으려면, 근로자 자신의 선택에 의해 자발적으로 시간제를 선택하고 원하는 경우 전일제 일자리로 전환할 수 있는 권리가 보장되어야 한다. 황덕순(2015)은 근로시간 단축 청구권의 실현과 관련해서 근로시간 단축을 청구할 수 있는 사유의 범위, 사용자가 거절할 수 있는 사유, 다시 전일제로 돌아가는 것을 청구할 수 있는 권리라는 세 가지 요소가 중요하다고 지적하고 있다. 그러나 한국은 단시간 근로자의 통상 근로자 전환의 노력 의무 규정 등이 있으나 전일제 근로자가 육아기 근로시간 단축을 신청한 경우와 근로시간 단축을 교사가 신청해 시간선택제 교사가 된 경우를 제외하고는 전일제 근로로의 전환 청구권이 인정되지 않는다(박수근·김근주, 2014). 이러한 문제점과 관련해 "포괄적으로 근로시간조정청구권을 규정하고 있어 단축과 연장에 대한 청구권을 인정하는 방식"을 취하는 네덜란드 사례나 "근로계약상 합의된 근로시

3) 고용보험 DB의 분석 결과 2013년 평균 주 근로시간 15시간 이하인 자의 비율이 시간제 근로자의 35.4%에 달함(박진희·이시균·윤정혜·양수경, 2014: 101).

간의 연장을 요구한 단시간 근로자에게 맞는 일자리를 충원함에 있어 그 근로자가 동일한 적격성을 갖추고 있는 한 우선 고려의 대상”으로 하는 독일의 사례를 고려해 개선할 것을 선행 연구에서 제안하고 있다(김준·한인상, 2014).

관련해 시간제 근로의 확산으로 인해 원하는 만큼 일하지 못하는 일할 기회의 박탈에 대한 문제의식도 확대되었다. 이에 따라 네덜란드는 2016년부터 근로시간과 근로 장소의 변경을 신청할 수 있는 권리를 도입했고, 프랑스는 2014년 7월 1일부터 과도하게 짧은 근로시간으로부터 시간제 근로자를 보호하기 위해 일부 예외적인 경우나 근로자가 원할 경우를 제외하고는 시간제 근로의 하한을 주당 24시간으로 설정했다. 한국의 경우, 일과 가정의 양립이라는 목표를 위해서는 근로시간 단축을 청구할 수 있는 사유의 범위, 사용자가 거절할 수 있는 사유가 점차 중요해지고 있지만, 비정규 일자리의 한 형태로서 그 열악한 지위를 고려했을 때 네덜란드와 프랑스와 같이 시간제 근로의 확산으로 인한 일할 기회의 박탈이라는 문제에 더욱 주목할 필요가 있어 보이고, 이에 대한 제도적 대응 역시 마련할 필요가 있다.

4. 시간제 일자리 증가의 분배 효과

1) 분석 방법

우리의 관심사는 어떤 요인의 변화, 여기서는 시간제 일자리의 증가라는 변화가 소득분포에 어떤 영향을 미치는가이다. 이는 정책 변화가 소득분포의 위치(예를 들어, τ분위)에 따라 어떤 다른 효과를 낳는지 추정함으로써 답할 수 있다. 이를 위해 우리는 무조건분위회귀(unconditional quantile regression) 방식을 사용한다.

이 질문에 무조건분위회귀가 적절한 이유는, 조건분위회귀(conditional quantile regression)도 소득분포의 위치에 따라 달라지는 효과를 추정하긴 하지만, 조건분위회귀의 추정계수가 다른 변수들이 통제된 상태에서 정책변수가 종속변수 각 분위에 미치는 효과를 측정하는 반면, 무조건분위회귀는 다른 변수들에 의해 결정되지 않는 종속변수의 분포에서 각 분위에 해당 설명변수가 미치는 효과를 측정하는 까닭이다. 다시 말해서, 조건분위회귀 분석에서 도출되는 추정계수 β, 즉 조건부 분위 효과(conditional quantile partial effect: CQPE)는 다른 변수의 조건부 분포, 예를 들어 고졸자 또는 대졸자 집단이 주어진 상태에서 각 집단 내 소득분포에 시간제 확산이 어떤 영향을 미치는지 추정한다. 그러나 우리는 시간제 확산이 대졸자 소득분포에 미치는 영향에 관심이 있는 것이 아니라, 집단 구분과는 무관한 (무조건부) 분위별 소득 혹은 소득분포에 관심이 있으며(Dube, 2013), 이러한 무조건부 분위 효과(unconditional quantile partial effect: UQPE)의 측정을 가능하게 하는 방법이 무조건분위회귀이다.

이러한 무조건부 분위 효과는 무조건분위회귀 분석을 통해 추정할 수 있으므로, 이를 다음과 같이 실행하고자 한다. 피르포와 포르탱 그리고 르뮤(Firpo, Fortin and Lemieux, 2009)의 무조건분위회귀 분석은 누적분포함수의 부분적인 선형 관계에 대한 가정을 바탕으로 하기 때문에 일반 선형회귀분석과 매우 유사하다. 유일한 차이점은 종속변수 y를 재중심 영향함수(recentered influence function: RIF)로 대체하는 것이다.

$$RIF(y, Q_\tau) = \beta_\tau \times Part + X\Gamma_\tau + \mu_i + \theta_t + \epsilon_\tau \quad \text{---------------} \ (1)$$

RIF는 종속변수 분포로부터 얻어지는 평균과 분위수와 같은 특정 통계량에 대한 개별 관측치의 영향을 나타내는 영향함수(influence function: IF) 개념에 기초하며, $E(IF)$의 값은 항상 0이며, $E(RIF)$의 값은 항상 q_τ, 즉 (무조건부) τ분위수인 RIF의 특성을 활용한다(김계숙·민인식, 2013). 따라서 $\widehat{RIF}$를 종속변수로 식 (1)에 따라 추정하면 계수(β_τ)는 q_τ에 대한 설명변수들의 한계 효과, 즉, 무조건부 분위 효과가 된다.

*Part*는 시간제 일자리에 따른 가구 구성이나 시간제 일자리 비율과 같은 시간제 관련 변수를 나타낸다. 다른 요인의 영향을 통제하기 위해 각 가구의 특성(X)과, 각 가구의 관찰되지 않는 이질성(고정되어 있거나 추세를 가짐), 거시적 요인(연도더미 혹은 추세선 이용) 등을 회귀식에 포함한다. 가구별 특성은 가구주의 나이와 성별, 교육 수준, 종사상 지위(혹은 고용계약 형태)와 같은 개인 특성과, 가구원의 평균 교육 연수, 가구원 수, 18세 미만 아동의 수, 취업자 수 등을 포함한다.

우리는 또한 두 시점 사이의 소득분포는 어떻게 변했으며, 그 요인은 무엇이고, 특히 시간제 일자리 증가의 기여도는 어떠한지 알아보기 위해 무조건부 분위회귀 추정 결과를 요인 분해한다.

2) 데이터

한국의 시간제 일자리 관련 추이를 알아보고, 이러한 일자리 특성과 변화가 소득 불평등에 미치는 영향을 분석하기 위해 1998년부터 개인과 가구 단위로 시행된 한국노동패널조사(Korean Labor and Income Panel Study: KLIPS, 이하 노동패널)를 이용한다. 이 글에서 기본 단위로 사용하는 가구 단위 정보(소득, 아동 수)를 지니고 있는 자료로는 가계동향조사와 노동패널이 있으나, 가계동향조사에는 가장 중요한 설명변수인 시간제 관련 정보가 없기 때문에 노동

〈표 3-6〉 연도별 시간제 일자리 비중 (단위: %)

연도	시간제 응답	주당 근무시간 30시간 미만	주당 근무시간 36시간 미만
1998	12.1	5.9	9.7
1999	10.3	6.4	10.3
2000	9.1	5.9	9.6
2001	8.2	7.9	11.1
2002	8.7	6.4	10.1
2003	8.3	6.7	10.1
2004	7.8	6.6	11.0
2005	7.3	5.2	9.7
2006	6.4	5.6	9.7
2007	6.1	5.6	9.7
2008	6.2	5.2	8.9
2009	7.4	5.4	9.6
2010	7.6	5.5	9.0
2011	7.9	5.9	9.3
2012	7.7	5.8	10.0
2013	8.3	6.3	9.7
2014	9.0	7.0	10.7
2015	9.5	6.4	10.7

자료: 한국노동패널조사.

패널을 사용한다.

소득 불평등에 미치는 영향을 무조건분위회귀 후 불평등 요인을 분해하기 위해서 가장 최근의 소득 정보를 포함한 연도(2015년, 18차)와 경제활동인구조사에서 나타나는 최근의 지속적인 시간제 비율 증가세가 시작될 무렵의 최저점을 기록하고 있는 2005년을 분석 대상으로 하며, 가구주가 65세 미만인 근로 연령층의 가구를 주된 분석 대상으로 한다. 노동패널로 구한 시간제 일자리의 비율은 〈표 3-6〉과 같다.

이 글에서는 노동패널을 사용해 분석 방법의 식 (1)을 이용해 소득 불평등에 미치는 효과를 분석하므로, 식의 종속변수와 설명변수가 어떻게 구성되었는지 살펴보고자 한다.

식 (1)의 종속변수인 $\widehat{RIF}$를 추정하기 위해 필요한 분위는 균등화된 가구의 실질노동소득으로 구해진다. 균등화된 가구의 실질노동소득은 가구 구성원 임금과 사업소득의 합인 가구 노동소득을 소비자물가지수(2010=100)를 이용해 실질화한 후, OECD 방식(가구원 수의 제곱근으로 나눔)으로 균등화한 값이다.

여기서 한 가지 주의할 점은 연간 소득변수들은 전년도의 값이 조사되었다는 점이다. 즉, t기에는 조사 시점 전년도인 (t-1)기의 연간 소득이 포함되어 있다. 따라서 이 글에서는 가구의 시간제 비율 및 가구주와 가구의 특성이 당해의 소득분위에 미치는 영향을 보고자 하므로 다음 기에 보고된 소득을 바탕으로 t기의 소득분포를 도출한다. 요약하면, 개인 및 가구의 특성은 2005년과 2014년의 특성을 사용하되, 각 시점의 소득분위를 알아내기 위해서는 2006년과 2015년에 보고된 연간 소득을 활용한다.

가장 핵심적인 설명변수는 시간제 일자리 증가로 인한 가구 구성의 변화(1인 시간제 근로 가구, 1인 전일+1인 시간제인 가구 등)나 가구별 취업자 수 대비 시간제 근로자의 비율이다. 이때의 가구 구성이나 시간제 비율에서는 가구주나 배우자, 혹은 기타 가구원 모두가 동일하게 1인의 가구원으로 역할을 한다. 다시 말해서, 시간제 일자리 증가에서 여성이 큰 몫을 차지하고, 이는 2인 소득자로서의 여성의 노동시장 참여 결정을 통해 가구소득분포에 영향을 미치는 중요한 통로가 될 것으로 보이지만, 이 연구에서는 여성의 노동시장 참여 결정보다는 성별이나 가구에서의 역할과 무관하게 어느 소득 계층의 근로자가 시간제 근로를 많이 하는지, 이로 인한 분배상의 변화는 어떠한지 탐색하

〈표 3-7〉 분석에 필요한 노동패널 변수 설명

변수명	변수 설명
가구 연간 노동 소득	가구 구성원 임금과 사업소득의 합(만 원, 작년 기준)
가구주 연령	가구주 만 나이
가구주 성별	가구주 성별(남/여)
가구주 종사상 지위	임시직/일용직/상용직/자영업/가족 종사자
가구주 교육 수준	최종 학력(중졸 이하/고졸/2년제/대졸 이상)
평균 교육 연수	초졸 6년, 중졸 9년, 고졸 12년, 대졸 16년 등 가구원의 최종 학력을 교육 연수로 나타낸 후, 가구주를 포함한 모든 가구원의 교육 연수를 평균한 값
가구원 수	가구 내 구성원 수
아동 수	가구 내 18세 미만 아동 수
취업자 수	가구 내 취업자 수
주 근로시간	정규근로시간이 있는 경우 주당 정규근로시간과 주당 초과근로시간 합산, 정규근로시간이 없는 경우 주당 평균근로시간에 응답한 값
시간제 비율	가구 내 취업자 수 대비 시간제 근로자 수 (① 파트타임, 아르바이트로 일하거나, ② 같은 업무에 종사하는 사람들보다 적은 시간 동안 일하거나, ③ 임금이 시간 단위로 지급되는 경우를 '시간제 근로'로 구분하며 시간제 근로 여부에 대해 본인이 응답)

고자 한다.

시간제 비율을 제외한 다른 설명변수로서 가구소득에 영향을 미칠 것으로 보이는 가구별 특성은 가구주의 만 나이(제곱 포함), 성별, 교육 수준(중졸 이하, 고졸, 2년제 대학 졸업, 4년제 대학 졸업 이상), 종사상 지위(상용, 임시, 일용, 고용주/자영업자, 무급 가족 종사자)를 포함하는 가구주의 특성과 배우자를 포함한 기타 가구원의 평균적인 교육 수준을 나타내는 가구원의 평균 교육 연수, 가구 구성을 반영하는 가구원 수, 18세 미만 아동 수, 가구의 경제활동을 반영하는 취업자 수를 포함한다. 위에서 설명된 종속변수와 설명변수에 대한 설명은 〈표 3-7〉과 같다.

3) 시간제 일자리와 가구 구성 변화

이 절에서는 2005년과 2014년 한국의 가구 노동 소득분포 변화와 시간제 일자리 증가에 따른 가구 구성의 변화를 분위별로 보여주고자 한다.

〈그림 3-4〉는 각 연도의 분위별 가구의 임금 근로자 대비 시간제 비율을 나타낸다. 두 해 모두 상위 분위로 갈수록 시간제 비율이 감소하는 경향이 있으며 2014년에 1~3분위, 특히 1분위에서의 시간제 비율의 상승이 눈에 띄게 나타나면서 이러한 경향은 더욱 뚜렷해졌다. 2014년과 다른 해의 분위별 시간제 비율 상승 추이를 봐도 1~3분위에서의 급격한 상승세는 같은 양상을 보여 2000년대 중반에 비해 소득 하위 분위에서 취업자 수 대비 시간제 비율이 크게 증가했음을, 다시 말해서 저소득층에 속한 임금 근로자를 중심으로 시간제 근로의 증가가 나타났음을 알 수 있다. 이와 함께 또 하나 눈에 띄는 것은 8~9분위에서의 시간제 비율 상승인데, 이 비율은 여전히 저소득층의 비율에 비할 바는 아니지만 정부의 목표대로 일과 가정의 양립을 목표로 중상 소득

〈그림 3-4〉 2005년과 2014년 가구별 취업자 대비 시간제 비율 (단위: %)

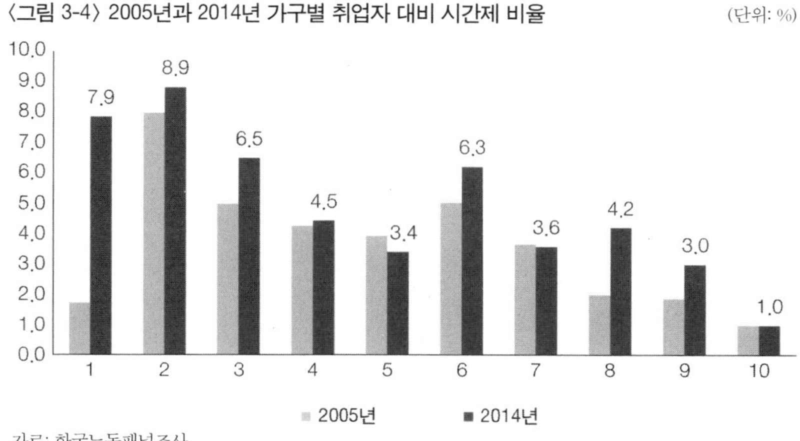

자료: 한국노동패널조사.

〈그림 3-5〉 2005년과 2014년 분위별 가구원의 평균 주 근로시간

(단위: 시간)

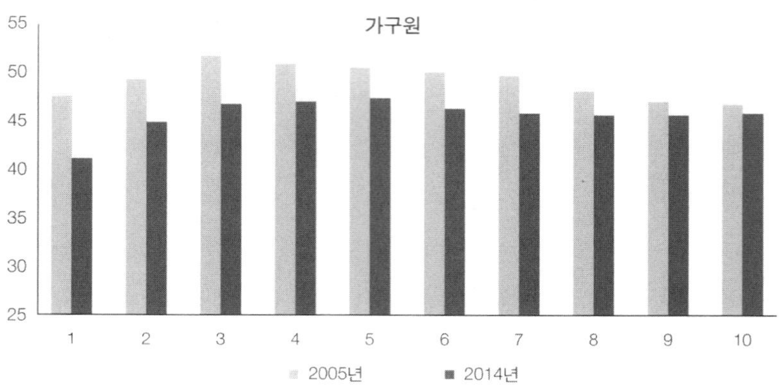

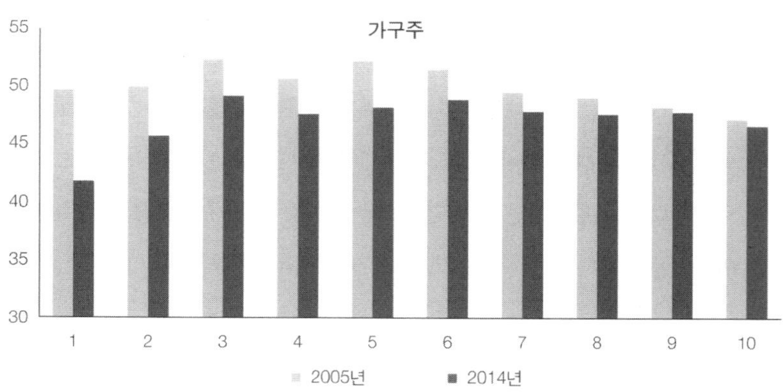

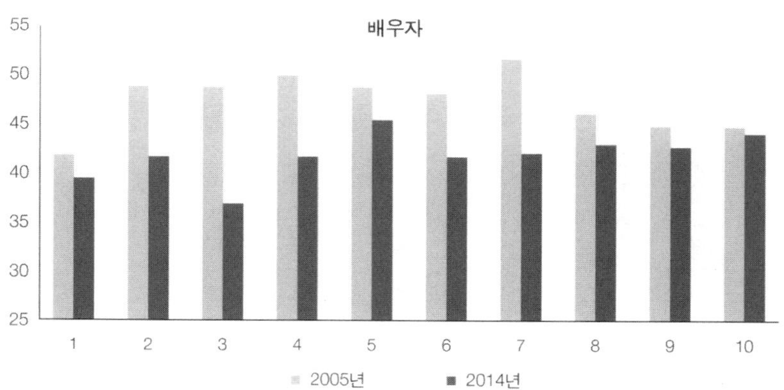

계층의 가구 구성원이 자발적으로 시간제를 선택했을 가능성을 남겨둔다.

이를 다시 각 분위별 가구주와 배우자의 주 근로시간의 변화로 살펴보면 〈그림 3-5〉와 같다. 분위별로 앞선 연한 막대가 2005년의 근로시간, 뒤의 진한 막대가 2014년의 근로시간을 나타낸다. 가구주와 배우자 모두 근로시간 감소를 경험하고 있지만, 배우자의 근로시간 감소가 최저분위에서 중상분위까지 폭넓게 나타나는 반면, 가구주의 경우 저소득층에서 감소 폭이 상대적으로 크게 나타난다. 이는 앞의 그림과 같이 중산층 배우자가 선택적으로 시간제 일자리를 선택했을 희망적인 가능성을 보여줌과 더불어 주 소득원 여부와 관계없이 저소득층에서 시간제를 선택하게 되는 경향이 상당히 커졌음을 보여준다.

요약하면, 각 분위별 시간제 관련 가구 구성 변화와 시간제 비율 및 가구원별 근로시간 변화는 일관되게 하위 분위에서의 시간제 근로 증가를 증언하고 있으며,[4] 이러한 변화는 저소득층의 월 임금 감소로 이어져 소득분배를 악화시켰을 것임을 짐작할 수 있다. 그러나 중산층 배우자들의 시간제 선택의 가능성이 엿보이는 만큼 이로 인해 중상 소득 계층과 저소득 계층의 소득격차가 줄어들었을 가능성도 배제할 수는 없다.

4) 시간제 일자리 확대가 가구소득 불평등에 미친 영향

시간제 비율이 불평등에 미치는 효과를 추정하기 위해 무조건부 분위회귀

---

4) 유럽 국가들을 분석 대상으로 한 Salverda and Haas(2014)의 분위별 근로시간 결과도 이와 유사해, 10분위 가구의 근로시간이 1분위 가구의 근로시간의 2.7배에 달해 고소득 가구가 더 많이 일하는 경향이 있다. 그러나 이는 저소득 가구가 원하는 만큼 일할 수 없기 때문에 저소득에 머물게 될 수 있음을 의미하기도 한다.

〈그림 3-6〉 무조건부 분위회귀식의 추정계수 변화

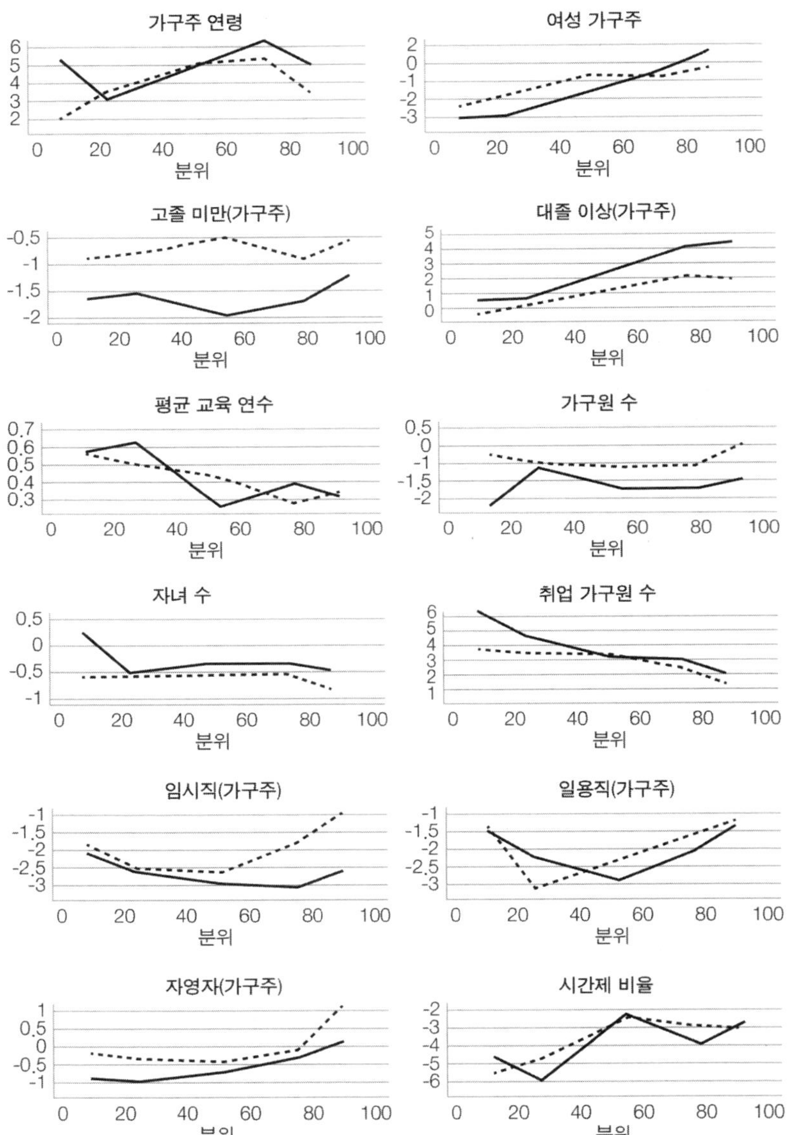

주: 2005년은 실선, 2014년은 점선.
자료: 한국노동패널조사.

분석한 결과는 〈표 3-8〉과 〈그림 3-6〉과 같고 요인 분해한 결과는 〈표 3-9〉와 같다.

그림은 분석 방법의 식 (1)을 사용해 추정한 계수의 변화를 보여준다. 시간제 비율의 계수를 살펴보면 모든 분위에서 계수가 부(-)의 값을 갖는다는 것은 모든 분위에서 시간제 비율이 증가할수록 소득이 줄어든다는 것을 나타낸다. 2005년과 2014년 모두 중위소득 이하에서는 소득을 감소시키는 효과가 중위소득 이상에서보다 크다는 것을 나타내는데, 이는 저소득층에서 시간제 근로로 인한 소득 감소가 중산층에서보다 치명적일 수 있음을 보여준다. 이는 어쩌면 비자발적 선택 또는 원하는 만큼 일할 수 없는 저소득층 가구원의 현실을 반영하는 것일 수도 있다. 2005년에 W자 형으로 소득 계층에 따라 명확하지 않던 추세가 2014년에는 좀 더 단조로운 우상향 곡선을 보여주며 시간제 증가가 저소득층의 소득을 더욱 악화시킬 수 있음을, 따라서 불평등을 심화시키는 방향으로 작용할 수 있음을 보여준다.

이는 〈표 3-8〉의 분위별·분배지수별 분석 결과를 통해 나타난다. 〈표 3-8〉에서는 두 가지 방식으로 시간제 비율의 증가가 각 분위 소득과 분배지수에 미치는 영향을 측정한 결과를 보여준다. 취업률이 통제된 경우는 가구의 취업자 수 증가를 시간제 비율의 변화라는 요인과 독립적으로 본 것으로, 그림의 추정계수는 이러한 가정을 따른 것이다. 그러나 시간제 일자리 증가가 고용률 증대를 목표로 하는 정책적 대응이라는 것은 시간제 일자리 증가로 인해 노동 공급과 수요 양 측면에서 취업자 증대를 낳을 수 있음을 말해준다. 실제로 네덜란드나 독일의 경우 시간제(혹은 미니잡) 증대와 더불어 고용률이 증가했고, 이 시기 한국 가구의 평균 취업자 수가 증대한 것도 사실이다. 따라서 취업 증대로 인한 가구소득 증가를 기대할 수 있으므로, 취업자 수를 시간제 비율과 독립적으로 보고 통제하는 것은 시간제 확산이 소득에 미치는 영

〈표 3-8〉 분위별·분배지수별 RIF-regression 결과

연도	구분	취업자 수가 통제된 경우			시간제 증가가 취업자 수 증가로 반영된 경우			관측치
		계수	(t 값)	adj-R2	계수	(t 값)	adj-R2	
2005	1분위수	-0.435*	(-1.96)	0.125	-0.211	(-0.89)	0.050	3,541
2014		-0.533***	(-3.79)	0.135	-0.402**	(-2.81)	0.089	3,999
2005	5분위수	-0.237***	(-3.50)	0.238	-0.124	(-1.73)	0.151	3,541
2014		-0.260***	(-4.20)	0.216	-0.143*	(-2.28)	0.130	3,999
2005	9분위수	-0.258***	(-4.77)	0.121	-0.194***	(-3.83)	0.106	3,541
2014		-0.287***	(-5.31)	0.073	-0.245***	(-4.65)	0.067	3,999
2005	분산	0.0859	(0.75)	0.060	-0.0336	(-0.29)	0.019	3,541
2014		0.322**	(2.68)	0.038	0.244*	(2.04)	0.030	3,999
2005	지니 계수	0.00942	(1.82)	0.095	0.00274	(0.51)	0.036	3,541
2014		0.0219***	(5.30)	0.085	0.0173***	(4.14)	0.060	3,999

주: 괄호 안은 t값이며, *는 5%, **는 1%, ***는 0.1% 유의 수준에서 통계적으로 유의함을 뜻함.
자료: 한국노동패널조사.

향을 과소평가하는 것일 수도 있다. 따라서 시간제 일자리 증가를 곧 가구의 취업자 수 증대로 보고 취업자 수를 통제하지 않은 채 시간제 비율의 효과를 보는 것이 시간제 증가가 취업자 수 증가로 반영된 경우이다.

〈표 3-8〉을 보면 두 가지 경우 모두 2014년에 1분위수 가구소득에 미치는 부(-)의 영향이 2005년에 비해 커졌음을 알 수 있다. 그러나 5, 9분위수 가구소득에서 중위보다 상위 소득 계층에 미치는 소득 감소가 더 크고, 더 커졌음을 통해 시간제 확산이 중위 소득 이상에서 보이는 효과는 다를 수 있음을 짐작할 수 있다. 분산과 지니계수라는 분배지수에 미치는 영향이 정(+)의 값을 갖는다는 것은 시간제 비율이 불평등을 심화시키는 방향으로 작용함을 의미하는데, 2005년 이 추정계수가 통계적으로 유의미한 값을 갖지 못했던 것과는 달리 2014년에는 통계적으로 매우 유의한 정(+)의 값을 가지며, 그 크기

〈표 3-9〉 요인 분해 결과

구분	90/10 분위수배율	90/50 분위수배율	50/10 분위수배율	분산	지니계수
2005년	1.4998	0.6673	0.8325	0.4844	0.0501
2014년	1.2951	0.6249	0.6703	0.4111	0.0438
변화량	-0.2047	-0.0425	-0.1622	-0.0733	-0.0063
취업자 수가 통제된 경우					
특성 효과	0.0090	0.0059	0.0031	0.0066	0.0002
시간제 비율	0.0023	-0.0002	0.0024	0.0010	0.0001
가격 효과	-0.2136	-0.0484	-0.1653	-0.0799	-0.0065
시간제 비율	0.0027	-0.0005	0.0032	0.0119	0.0006
시간제 증가가 취업자 수 증가로 반영된 경우					
특성 효과	0.0120	0.0065	0.0055	0.0034	0.0000
시간제 비율	0.0012	-0.0004	0.0017	-0.0004	0.0000
가격 효과	-0.2167	-0.0490	-0.1677	-0.0767	-0.0063
시간제 비율	0.0054	0.0020	0.0073	0.0140	0.0007

주: 요인 중 하나로 경제활동은 취업자 수와 가구주 종사상 지위를 포함.
자료: 한국노동패널조사.

또한 커진 것으로 나타난 시간제 비율 증가가 분산과 지니계수를 증가, 즉 불평등을 악화시키는 방향으로 작용했다고 볼 수 있다. 시간제 증가를 곧 취업자 수 증가로 보는 경우 분배를 악화시키는 효과는 다소 줄어들었지만 여전히 통계적으로 유의미하게 분배를 악화시키는 방향으로 작용한다는 것을 알 수 있어, 시간제 근로 확산으로 비취업자에게 취업 기회가 늘어나는 면도 있으나, 여전히 시간제 일자리 확산은 소득이 낮고 질 낮은 일자리에서 이루어지는 것으로, 어쩌면 전일제 일자리 대신 생겨나는 것으로 보인다.

이러한 무조건부 분위회귀 결과를 이용해 2005년과 2014년 사이 소득분포는 어떻게 변했으며, 시간제 비율로 대리되는 시간제 일자리 증가의 기여도는 어떠한지 요인을 분해한 결과는 〈표 3-9〉와 같다. 추정계수를 통해 볼 수 있는 변화는 다음의 요인 분해 결과를 통해 확인할 수 있다.

〈표 3-9〉는 노동패널의 가구 노동 소득으로 추정한 다섯 가지 불평등지수는 2014년이 2005년보다 평등해졌음을 말해준다. 모든 분위수배율과 분산, 지니계수의 감소가 이를 말해준다. 이러한 불평등 완화의 효과를 가구 특성 변화와 그 특성에 대한 가격 변화로 분해한 결과, 가격 효과가 대부분을 혹은 그 이상을 설명하는 것으로 나타났다. 여기서 우리의 주된 관심사인 시간제 비율은 전체적인 불평등 완화에도 불구하고 시간제의 증가(특성 효과)와 시간제에 대한 보수(가격 효과) 모두 불평등을 심화시킨 것으로 나타났으며, 이러한 효과는 중위소득 이하 저소득층에서 더욱 뚜렷하게 나타난다. 이는 한국의 시간제 일자리 증가가 저소득층의 경제활동 활성화를 통해 불평등을 완화하기보다는 저소득층의 임금을 하락시켜 전체 노동 소득분포를 악화시키는 경향이 있어왔음을 말해주는 결과이다. 그리고 취업자 수를 통제하지 않은 결과 또한 크게 다르지 않은 것은 시간제 근로 증가가 신규 취업을 의미하기도 하지만 주로 저소득층의 근로 기회 감소를 의미하기 때문인 것으로 보인다.

한국의 분석 결과를 요약하면, 괜찮은 시간제 일자리 확대라는 정부의 의지와는 달리 현재 한국의 시간제 일자리는 질 낮고 불안정한 저임금 일자리인 것만은 분명해 보인다. 따라서 생존의 이유로 이러한 일자리라도 선택하는 취약한 지위의 근로 계층이 아니고서는 중상 소득 계층에서 상대적으로 장시간·저임금 근로인 시간제를 선택할 이유가 없고, 이로 인해 상대적으로 저소득 가구의 가구원들이 시간제 근로를 하게 되는 경우가 많다. 이로 인해 저소득 가구의 시간제 근로가 증가하면서 근로시간 단축으로 인해 소득이 감소하고, 이로 인해 시간제 확산이 소득 불평등을 심화시키는 방향으로 작용한 것으로 보인다.

이 분석에 한계는 있다. 기초분석과 무조건부 회귀분석을 통한 분석 결과가 저소득층과 중산층 간의 변화와 격차를 뚜렷하게 보여주었고, 이를 해석하는 데는 무리가 없어 보인다. 그러나 중상위 소득 계층에서 나타난 시간제 비율 증가와 근로시간 감소, 소득격차 완화가 어떤 변화에서 오는지는 해석하기 어렵다. 중위소득 이상의 가구에서 나타나는 경제활동 상태 변화와 시간제 일자리 구성의 변화, 자발성 여부 등을 함께 살펴야 이러한 변화가 양질의 시간선택제를 늘리고자 했던 정부정책의 성과인지 확인할 수 있을 것이다. 다만, 중위 소득 이하의 계층이 겪고 있는 변화는 이러한 정책적 목표에서 여전히 소외되어 있는 것으로 보인다.

5. 나가며

한국의 소득분위별 시간제 근로자 분포가 불평등에 미치는 영향은 강신욱(2015)이 집단 간 대수편차평균을 이용해 LIS에서 제공하는 네덜란드 1999년 사회경제패널조사(Socio-Economic Panel Survey)와 2010년 소득 및 생활 실태 조사(Survey on Income and Living Conditions: EU-SILC)를 분석한 결과와 대조적이다. 다음의 표와 그림이 그 차이를 말해주는데, 〈그림 3-7〉은 한국과 달리 네덜란드에서는 시간제 취업자가 중상위 소득분위에서 폭넓게 나타남을 보여주고 있고, 〈표 3-10〉은 1999년과 2010년 사이 불평등 심화의 94.8%는 전일제 근로자만으로 구성된 가구에 의해 설명되며, 시간제가 포함되는 가구와의 집단 간 불평등의 변화는 전체 불평등을 줄이는 방향으로 작용했음을 말해준다(강신욱, 2015).

이러한 결과로부터 한국과 네덜란드의 시간제 관련 법 제도와 시간제 일자

〈그림 3-7〉 소득분위별 시간제 취업자가 있는 가구의 비중 변화 (단위: %)

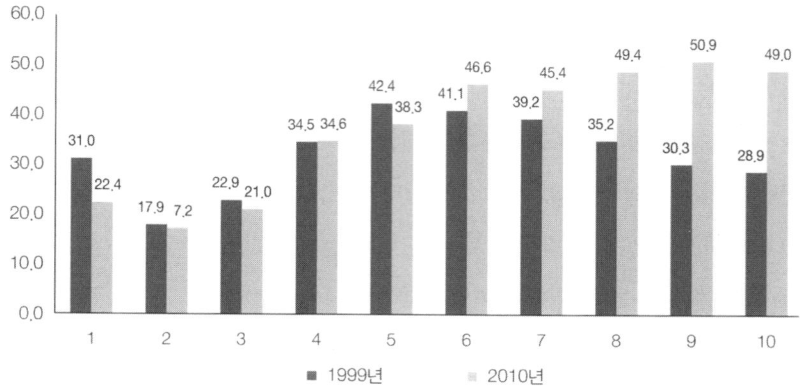

자료: 강신욱(2015)에서 발췌.

리의 질을 비교했을 때, 한국과 네덜란드는 스펙트럼의 대척점에 서 있는 것으로 보인다. 네덜란드는 시간제 일자리의 고용 지위상의 격차를 감소시키는 제도적 장치를 마련함으로써 시간제에 대한 노동 공급을 늘리는 경로를 걸어온 반면, 한국의 시간제 관련 법 제도나 일자리의 질은 한국의 시간제의 특성이 독일의 미니잡이나 정규직과 다른 부차적인 고용 형태로 방치된 일본의 시간제(이주희, 2011)와 유사해 보인다.

따라서 시간제 확산이 소득 불평등 심화로 귀결되지 않도록 하기 위해서는 선택하고 싶은 시간제 일자리를 만들 수 있는가가 핵심적이다. 전일제 근로보다 임금은 낮되 단축된 근로시간에 비례한 임금만을 포기하면 된다면, 임금과 같은 직접적인 보수 외에 각종 사회보험과 복지 혜택 등의 간접적인 보수와 전일제로의 자유로운 이동성이 보장된다면 일-생활 균형을 위해 누구라도 '선택'하고픈 일자리가 될 수 있다. 이는 이 글의 각국 데이터를 이용한 기초분석에서와 같이 비단 하위분위에서만이 아니라 중상위 분위에서도 폭넓게 시간제를 선택하게 하는 현상으로 귀결될 것이다.

〈표 3-10〉 1999~2010년 가구 노동소득 불평등 변화의 요인 분해

구분	집단 내 불평등 변화	집단 간 불평등 변화	구성비 변화	절대적 기여도	상대적 기여율(%)
시간제 포함	-0.0103	-0.0441	0.0555	0.0010	5.2
모두 전일제	0.0158	0.0298	-0.0271	0.0185	94.8
전체	0.0055	-0.0144	0.0284	0.0195	
	28.2	-73.8	145.6		

자료: 강신욱(2015)에서 발췌.

현재 한국의 법 제도나 노동시장의 환경은 '반듯한' 시간선택제 일자리를 양산하기에 그리 우호적이지는 않다. 단축 시간 조정권은 극히 제한적으로 허용되고, 근로시간에 비례한 권리를 강제할 방안도 실효성이 없는 상태이다. 한국의 특수한 상황과 만났을 때 한국의 시간제 일자리의 미래는 더욱 어두워 보인다. 그 이유는 시간제 근로의 당사자들이 그들의 권리를 실현할 노동조합이나 단체교섭 체제를 갖고 있지 못하다는 점이다. 이주희(2011)는 네덜란드와 스웨덴과 같이 노동시간의 유연화와 근로자에 대한 보호 등 상충될 수 있는 정책 간 균형을 이룬 국가들의 경우 시간제 근로와 관련된 법·제도를 단체교섭의 틀 안에서 논의하고 구현할 수 있는 강력한 산별노조와 단체교섭 체제를 가지고 있음을 지적한다. 한국의 문제는 이러한 개선을 실현 가능하게 할 노동조합과 같은 제도적 배경이 사실상 전무하다는 점이다.

또 한 가지 특수한 상황은 많은 국가가 또한 직면하고 있는 문제이긴 하나 불안정한 고용 형태가 만연해 있다는 점이며, 시간제 또한 이러한 불안정한 비정규직 중 하나의 형태일 뿐이라는 점이다. 1990년대 말 아시아 금융위기 이후 임시직을 필두로 한 비정규직 양산의 결과, 2014년 기준 21.7%로 OECD 국가 중 칠레, 폴란드, 스페인 다음으로 임금 근로자 대비 임시직 비율이 높은 나라가 되었다(OECD, 2015). 시간제 또한 이러한 많은 불안정한 고용

형태의 하나일 뿐이며, 이는 경제활동인구조사 부가 자료를 이용한 결과 70% 이상의 시간제 근로자의 근속 기간이 1년 미만이라는 결과를 통해서도 확인할 수 있다. 이러한 노동시장의 상황은 정부가 양질의 시간선택제 확대에 대한 의지를 가지고 관련 법 제도를 순차적으로 개선해나간다고 해도 이를 회피할 수 있는 다른 많은 고용 형태가 있는 한 시간제 일자리가 비정규 고용에서 벗어나기 힘들도록 만들 수 있다. 다시 말해서, 여타 비정규직에 대한 대책과 동반할 때 시간제에 대한 제도적 개선이 실효성이 있을 것이다.

한국의 저임금 문제 또한 시간제 근로의 확산과 더불어 불평등을 더욱 악화시키는 것으로 보인다. 2014년 기준 OECD 국가 중 저임금 근로자 비중이 미국 다음으로 높다(OECD, 2015)는 사실과 질 낮은 시간제 근로의 확산은 두 가지 문제를 더욱 악화시킬 수 있다. 독일의 경우에도 미니잡 확대에 따른 저임금 문제를 해소하기 위해 2015년 1월 법정최저임금제를 도입했고, 김유휘·이승윤(2014)은 이와 같이 시간제 근로와 관련된 노동 및 복지 제도의 연계를 제안하고 있다. 한국의 시간제 근로가 낳는 저임금 문제에서도 최저임금 제도가 하나의 보완 장치로서 사용되어야 함에 기본적으로 동의한다. 다만, 앞서 본 바와 같이 시간제 근로의 사회보험 가입률은 전일제 근로자와 비교할 수 없이 낮은데 이는 시간제 근로자 가운데 비공식 취업으로 최저임금의 적용조차 받지 못하는 경우가 여전히 상당하다는 점에서 그 효과가 반감될 수 있음을 인지해야 한다.

각종 한국 시간제의 현실이 보여주는 저임금, 불안정성과 같은 상황은 장기적으로 시간제 근로자의 고용 지위를 향상시킬 수 있는 제도적 개선과 더불어 이들 근로 빈곤층에 대한 사회보장 역시 동반되어야 함을 시사한다. 정부의 의지대로 시간제 일자리가 일·가정 양립으로부터 요구되는 근로시간 단축의 자발적 요구에 응답하는 괜찮은 시간선택제로 자리 잡기 위한 많은 정책적 논의가 이뤄지고 있다. 김준·한인상(2014)이 현행 단시간 근로자 보호 관련 규정의 정비와 초단시간 근로자를 포괄하는 입법적 노력을 요구하고 있고, 부분실업급여 제도와 같은 고용보험 개선 방안과 근로시간 단축 청구권에 대한 논의도 활발하다. 그러나 이러한 노력과 더불어 국민기초생활보장 제도나 두루누리 사회보험과 같은 근로 빈곤층에 대한 복지 정책적 차원의 접근도 필요하다. 따라서 시간제를 비롯한 다양한 고용계약 형태에 따른 사회보장정책에 대한 고민이 수반되어야 한다.

참고문헌

강신욱. 2015.「네덜란드: 차별 없는 시간제」. 김현경 외.『시간제 일자리 확산이 소득 불평등과 빈곤에 미치는 영향』. 한국보건사회연구원. 105~141쪽.

김계숙·민인식. 2013.「무조건분위회귀를 이용한 도시지역 임금 불평등 변화 분해」. ≪국토계획≫, 48(3), 53~74쪽.

김유휘·이승윤. 2014.「'시간선택제 일자리' 정책의 분석과 평가: 한국, 네덜란드, 독일 비교 연구」. ≪한국 사회정책≫, 21(3), 93~128쪽.

김준·한인상. 2014.「시간제 일자리의 현황과 입법정책적 개선방안」. 국회입법조사처 정책 보고서.

김현경 외. 2015.『시간제 일자리 확산이 소득 불평등과 빈곤에 미치는 영향』. 한국보건사회연구원.

박수근·김근주. 2014.「자발적 단시간근로 확대를 위한 법제도적 개선 방안」. ≪법학논집≫, 31(1), 705~730쪽.

성재민. 2014.「여성 시간제 일자리 확산과 함의」. ≪노동 리뷰≫, 6, 20~33쪽.

오호영·이은혜. 2014.「고용률 제고를 위한 시간제 일자리의 변화(2004~2013년) 분석과 정책 제언」. 한국직업능력개발원. ≪이슈페이퍼≫, 7.

이승욱. 2012.「단시간근로 규제의 문제점과 과제」. ≪서울대학교 법학≫, 53(1), 149~183쪽.

이주희. 2011.「정규직 시간제 일자리 도입의 전제조건과 정책과제」. ≪노동 리뷰≫, 3, 21~26쪽.

통계청. 각 연도.「경제활동인구조사 근로 형태별 부가 조사」.

황덕순. 2015.「근로시간 단축 청구권을 통해 일·생활 균형 촉진 기대」. ≪국제노동브리프≫, 13(9), 1~3쪽.

Dube, A. 2013. "Minimum Wages and the Distribution of Family Incomes." *A Paper Series Commemorating the 75th Anniversary of the Fair Labor Standards Act*, 172, pp.1~68.

Firpo, S., N. M. Fortin and T. Lemieux. 2009. "Unconditional Quantile Regressions." *Econometrica*, 77(3), pp.953~973.

Salverda, W., C. Haas. 2014. "Earnings, Employment, and Income Inequality." In W. Salverda et al.(eds.), *Changing Inequalities in Rich Countries: Analytical and Comparative Perspectives*. Oxford University Press, pp.49~81.

제4장

청년 NEET 문제와 정책 대응

실업안전망을 중심으로

이병희 | 한국노동연구원 선임연구위원

1. 문제 제기

청년 고용률은 다소 높아졌다지만, 실업률이 크게 증가하고 있다. 구직 기간 4주 기준의 실업률을 공표한 1999년 6월 이래, 청년 실업률은 2016년 2월 12.5%로 월 통계로 최고 수준을 기록했으며, 연간 통계로도 2016년 9.8%는 최고 수준이다. 매년 20만 명 이상의 20대 인구 감소가 시작되는 2022년까지 청년 실업 문제는 심화되리라고 전망된다. 더구나 이후에 청년 인구가 감소하더라도 문제가 해결되리라고 기대하기는 어렵다. 우리보다 앞서 청년 인구의 감소를 경험한 일본에서는 실업률이 낮아졌지만 취업자의 상당수가 저임금과 근로 빈곤에 직면하는 문제가 심각하기 때문이다.

청년 고용 문제를 해결하기 위한 노력은 많았다. 박근혜 정부가 발표한 청년 고용 대책만도 2013년 이후 아홉 차례에 이른다. 중앙정부가 추진하는 청년 고용 정책은 가짓수가 128개에 이르며(고용노동부, 2016), 2017년 청년 일자리 대책 예산은 2조 6000억 원으로 늘어났다. 그러나 이처럼 많은 정책적인

〈표 4-1〉 지방정부의 청년활동 지원 사업 비교

구분	서울시	성남시	인천시	경기도
사업명	청년활동 지원비	청년배당	청년사회진출지원사업	청년 구직 지원금
시행일	2016.8	2016.1	2017.5	2017.7
지원 목적	- 청년활동 지원	- 청년 복지 향상 - 지역경제 활성화	- 구직 활동 지원	- 구직 활동 지원
지원 대상	- 18~29세 - 중위소득 60% 이하 - 미취업자 우대	- 24세 - 성남 3년 거주	- 18~34세 - 취업성공패키지 3단계 참여자	- 18~34세 - 중위소득 80% 이하 - 미취업자 우대
지원 금액	- 월 50만 원(6개월)	- 분기별 20만 원(성남사랑상품권)	- 월 20만 원(3개월)	- 월 50만 원(6개월)
사용 범위	- 구직 활동 포함한 개인 활동 용도	- 사용 범위 제한 없음	- 구직 활동 비용 - 취업성공 수당 검토	- 구직 활동 비용
지원 방식	- 현금 사전 지원	- 상품권 사전 지원	- 사후 실비 정산	- 카드 발급 사전 지원
특기사항	- 구직 활동 이외 용도로 사용 가능	- 청년 기본소득 - 지역경제활성화		

자료 : 최병근(2017)을 수정.

노력에도 청년 고용 문제를 제대로 해결하지 못했다는 사실에 대부분 이견이 없을 것이다.

이 글은 지방정부들이 제기한 새로운 청년 정책에 주목한다. 〈표 4-1〉은 성남시, 서울시에 이어 인천시, 경기도에서 계획하고 있는 청년활동지원사업을 비교한 것이다. 지원 목적과 대상은 차이가 있지만 청년에게 소득을 지원하는 방식을 채택한 점이 새롭다. 성남시의 청년 배당 정책은 기본소득의 이념에 기반을 두고 지역의 공유 자산으로부터 발생하는 수익의 일정 부분을 배당으로 향유할 권리를 청년에게 보장하는 것이다. 서울시의 청년활동지원사업은 자기 주도적인 구직 활동과 공공·사회 활동 등에 관해 청년이 제출한 활동 계획서를 심사해 지원한다. 반면 인천시는 고용노동부의 취업성공패키지 사업과 연계해 I 유형 참여자에게는 구직 활동 실비를, II유형 참여자에게는 취업성공 수당을 제공할 계획이며, 경기도는 청년 미취업자의 구직 활동 비용을 지원하려고 한다. 흥미로운 것은 주거, 문화, 금융 지원 등의 다양한 분야에 걸친 서울시 청년보장 정책 자체는 이견이 없었던 반면, 청년의 다양한 활동을 장려하는 소득 지원에 대해서는 중앙정부와 큰 갈등을 겪었다는 점이다.

'사회보장기본법'상의 조정 절차가 적절한지, 지방정부의 자치 사무에 대해 중앙정부가 직권으로 취소할 수 있는지 등에 대한 논란은 사법적인 판단이 내려질 것이므로 다루지 않는다. 이 글은 다음 두 가지 측면에 주목한다.

첫째, 성남시나 서울시가 추진하는 사업을 둘러싸고 중앙정부와 갈등이 커지면서 청년 실업안전망이 미비하다는 사실이 공론화되었다. 구체적인 구직 활동이나 직업훈련 참여를 조건으로 소득을 지원해야 한다는 중앙정부 방침의 적절성이 논란이 되었지만, 실업안전망도 청년 취업 애로 계층의 다양한 구성을 고려해 구축할 필요가 있다. 청년 NEET 분석을 통해 취업 애로 계층의 다양성을 살펴볼 것이다.

둘째, 청년 실업안전망의 필요성이 빠르게 공론화되었지만, 그 방향은 여전히 논란이다. 청년에 한정된 실업 부조 또는 모든 청년 구직자를 대상으로 하는 청년구직 촉진 수당 등 다양한 논의가 제출되고 있다. 여기서는 사각지대를 줄이는 방향으로 보편적인 실업안전망을 구축하는 것이 우선적인 과제임을 제기한다.

2. 청년 NEET 문제

1) 청년 NEET의 규모와 구성

청년층에서는 실업과 비경제활동 상태 사이의 차이가 명확하지 않다(이병희, 2003). 실업급여를 수급할 수 없는 실직자는 실업보다는 비경제활동 상태로 응답하는 비율이 훨씬 높은데, 근로 경력이 없거나 짧아서 실업급여를 수급하기 어려운 청년층에서는 비경제활동 상태로 조사되기 쉽다. 또한 저학력자와 달리 고학력자는 실업보다는 취업을 준비하는 비경제활동 상태로 응답하는 경향이 있는데, 고학력자가 많은 청년층에서 비취업자 가운데 비경제활동인구가 많은 이유다. 2014~2020년에 걸쳐 추진하고 있는 유럽 청년보장제도(EU Youth Guarantee)가 정책 대상을 학교와 노동시장에서 이탈한 청년 NEET로 확장한 이유가 여기에 있다.

NEET(Not in Employment, Education or Training)는 교육 훈련을 받지 않고 일도 하지 않은 청년을 말한다. 그러나 청년 니트에 대한 정의가 단일하지 않다. 청년의 특성이나 노동시장 상황에 따라 나라마다 정책 대상이 다르기 때문이다. 예를 들어 일본처럼 가사·육아를 하는 비경제활동인구나 기혼자를 NEET에서 제외하는 것은 한국의 노동시장에 적절하다고 보기 어렵다.

이 글에서는 OECD의 NEET 정의를 차용한다. NEET를 학교에 재학하지 않으면서 취업하지 않은 청년들로 정의하는 것은 노동력으로 활용되지 않은 인구 전체를 NEET로 간주하는 것이다. 〈표 4-2〉를 보면, 2016년 15~29세 청년 가운데 학교와 노동시장에서 이탈한 NEET는 177만 8000명에 이른다. NEET의 비율은 청년 인구 가운데 18.9%이며, 비재학 청년 인구 대비로는 34.0%에 이른다.

〈표 4-2〉 15~29세 청년 NEET 규모

(단위: 천 명, %)

			계	(인구 대비 구성비)	(비재학자 대비 구성비)
인구			9,427	(100.0)	
	재학		4,192	(44.5)	
	비재학	취업	3,458	(36.7)	(66.0)
		실업(A)	385	(4.1)	(7.4)
		잠재 경제활동인구(B)	529	(5.6)	(10.1)
		순수 비경활(C)	864	(9.2)	(16.5)
NEET(A+B+C)			1,778	(18.9)	(34.0)
구직 NEET(A+B)			914	(9.7)	(17.5)

주: 잠재 경제활동인구는 잠재 취업 가능자(비경제활동인구 중에서 지난 4주간 구직 활동을 했으나, 조사 대상 주간에 취업이 가능하지 않은 자)와 잠재 구직자(비경제활동인구 중에서 지난 4주간 구직 활동을 하지 않았지만, 조사 대상 주간에 취업을 희망하고 취업이 가능한 자)를 합한 것이다.
자료 : 통계청, 「경제활동인구조사」(2016).

NEET는 실업자와 비경제활동인구로 나눌 수 있는데, 비경제활동인구가 139만 3000명으로 실업자 38만 5000명의 3.6배에 이른다.[1] 통계청은 2014년 5월부터 실업자가 아니어도 일하길 희망해 노동시장에 진입 가능한 자를 별도로 분류한 고용보조지표(노동력 저활용 지표)를 발표하고 있다. 이를 이용해 비경제활동인구로 분류되었지만 잠재적으로 취업이나 구직이 가능한 자를 식별할 수 있다. 이러한 잠재경제활동인구를 실업자와 묶어 구직 NEET로 정의하고, 그렇지 않은 비경제활동인구를 비구직 NEET로 분류했다. 2016년 구직 NEET는 91만 4000명, 비구직 NEET는 86만 4000명으로 집계된다. 구직 NEET는 청년 인구의 9.7%, 비재학 청년의 17.5%에 해당한다.

청년 구직 NEET의 구성을 살펴보자. 〈표 4-3〉에서 연령별로 보면, 청년

1) 한국은 청년 NEET 가운데 비경제활동인구가 차지하는 비율이 매우 높은 나라에 속한다. 2012년 OECD 회원국에서 NEET 가운데 비경제활동인구가 차지하는 비율은 평균 58%(인구 가중 평균으로는 66%)을 기록하는데(Carcillo et al., 2015), 한국은 78.3%에 이른다.

〈표 4-3〉 인적 특성별 청년 구직 NEET 규모와 구성 (단위: 천 명, %)

구분		규모			구직 NEET 비율	구성비
		계	실업	잠재 경제활동인구		
전체		914	385	529	9.7	100.0
연령	15~19	45	18	27	1.5	4.9
	20~24	368	145	223	11.9	40.2
	25~29	502	222	280	15.0	54.9
성	남	494	212	283	10.5	54.1
	여	420	174	246	8.9	45.9
학력	중졸 이하	15	8	7	0.6	1.7
	고졸	369	142	227	9.2	40.3
	초대졸	154	70	84	13.4	16.8
	대졸	364	160	204	19.8	39.9
	대학원졸	12	5	7	18.3	1.3

자료 : 통계청, 「경제활동인구조사」(2016).

구직 NEET 가운데 25~29세가 절반을 넘는다. 해당 연령층에서 구직 NEET가 차지하는 비율도 20대 후반으로 갈수록 높다. 고학력화와 군 복무 등으로 노동시장 진입 시기가 늦고 안정적인 일자리 획득이 어렵기 때문이다.

성별로 보면, 남성 구직 NEET 비율이 10.5%로, 여성의 8.9%보다 높다. 별도로 제시하지 않았지만, 비구직을 포함한 NEET 비율은 여성이 19.0%로 남성의 18.7%에 비해 약간 높다. 어쨌든 성별 NEET 비율 격차는 작다고 할 수 있다. 여성의 노동시장 참여율이 빠르게 증가하고, 출산·육아로 인한 여성의 노동시장 퇴장이 30대로 늦춰졌기 때문이다.

학력별로 보면, 학력이 높을수록 구직 NEET 비율이 높게 나타난다. 구성비로도 초대졸 이상이 절반 이상을 차지한다. 비구직을 포함한 NEET 가운데 초대졸 이상이 42.8%로, 2012년 OECD 국가 평균 15.4% 수준인 것과 비교

〈표 4-4〉 청년 구직 NEET의 주된 활동 상태 및 전직 유무 (단위 : 천 명, %)

구분		구직 NEET		실업		잠재 경제활동인구	
전체		914	(100.0)	385	(100.0)	529	(100.0)
활동 상태	실업	385	(42.1)	385	(100.0)		
	육아	5	(0.5)		(0.0)	5	(0.9)
	가사	15	(1.7)		(0.0)	15	(2.9)
	정규교육기관 통학	0	(0.0)		(0.0)	0	(0.1)
	입시학원 통학	0	(0.0)		(0.0)	0	(0.0)
	취업 학원, 기관통학	144	(15.7)		(0.0)	144	(27.2)
	취업 준비	271	(29.7)		(0.0)	271	(51.3)
	진학 준비	3	(0.4)		(0.0)	3	(0.6)
	연로	0	(0.0)		(0.0)		(0.0)
	심신 장애	2	(0.2)		(0.0)	2	(0.4)
	군입대 대기	1	(0.1)		(0.0)	1	(0.2)
	쉬었음	84	(9.2)		(0.0)	84	(15.9)
	기타	3	(0.3)		(0.0)	3	(0.5)
전직 유무	없었음	229	(25.0)	69	(17.9)	160	(30.2)
	전직 1년 미만	362	(39.6)	198	(51.3)	164	(31.1)
	전직 1년 이상	323	(35.4)	118	(30.7)	205	(38.7)

자료 : 통계청, 「경제활동인구조사」(2016).

하면, 한국 고학력 청년의 노동력 미활용률은 매우 높다.

〈표 4-4〉에서 구직 NEET를 주된 활동 상태별로 보면, 적극적인 구직 활동을 하는 실업이 42.1%를 차지한다. 한편 취업을 위해 학원·기관을 통학하는 비경활(A)이 15.7%, 개별적인 취업 준비 비경활(B)이 29.7%로 나타난다. 두 경우를 합하면(A+B), 취업 준비를 하는 비경활이 45.4%로 실업자에 비해 많다.

한편 전에 수입을 목적으로 일한 적이 있느냐라는 질문에 25.0%가 없다고

〈표 4-5〉 전직 1년 미만인 청년 구직 NEET의 이직 사유와 이직 전 종사상 지위 (단위: 천 명, %)

구분		구직 NEET		실업		잠재 경제활동인구	
전체		362	(100.0)	198	(100.0)	164	(100.0)
이직 사유	개인, 가족 이유	108	(29.9)	47	(23.8)	61	(37.3)
	육아	2	(0.5)	0	(0.1)	1	(0.9)
	가사	1	(0.1)	0	(0.1)	0	(0.2)
	심신장애	0	(0.0)	0	(0.1)	0	(0.0)
	정년퇴직, 연로	0	(0.0)		(0.0)		(0.0)
	근로조건 불만족	158	(43.8)	99	(50.3)	59	(35.9)
	소계(자발적 이직)	269	(74.3)	147	(74.3)	122	(74.2)
	직장의 휴업, 폐업	9	(2.4)	8	(3.9)	1	(0.6)
	명예, 조기퇴직, 정리해고	13	(3.7)	8	(4.0)	5	(3.3)
	임시 / 계절적 일의 완료	54	(15.0)	28	(14.1)	26	(16.1)
	일거리 없어서/사업부진	11	(3.2)	6	(2.9)	6	(3.5)
	소계(비자발적 이직)	88	(24.3)	49	(24.9)	39	(23.5)
	기타	5	(1.4)	1	(0.7)	4	(2.3)
종사상 지위	상용근로자	132	(36.4)	79	(39.9)	53	(32.2)
	임시근로자	164	(45.3)	89	(45.0)	75	(45.7)
	일용근로자	55	(15.3)	26	(13.1)	30	(18.0)
	고용주	1	(0.1)	0	(0.0)	0	(0.3)
	자영업자	7	(2.0)	4	(1.9)	4	(2.2)
	무급 가족 종사자	3	(0.8)	0	(0.1)	3	(1.7)

자료: 통계청, 「경제활동인구조사」(2016).

응답했다. 일을 그만둔 지 1년을 넘은 경우도 35.4%가 이른다. 두 경우를 합하면, 무려 60.4%다. 실업자에 비해 잠재적으로 취업이나 구직이 가능한 비경제활동인구(잠재 경제활동인구)에서 취업 경험이 없거나 전직한 지 1년 이상인 장기 미취업 상태 비율이 더 높게 나타난다.

〈표 4-6〉 청년 구직 NEET의 취업 관련 시험 준비 유무 및 분야 (단위: 천 명, %)

구분		구직 NEET		실업		잠재 경제활동인구	
전체		965	(100.0)	406	(100.0)	559	(100.0)
취업 관련 시험 준비	했음	637	(66.0)	182	(44.7)	455	(81.4)
	하지 않았음	328	(34.0)	225	(55.3)	104	(18.6)
취업 관련 시험 준비 분야	방송, 신문 등 언론사	7	(0.8)	2	(0.4)	6	(1.0)
	공사, 공단 등 국공영기업체	57	(5.9)	25	(6.3)	32	(5.7)
	대기업, 중소기업 등 일반기업체	187	(19.4)	86	(21.3)	101	(18.1)
	교원 임용고시(사립 교사 포함)	19	(2.0)	1	(0.1)	19	(3.3)
	사법시험(고시), 5급 공채 등	9	(0.9)	0	(0.0)	9	(1.6)
	일반직 공무원(경찰, 소방, 군무원 포함)	252	(26.2)	56	(13.7)	197	(35.2)
	전문 분야 자격증(변리사, 공인회계사 등)	23	(2.4)	1	(0.3)	22	(4.0)
	기능 분야 자격증(미용사, 조리사 등)	70	(7.3)	8	(1.9)	62	(11.2)
	기타	11	(1.1)	3	(0.7)	8	(1.4)

자료: 통계청, 「경제활동인구조사 청년층 부가조사」(2016.5).

전직한 지 1년 미만인 구직 NEET의 특성을 〈표 4-5〉에 제시했다. 우선 이직 사유를 보면, 비자발적으로 이직한 경우는 24.3%에 불과하며, 자발적인 이직이 74.3%를 차지한다. 특히 임금, 근로시간 등의 근로조건 불만족이 43.8%를 차지하며, 실업자에서는 절반에 이른다. 한국의 고용보험은 근로·기여 요건을 충족하더라도 자발적으로 이직하면 실업급여를 수급할 수 없다. 다른 연령 계층에 비해 자발적인 이직이 많은 청년이 실업급여의 보호를 받지 못하는 가장 큰 이유다. 그리고 이직 전 종사상 지위를 보면, 임시·일용 근로자가 60.6%를 차지한다. 고용이 불안하고 근로조건이 나쁜 일자리에서 이직이 잦기 때문이다. 실업급여를 받지 못한 채 잦은 이직을 경험할 가능성이 높음을 알 수 있다.

〈표 4-7〉 청년 구직 NEET의 직업교육 훈련 참여 여부 및 직업교육 훈련 기관 유형 (단위: 천 명, %)

구분		구직 NEET		실업		잠재 경제활동인구	
전체		965	(100.0)	406	(100.0)	559	(100.0)
직업교육 훈련 유무	없음	628	(65.1)	297	(73.1)	331	(59.3)
	재학·휴학 중 받았음	142	(14.7)	46	(11.3)	97	(17.3)
	졸업·중퇴 후 받았음	162	(16.8)	48	(11.8)	114	(20.4)
	재학·휴학 중, 졸업·중퇴 후 모두	33	(3.4)	16	(3.9)	17	(3.0)
직업교육 받은 기관	공공단체 운영훈련기관	35	(3.7)	8	(1.9)	28	(5.0)
	직업능력개발 훈련법인	39	(4.0)	13	(3.1)	26	(4.6)
	비영리 법인 및 단체	10	(1.0)	4	(0.9)	6	(1.2)
	대학 및 대학원	18	(1.9)	10	(2.6)	8	(1.4)
	평생교육 시설	3	(0.3)	0	(0.0)	3	(0.5)
	사설학원	220	(22.8)	67	(16.6)	153	(27.3)
	사업주 또는 사업주 단체	10	(1.1)	8	(1.9)	3	(0.5)
	기타	2	(0.2)	0	(0.0)	2	(0.3)

자료: 통계청, 「경제활동인구조사 청년층 부가조사」(2016.5).

청년 구직 NEET의 취업준비 실태를 살펴보았다. 〈표 4-6〉을 보면, 구직 NEET의 66.0%가 취업 관련 시험을 준비하고 있다. 취업 관련 시험 준비를 하는 비율은 실업자의 44.7%에 비해 잠재 경제활동인구에서는 81.4%에 이른다. 시험 분야로 나누어보면, 공무원·고시·교원 시험 준비가 구직 NEET의 29.1%로 가장 많으며, 일반 기업체 준비가 19.4%, 기능 분야 자격증이 7.3% 순으로 나타난다. 실업자에서는 일반 기업체 시험 준비가 가장 많은 반면, 잠재적으로 취업이나 구직이 가능한 비경제활동인구에서는 공무원·교원 등 안정적인 일자리에 대한 시험 준비가 많다.

〈표 4-7〉을 보면, 청년 구직 NEET의 34.9%는 학교 교육 외에 취업을 위해 학원에 다니거나 직업교육 훈련을 받은 적이 있는 것으로 조사되었다. 실업

〈표 4-8〉 청년 구직 NEET의 재학·휴학 중 직장 체험 유무 및 형태 (단위: 천 명, %)

구분		구직 NEET		실업		잠재 경제활동인구	
전체		965	(100.0)	406	(100.0)	559	(100.0)
직장 체험 유무	했음	480	(49.7)	211	(51.9)	269	(48.2)
	하지 않았음	485	(50.3)	196	(48.1)	289	(51.8)
직장 체험 주된 형태	전일제 취업	107	(11.1)	48	(11.9)	58	(10.5)
	시간제 취업	328	(34.0)	143	(35.2)	185	(33.2)
	인턴(기업 인턴 등)	19	(2.0)	11	(2.7)	8	(1.5)
	학교의 현장실습 참여	23	(2.4)	8	(1.9)	15	(2.6)
	정부 지원 직장 체험	2	(0.2)	1	(0.2)	2	(0.3)
	기타	1	(0.1)	0	(0.0)	1	(0.1)
직장 체험 기간	15일 미만	9	(1.0)	2	(0.4)	8	(1.4)
	15일~1개월 미만	24	(2.5)	9	(2.2)	15	(2.8)
	1~3개월 미만	98	(10.1)	41	(10.0)	57	(10.2)
	3~6개월 미만	141	(14.6)	63	(15.6)	77	(13.8)
	6개월~1년 미만	111	(11.5)	43	(10.6)	68	(12.1)
	1년 이상	97	(10.1)	53	(13.0)	44	(7.9)

주: 아르바이트 포함.
자료: 통계청, 「경제활동인구조사 청년층 부가조사」(2015.5).

자(26.9%)에 비해 잠재적으로 취업이나 구직이 가능한 비경제활동인구의 직업교육 훈련 참여율(40.7%)이 높았다. 또한 재학·휴학 중에 받은 비율에 비해 졸업·중퇴 후에 받은 비율이 높은데, 특히 잠재적으로 취업이나 구직이 가능한 비경제활동인구에서 높았다.

청년 구직 NEET의 22.8%가 사설학원에서 직업교육 훈련을 받았으며, 이어서 공공 및 민간 직업훈련 기관이 8.7%를 차지한다. 사업주 또는 사업주 단체, 대학 및 대학원의 비율은 미미하다.

〈표 4-8〉에서 청년 구직 NEET의 49.7%는 학교 재학 또는 휴학 중에 직장

체험 경험(아르바이트 등 취업 포함)이 있는 것으로 나타났다. 직장 체험 비율은 실업자나 잠재 경제활동인구 간에 차이가 작다. 직장 체험의 주된 형태는 시간제 취업이 구직 NEET의 34.0%, 전일제 취업이 11.1%의 순으로 나타난다. 그리고 구직 NEET의 1/3은 3개월 이상 직장을 체험한 것으로 조사되었다.

2) 청년 NEET의 추이와 국제 비교

〈그림 4-1〉은 15~29세 청년 NEET의 추이를 제시한 것이다. 각 막대를 누적하면 각 연도의 청년 NEET 비율을 알 수 있는데, 2003년 19.6%에서 2016년 18.9%로 소폭 하락했다. 외환위기 이후 청년 노동시장이 악화된 추세를 감안하면, NEET 비율의 변화는 의외라고 할 수 있다. 여성의 경제활동 참가율이 크게 늘어나서 가사·육아를 이용한 청년 NEET가 줄어들었음을 고려하면, NEET의 구성을 살펴보아야 할 것이다.

〈그림 4-1〉 청년 NEET의 구성 추이

(단위: %)

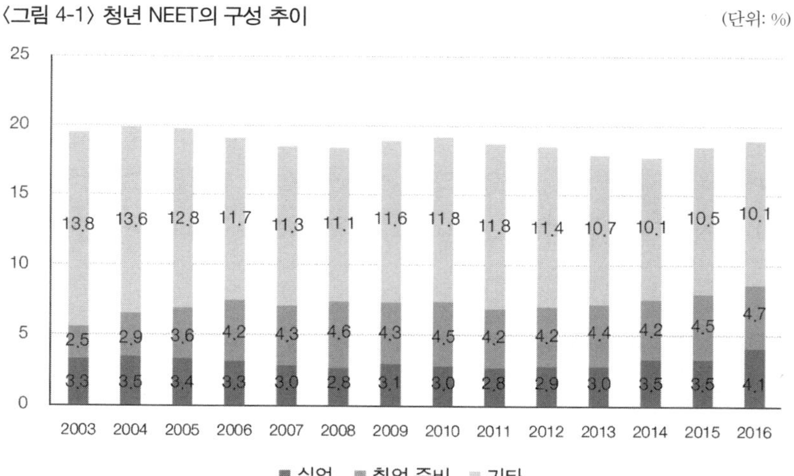

자료: 통계청, 「경제활동인구조사」.

〈그림 4-2〉 청년 NEET 비율의 국제 비교(2012)

(단위: %)

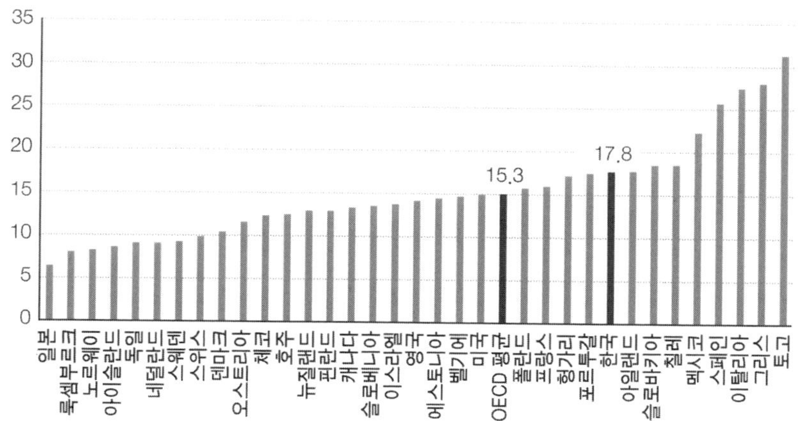

자료 : OECD(2016), doi: 10.1787/72d1033a-en(Accessed on 18 March 2016).

잠재적으로 취업이나 구직이 가능한 비경제활동인구의 식별은 2014년 5월부터 가능하기 때문에 앞서 정의한 구직 NEET를 별도로 파악할 수 없다. 이 연구에서는 2003년부터 조사된 '주된 활동 상태' 정보를 이용해 개별적으로 취업 준비를 하거나 취업을 위해 학원·기관을 통학하는 '취업준비 NEET'를 계산했다.

청년 인구 가운데 실업자의 비율은 2016년 4.1%를 기록해, 2003년 3.3%에 비해 증가했다. 그러나 취업을 준비하는 NEET가 청년 인구에서 차지하는 비율은 2003년 2.5%에서 2016년 4.7%로 더 크게 증가했다. 이에 따라 청년 NEET의 구성이 크게 달라졌다. 과거에는 노동시장에서 퇴장한 인구가 많았지만 최근 취업 애로를 겪는 NEET가 늘어난 것이다.

〈그림 4-2〉에 OECD가 작성한 청년 NEET의 국제 비교 통계를 제시했다. 15~29세 청년 가운데 학교에 재학하지 않으면서 취업하지 않은 청년들의 비율로 정의된 청년 NEET 비율은 한국이 2014년 17.8%를 기록하고 있다.

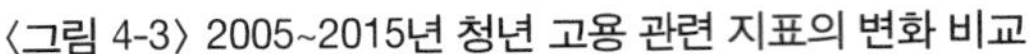
〈그림 4-3〉 2005~2015년 청년 고용 관련 지표의 변화 비교

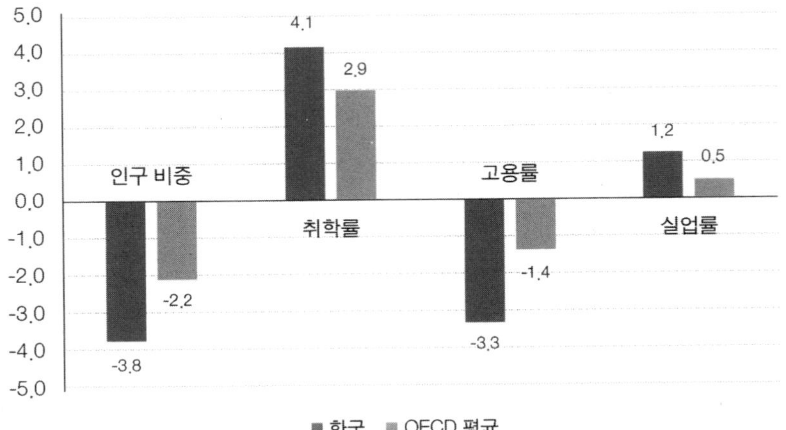

주 : 취학률은 2005~2013년 20대 인구의 취학률 변화.
자료 : OECD Statistics database.

OECD 평균 15.3%에 비해 높고, 통계가 제시된 비교 대상 34개국 가운데 아홉 번째로 높다.

청년 노동시장 상황은 1996~2006년 10년간 대부분의 OECD 회원국에서 청년 실업률과 장기 실업률이 감소하는 등 개선되었지만(OECD, 2008), 글로벌 금융위기 이후에는 다시 악화되었다. 〈그림 4-3〉은 2005~2015년의 청년 고용 관련 지표의 변화를 한국과 OECD 평균을 비교해 제시한 것이다.

대부분의 나라에서 청년 인구가 감소했는데, 그 감소 폭은 한국이 OECD 평균에 비해 크다. 또한 20대 인구의 취학률 증가는 OECD 평균에 비해 높았다. 청년 인구의 감소와 고학력화의 전개가 빠르게 진행되었던 한국에서 청년 노동시장의 악화는 더 크게 나타났다. 고용률 감소 폭과 실업률 증가 폭이 모두 OECD 평균에 비해 높게 나타났다.

3. 청년 NEET 문제의 정책 대응: 실업안전망을 중심으로

1) 정책 대응 방향

OECD(2010)는 취업 애로를 겪는 청년에 학교와 노동시장에서 배제된 청년 NEET(left behind youth)뿐만 아니라 불안정한 일자리와 실직을 반복적으로 경험하는 청년(poorly-integrated new entrants)을 포함하고 있다. 이렇게 청년의 취업 취약 계층을 넓혀서 통계청 자료를 분석하면, 2016년 8월 기준 실업 상태에 있거나 잠재적으로 취업이나 구직활동이 가능한 비경제활동 상태에 있는 구직 NEET는 청년 인구의 9.5%이며, 취업 상태에 있지만 실업이나 저임금 위험이 높은 불안정한 취업자는 청년 인구의 15.0%에 이른다.

한국 청년 고용 정책은 대부분 구직자를 대상으로 하기 때문에 불안정한 취업에 종사하는 자나 취업 준비를 하는 비경제활동인구는 스스로 알아서 일자리를 찾아야 한다(do it yourself). 눈높이를 낮추어 첫 일자리로의 신속한 이행을 강조하기도 하는데, 한국의 이행 기간은 긴 편이 아니며,[2] 신속한 취업이 경력 일자리(career job) 획득에 그다지 도움이 되지도 않는다.[3] 근로 경력이 없거나 불안정한 근로자에 대한 소득 지원이 부재하며, 훈련 참여 시에만 제한적으로 수당을 지원하고 있다. 이는 취업 취약성과 무관하게 노동시장 정책 프로그램 참여를 요구하거나, 필요와 무관하게 훈련을 과잉 선택하게 하여 적극적 노동시장 정책 프로그램의 효과가 부진한 결과로 이어진다. 앞

2) 학교 졸업에서 첫 취업까지 걸리는 기간이 2015년 평균 11개월로, EU 15개국의 평균 1.7년에 비해 짧다.

3) 첫 일자리의 낮은 질이나 이로 인한 빈번한 직장 이동은 직업 경력에 부정적인 영향을 미친다(이병희, 2011).

〈표 4-9〉 청년 취업 취약 계층의 규모와 구성 (단위: 천 명, %)

					규모	청년 인구 대비	비재학자 대비
재학				1	4,291	(45.5)	
비재학	취업	임금 근로	정규 상용직	2	1,809	(19.2)	(35.3)
			정규 임시 일용직	3	545	(5.8)	(10.6)
			비정규직	4	869	(9.2)	(16.9)
		비임금 근로	무급 가족 종사자	5	35	(0.4)	(0.7)
			고용주	6	110	(1.2)	(2.1)
			자영자	7	72	(0.8)	(1.4)
	실업			8	368	(3.9)	(7.2)
	비경활	잠재 경제활동인구		9	526	(5.6)	(10.3)
		기타 비경활		10	797	(8.5)	(15.5)
계					9,421	(100.0)	
불안정 취업자				3+4+5	1,414	(15.0)	(27.6)
구직 NEET				8+9	894	(9.5)	(17.4)

자료 : 통계청, 「경제활동인구조사 고용형태별 부가조사」(2016.8).

서 적극적인 구직활동을 하는 실업자로 표적화할 수 있는 비율은 청년 구직 NEET의 40% 수준에 그치고 있음을 살펴보았다. 개별적인 취업 준비를 하는 청년에게 적극적인 노동시장 정책 프로그램 참여를 요구하는 방식이 적절한지가 의문이다.

OECD의 청년 NEET 결정 요인을 국제 비교한 박미희(2017)는 노동시장 제도의 통합성이 높을수록 청년 노동시장에 부정적인 영향을 미치는 구조 변화의 영향을 상쇄할 수 있음을 보여준다. 특히 실업급여와 실업부조 같은 실업자 소득보장 제도가 관대할수록 청년 NEET 비율은 유의하게 낮다는 연구 결과를 제시하고 있다.

2014~2020년에 추진되는 유럽 청년보장 제도는 정규 교육을 마치거나 실

〈표 4-10〉 근로 경력이 없는 20세 실업 청년을 대상으로 한 실업자 보호 제도

구분	제도	연령	지급 기간
벨기에	UI	18~30세	36개월
덴마크	UI		24개월
룩셈부르크	UI	21세 미만	12개월
그리스	UA	20~29세	5개월
스웨덴	UA		14개월
아일랜드	UA	18~25세	무기한
핀란드	UA	17세 이상	무기한
독일	UA	15세 이상	무기한
뉴질랜드	UA		무기한
호주	UA	16~20세	무기한
영국	UA	18세 이상	무기한

자료 : Carcillo et al.(2015).

업 상태가 된 이후 4개월 이내에 NEET를 발굴해 개개인의 필요와 상황에 맞게 일자리, 도제, 훈련, 계속 교육 등 양질의 기회를 제공하는 것을 내용으로 한다. 소득 지원을 명시적으로 포함하고 있지는 않지만, 적정한 소득 지원은 NEET의 노동시장 통합을 위해 불가피하다. 〈표 4-10〉은 근로 경력이 없는 청년을 실업보험 또는 실업부조로 보호하는 11개국을 보여준다. 유로파운드(Eurofound, 2015)는 청년 NEET에게 소득을 지원하는 다양한 정책을 소개하고 있다. 첫째, 실업보험 수급 요건을 완화거나 일정 기간 이후에 실업급여를 지급하는 경우다. 덴마크는 졸업 후 1년 이상 취업하지 못하면 실업급여를 지급하며, 룩셈부르크는 26~39주 대기 기간 이후에 최저임금의 40~70%에 해당하는 수당을 지급한다. 둘째, 많은 나라가 실업부조로 지원하고 있다. 셋째, 노동시장 정책 프로그램 참여를 조건으로 소득을 지원하기도 한다. 벨기에는 통합 수당을 제공하며 프랑스, 리투아니아, 슬로바키아에서는 훈련 참여 수당

을 제공한다.

한편 실업안전망의 구축에 공감하더라도 어떻게 설계할지는 여전히 논란이다. 최근 제기되는 청년구직 촉진 수당은 소득·자산 요건을 두지 않고, 구직 활동을 하는 동안 일정한 소득을 지원하는 것을 내용으로 한다. 청년 구직 NEET는 2016년 청년 인구의 9.7%에 이르는데(〈표 4-2〉 참조), 직장 이동과 실업을 빈번하게 경험하는 청년층의 특성에 비추어 청년구직 촉진 수당의 대상자는 이보다 더 많을 것이다. 이 글은 사각지대를 줄이는 방향으로 보편적인 실업안전망을 구축하는 것이 우선적인 과제임을 주장한다. 취업 취약성을 기준으로 다음과 같은 실업안전망 구축이 가능할 것이다. 첫째, 불안정한 일자리와 실직을 반복적으로 경험하는 청년에게는 고용보험을 청년 친화적으로 개편하고 이동을 통해 적합한 일자리를 선택할 수 있도록 지원할 수 있다. 둘째, 취업 취약성이 높은 청년에게는 소득 보장과 취업 지원을 결합한 실업부조로 대응한다. 셋째, 구체적인 구직 활동 이외에 다양한 취업 준비를 하는 청년에게는 지역 차원에서 다양하고 창의적인 지원을 보완적으로 병행할 필요가 있다.

2) 고용보험의 청년 친화적 개편

청년들은 빈번하게 직장을 이동한다. 이중화되어 있는 일자리 구조, 청년들의 짧은 근로 경력, 직업세계에 대한 이해와 정보가 부족한 상태에서 일자리 이동이 불가피하게 빈번하다. 미국에서는 청년의 빈번한 직장 이동이 경력 일자리를 찾아가는 생산적인 과정이라고 한다. 근로 생애 초기 10년 동안 임금 증가의 1/3은 직장 이동을 통해 얻는다(Topel and Ward, 1992). 그러나 한국에서는 잦은 직장 이동이 적합한 일자리를 찾아가는 탐색 과정이라고 보기 어렵다(이병희, 2003). 직장 이동을 통해 적합한 일자리를 얻기 어렵기 때문에 공무원 시험 등의 장기간 취업 준비에 매달리는 이유이기도 하다. 안정적인 첫 일자리를 획득하기 위해 오랫동안 취업을 준비하도록 방치하는 것보다는 적절한 일자리를 찾을 수 있도록 청년들의 이동을 지원하는 것이 긍정적일 것이다.

일차적인 실업안전망은 고용보험이다. 고용보험 틀에서 일자리 이동을 지원하는 방안을 마련할 필요가 있다. 현재 고용보험에서는 고용·기여 요건을 충족하더라도 이직 사유를 충족하지 못하면 실업급여를 수급할 수 없다. 이직 전 18개월 동안 180일 이상 적용 사업의 피보험자로서 고용되어 임금을 목적으로 근로를 제공한 경력을 요구하는 고용·기여 요건은 실업보험을 운영하는 다른 나라들에 비해 매우 관대한 수준이다. 관건은 자발적인 이직자에게 실업급여 수급 자격을 인정하지 않는다는 점이다. 다수의 나라가 자발적인 이직자를 주로 실업급여 지급을 유예하는 방식으로 제재를 하지만, 수급 자격 불인정은 가장 엄격한 제재다. 더구나 수급 자격을 인정하지 않은 나라 중 한국은 자발적인 이직으로 인한 제재 효과가 가장 크다.[4] 특히 전직 실업자의 70%인 자발적으로 이직하는 청년에게는 제재 효과가 더 클 것이다.

자발적으로 이직하더라도 장기 구직 상태에 있는 실업자에게 구직 급여를 지급할 필요는 지속적으로 제기되어왔다. 크게 세 가지로 요약할 수 있다. 첫째, 장기 실업자를 보호할 필요가 있다. 이병희(2014)에 따르면, 자발적 이직자 가운데 6개월이 경과한 시점에 실업 상태에 있는 자가 14.6%로서, 비자발

---

4) OECD의 그레이(Gray, 2003)는 자발적 이직 및 징계 해고를 이유로 실업급여 제재를 받은 자가 신규 수급자와 비교해 어느 정도인지를 알려주는 통계를 제시하고 있다. 수급 자격을 불인정하는 나라 가운데 제재 비율이 제시되어 있는 미국은 11.1%, 캐나다는 3.5%인 데 비해, 한국은 2012년 실업급여를 받지 못한 자발적인 이직자가 신규 수급자의 226.6%에 이른다(홍민기·이병희·김유빈, 2015).

〈표 4-11〉 자발적 이직에 대한 실업급여 제재 수준

제재 점수	제재 수준		해당 국가
1	제재 없음		리투아니아, 슬로바키아, 칠레, 헝가리
1	수급액 감액		불가리아, 체코
1	지급 유예 · 기간 단축	4주 이하	오스트리아(4주), 덴마크(3주)
2		5~9주	호주(8~12주), 벨기에(4~52주, 전형적으로는 5~9주), 사이프러스(최대 6주), 아이슬랜드(2개월), 아일랜드(최대 9주), 라트비아(2개월), 노르웨이(8주), 스위스(6~12주)
3		10~14주	핀란드(90일), 독일(12주), 헝가리(90일), 이스라엘(90일), 일본(3개월), 뉴질랜드(13주), 스웨덴(9주 또는 12주), 영국(1~26주)
4		14주 이상	프랑스(4개월), 말타(6개월), 폴란드(90일 또는 180일)
5	수급 자격 박탈		캐나다, 크로아티아, 에스토니아, 그리스, 이탈리아, 한국, 룩셈부르크, 네덜란드, 포르투갈, 루마니아, 슬로베니아, 스페인, 터키, 미국

주: 제재 점수 1은 가장 관대, 5는 가장 엄격.
자료: Langenbucher(2015)를 재작성.

적인 이직자의 17.9%에 비해 큰 차이가 없다. 폐업의 비자발성 판단이 어려운 자영업자에게도 실업급여를 지급하는 상황에서, 보험료를 납부했음에도 자발적인 이직을 이유로 실업급여를 지급하지 않는 것은 과도한 제재라는 지적을 피하기 어렵다. 둘째, 수급 자격 인정을 둘러싼 부정을 줄일 필요다. 자발적인 이직자에게 수급 자격을 인정하지 않는 제도는 이직 사유의 허위 보고를 유발하는 원인이 되어왔다. 장기 구직자에 대한 지원은 부정 수급의 유인을 줄여 수급자격인정 제도를 제대로 운영할 수 있는 여건을 마련할 것이다. 셋째, 경제활동 참여를 촉진하는 효과를 기대할 수 있다. 실업급여를 수급하지 못하는 자발적 이직자는 장기 실업이나 노동시장 퇴장 가능성이 높다. 자발적인 이직자가 실직 6개월 후 비경제활동 상태에 머무르는 비중이 40.7%로 비자발적인 실직자의 24.2%에 비해 훨씬 높다. 적극적인 구직 활동을 요

〈표 4-12〉 구직급여의 소정 급여 일수

이직일 당시 연령 \ 피보험 기간	180일 이상 1년 미만	1년 이상 3년 미만	3년 이상 5년 미만	5년 이상 10년 미만	10년 이상
30세 미만	90	90	120	150	180
30세 이상 50세 미만	90	120	150	180	210
50세 이상 및 장애인	90	150	180	210	240

주: 장애인은 '장애인 고용촉진 및 직업재활법'에 따른 장애인을 말한다.

건으로 하는 장기 구직자 구직급여 제도를 도입하면, 비수급 실업자 또는 비경제활동인구가 실업급여의 수급 자격을 획득하기 위해 취업할 유인이 증가할 것이므로 경제활동 참가율 및 고용보험 가입자 증가라는 긍정적인 영향을 기대할 수 있다. 이러한 자격 효과(entitlement effect)를 감안하면, 자발적으로 이직했더라도 장기간 구직 상태에 있는 실업자에게 구직급여를 지급하는 제도를 도입했을 때 고용률을 최대 0.2%p 높일 수 있는 것으로 추정되었다(홍민기·이병희·김유빈, 2015). 장기 구직자 구직급여 제도는 노동시장 참여를 유인하고 청년들의 직장 탐색을 지원해 일자리 매칭을 개선하는 효과를 가질 수 있을 것이다.

한편 구직급여의 수급 기간은 수급자의 피보험 기간과 연령에 따라 차등화되는데, 30세 미만의 청년은 1년 이상의 피보험 기간이 동일한 경우에도 수급 기간에서 30일씩의 불이익을 받고 있다. 수급 기간의 불이익은 해소되어야 할 것이다.

3) 실업부조 도입

고용보험의 적용과 수혜를 획기적으로 확충하더라도 실업안전망의 사각지대를 원천적으로 해소하기는 어렵다. 근로 경력이 없거나, 적용 대상임에도 불구하고 가입하지 않는 비공식 고용 종사자는 고용보험의 보호를 받을 수 없다. 실업의 빈곤화 위험에 대응하는 실업안전망이 실업부조다. 슈미트와 라이세르트(Schmid and Reissert, 1996)는 기여와 보상의 연계를 중시하는 실업보험과는 달리 실업부조는 복지 원리에 기초한다고 지적한다. 전형적인 실업보험에서는 급여를 수급하기 위해 일정 기간 이상의 고용·기여가 있어야 하며, 급여액은 피보험 기간과 과거의 임금수준에 비례하고, 수급 기간은 한시적이지만 피보험 기간이 길수록 오래 수급하며, 보험 재정은 사용자와 근로자 또는 사용자의 기여에 주로 의존한다. 반면 복지 원리에 기초한 실업부조의 대상자는 과거의 근로 경력이나 기여와 관계없이 소득(자산)이 니즈를 충족할 수 없는 저소득 실업자이며, 최저소득을 보장하는 급여액을 제공받으며 재정은 조세에 의존한다.

실업자를 얼마나 보호하고 있는지는 수혜율을 통해 파악할 수 있다. 〈그림 4-4〉에 OECD 국가들을 대상으로 산출한 실업자 대비 실업보험과 실업부조의 수급자 비율을 제시했다. 수혜율이 높은 나라는 크게 세 가지 유형으로 구분할 수 있다. 첫째, 통합적인 실업보험을 운영하는 유형으로 벨기에, 네덜란드, 덴마크, 스위스, 노르웨이 등을 들 수 있다. 둘째, 실업보험에 실업부조를 함께 운영해 수혜율은 높은 유형이다. 아일랜드, 오스트리아, 핀란드, 스웨덴, 포르투갈처럼 실업보험 수혜율 자체가 높은 나라들이 있지만 실업보험 수혜율은 낮더라도 실업부조의 역할이 큰 독일, 스페인을 들 수 있다. 셋째, 실업부조만을 운영하지만 포괄 범위가 넓은 유형이다. 호주, 영국, 뉴질랜드가 이에 속한다. 한국은 실업급여를 수급하지 못하는 자에게 소득 지원이 거의 없으며, 실업급여의 수혜율도 OECD 평균 수준에 미치지 못한다.

실업자 보호를 확대하기 위해서는 실업부조를 도입할 필요가 있다. 실업부조의 대상은 사회보험과 공공부조의 사각지대에 있는 근로 빈곤층이 될 것이

〈그림 4-4〉 실업보험·부조 수혜율(2004~2010년 평균) (단위: %)

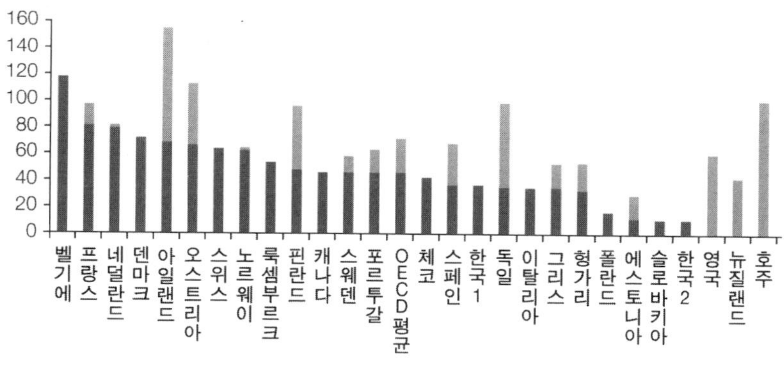

주: 수혜자가 조사에서 실업자로 관측되지 않는 경우가 많아 수혜율이 100%를 상회할 수 있다. 한국1은 실업자 대비 월평균 실업급여 수혜자의 비중이며, 한국2는 실직 임금 근로자 대비 실업급여 수혜자 비중이다.

자료: 이병희(2013)에서 재인용.

다. 노동시장에 최초 진입하는 청년, 경력 단절 여성, 영세 자영업자 등 실업급여 수급 요건을 충족하기 어려운 취약 계층이 주된 대상이다.

실업부조는 단순한 소득 지원이 아니라 노동시장 통합을 지향할 필요가 있다. 실직이 빈곤으로 이어지지 않도록 소득 지원이 필요하지만, 반복 실업과 반복 빈곤을 경험하는 취약 계층의 특성에 비추어 취업 지원을 병행하는 것이 바람직하다. 일반 구직자에 비해 취업 취약성이 높기 때문에 적극적 노동시장 정책 프로그램 참여 의무 등의 강력한 활성화 조치를 결합할 필요가 있다.

2014년 기준으로 중위소득 60% 미만인 빈곤층 가운데 고용 단절이나 구직활동 경험이 있는 취업 지원 대상자는 52만 1000명에 이른다(이병희 외, 2016). 근로 빈곤층의 취업성공패키지 참여 규모는 2015년 10만 9000명으로, 취업 지원 서비스 인프라나 서비스 공급 역량이 크게 부족한 상태다. 적극적 노동시장 정책의 낮은 효과성 문제를 해결하기 위해서는 사례 관리가 전제되어야 한다는 점에서 고용 서비스 인프라의 확충이 선결되어야 할 것이다.

4. 맺음말

성장·고용·복지 문제가 집중적으로 나타나는 집단이 청년층이다. 반복되는 2%대의 낮은 경제성장률과 내수 및 투자 부진, 괜찮은 일자리 부족과 저임금·비정규 일자리의 비대화, 소득·주거·금융 등의 생활 불안 증가와 사회안전망의 미비 등이 청년층에게 복합적으로 작용하고 있다. 특히 경력 일자리를 탐색하는 청년에게 안정적이고 전망 있는 일자리의 획득은 근로 생애에서 가장 중요한 일의 하나일 것이다.

이 글은 지방정부의 청년 정책이 제기하는 새로운 정책 지향에 주목해, 실업안전망의 필요성과 구축 방향에 대해 살펴보았다. 우선 청년 취업 애로 계층의 다양성을 포착하기 위해 NEET 문제를 중점적으로 분석했다. 실업 상태나 잠재적으로 취업이나 구직이 가능한 비경제활동 상태에 있는 구직 NEET는 청년 인구의 9.7%, 비재학 청년의 17.5%에 이른다. 구직 NEET가 다양한 시험 준비, 직업훈련, 직장 체험 경험을 하고 있다는 분석 결과는 구직자를 대상으로 표준화된 노동시장 정책 프로그램 참여를 요구하는 방식이 적절한지에 대해 의문를 제기한다. 자신에게 필요한 일자리나 고용 서비스를 찾기 어려운 취업 취약 계층에게는 소득 지원과 취업 지원을 결합해 제공해야겠지만, 그렇지 않은 청년에게는 자기주도적인 구직 활동을 지원하는 것이 바람직할 것이다.

최근 실업안전망 논의가 활발해지면서 청년에 한정된 실업부조 또는 모든 청년 구직자를 대상으로 하는 청년구직 촉진 수당 등 다양한 논의가 제출되고 있다. 그러나 사회보장의 발전 경험이나 노동시장의 우선 과제를 고려하면, 이 글은 사각지대를 줄이는 방향으로 보편적인 실업안전망을 구축할 것을 제안했다.

우선 고용보험 틀에서 일자리 선택을 지원하기 위해 자발적으로 이직하더라도 장기 구직 상태인 실업자에게 구직급여를 지급할 필요를 제기했다. 청년 실업자의 절반이 근로조건 때문에 자발적으로 이직하는 현실을 고려하면, 자발적인 이직자에 대한 실업급여 수급 자격 불인정에 따른 제재 효과는 청년에게 크다고 할 수 있다. 외국처럼 자발적으로 이직하더라도 장기간의 구직 상태에 있는 실업자에게 구직급여를 제공하면, 청년들이 부당한 열정 페이에 시달리지 않고 자신에게 맞는 일자리를 선택하는 데 기여할 것이다.

한편 근로 경력이 없어서 고용보험의 보호를 받지 못하는 실업자를 위해 실업부조 도입을 제안했다. 실업부조는 실업의 빈곤화를 막기 위한 실업안전망이다. 저소득 가구에 속하면서 노동시장에 처음 진입하는 청년이 실업부조의 주된 대상이 될 것이다. 실업과 빈곤 위험이 구조화되는 추세를 억제하기 위해서는 재정을 통한 일자리 제공보다는 실업부조 도입이 바람직할 것이다. 일반 노동시장과 연계되지 않는 단기 일자리보다는 소득 지원과 취업 지원을 병행해 지원하는 것이 안정적인 노동시장 통합에 더 기여할 것이기 때문이다.

마지막으로 지역 차원에서 청년의 사회적 통합을 지원하는 정책을 장려할 필요가 있음을 지적하고 싶다. 적극적인 구직 활동 외에 다양한 취업 준비를 위한 청년들의 특성을 고려하면, 어떤 대상에게 어떤 활동을 지원할 것인지는 다양하고 창의적인 정책 실험을 통해 모색할 필요가 있기 때문이다.

참고문헌

고용노동부. 2016.『한권으로 통하는 청년지원프로그램』.

남재량. 2006.「청년 니트(NEET)의 실태와 결정요인 및 탈출요인 연구」. 한국노동패널 학술대회 발표문.

박미희. 2017.「청년 NEET 결정요인 연구」. 서울대학교 대학원 박사학위논문.

이병희. 2003.「청년층 노동시장 분석」. 한국노동연구원.

______. 2011.「청년 고용 문제, 눈높이 때문인가?」. ≪산업노동연구≫, 17(1), 71~94쪽.

______. 2013.「한국형 실업부조 도입의 쟁점과 과제」. ≪한국사회정책≫, 20(1), 123~144쪽.

______. 2014.「자발적 이직자의 노동시장 참여 실태 평가」. 이병희 외.『2013년 고용보험평가: 실업급여 사업군 평가』. 고용노동부.

______. 2016.「청년 사회안전망 논의의 쟁점과 과제」. ≪월간 노동리뷰≫, 1월, 47~50쪽.

이병희 외. 2016.「취업성공패키지 운영성과 평가 분석 및 개편방안 마련」. 고용노동부.

최병근. 2017.「청년활동지원수당의 현황 및 정책과제」. ≪이슈와 논점≫, 제1252호, 국회입법조사처.

통계청. 각 연도.「경제활동인구조사」.

홍민기·이병희·김유빈. 2015.「장기구직자 구직급여제도 도입의 노동시장 효과」. 이병희 외.『실업급여제도개선사업군 평가』. 고용노동부.

Carcillo, S. et al. 2015. "NEET Youth in the Aftermath of the Crisis: Challenges and Policies." *OECD Social, Employment and Migration Working Papers*, No.164. OECD Publishing, Paris.

Eurofound. 2015. *Social inclusion of young people*. Luxembourg: Publications Office of the European Union.

Langenbucher, K. 2015. "How demanding are eligibility criteria for unemployment benefits, quantitative indicators for OECD and EU countries." OECD Social, Employment and Migration Working Papers, No.166.

OECD, 2008 "Off to a good Start? Youth labour market transitions in OECD countries." *Employment Outlook*.

Schmid, G. and B. Reissert. 1996. "Unemployment Compensation and Labour Market Transitions." Schmid, G., J., O'Reilly and K. Schömann(eds.). *International Handbook of Labour Market Policy and Evaluation*. Cheltenham: Edward Elgar.

Topel, R. H. and M. P. Ward. 1992. "Job Mobility and the Careers of Young Men." *Quarterly Journal of Economics*, 107(3), pp.439~479.

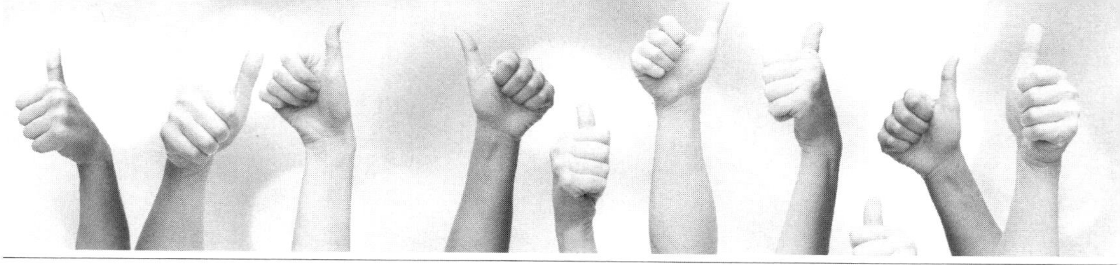

제2부 삶과 복지

제5장

주거복지의 현황과 정책 방향

이상영 | 명지대학교 부동산학과 교수

1. 들어가는 글

한국의 주거복지는 공공임대주택 공급, 주거급여, 저리 주택 관련 대출 등 세 가지 수단이 중심이다. 가장 중요한 주거복지 수단인 공공임대주택 재고는 2015년 현재 전체 가구(일반 가구 기준)의 6.1% 수준으로 OECD 평균 8%에 비해 낮은 편이다. 공공임대주택 부족을 보완하기 위해 2015년 하반기부터 주거급여 제도가 도입되었지만, 여전히 공공 지원이 이루어지지 않는 가구가 저소득층 가구의 2/3에 달하는 상황이다.

그렇지만 재정적 부담 등으로 지금까지 사용한 주거복지 수단을 확대하는 데 어려움이 예상된다. 이에 따라 새로운 주거복지 지원 방안이 필요한 상황이다. 지난 정부에서는 행복주택이나 뉴스테이 임대주택과 같이 젊은 계층이나 중산층을 대상으로 하는 새로운 임대주택에 집중적으로 공적 투자가 이루어졌다. 그렇지만 이는 전체적인 주거복지 상황에 비추어보면 그 대상의 형평성에 문제가 있다. 좀 더 주거 지원이 필요한 대상에게 주거복지 혜택이 부여될 필요가 있다. 새로운 주거복지 지원 정책을 통해 수직적·수평적 형평에 맞는 주거복지 제도가 시행되어야 한다.

그런데 최근 전세에서 월세로 급속히 임차 제도의 구조 변화가 발생하면서 전·월세 가격이 폭등하고 있으며, 이에 따라 민간임대주택의 주거비가 급격히 상승하고 있다. 현재 한국에서 80%에 가까운 임차인들이 개인 임대인이 제공하는 임대주택에 거주하고 있다. 최근의 주거비 폭등은 공공 지원에서 소외된 민간임대 거주 저소득층에게 절대적인 영향을 주게 된다는 점에서 이를 해결하기 위한 주거복지정책이 추가로 필요하다.

이러한 측면에서는 개인 임대인이 아닌 사회적 임대인들이 참여하는 저렴한 주거비로 거주가 가능한 사회적 주택을 획기적으로 늘릴 필요가 있다. 또한 고령화사회를 넘어 고령사회(65세 이상 인구의 비율이 14% 초과)로 진입하고 있는데 고령자 주거 상태가 심각하게 악화되고 있다. 이에 대응해 고령자용 임대주택 공급에 대한 지원정책이 긴급히 필요한 상황이다.

2. 주거복지의 해외 동향

각국의 주거복지 특성을 이해하기 위해서는 주거복지 모형에 대한 논의가 필요하다. 할로(M. Harloe), 케미니(Jim Kemeny), 앤드류(Dan Andrew) 등은 주거복지모형을 임대시장에 대한 국가 개입, 공공과 민간의 분리 정도, 자가 소유, 배분 방식 등으로 구분하고 있다(Harloe, 1995; Kemeny, 1995; Andrews et al., 2011). 이러한 논의에 기초해서 보면 주거복지모형은 잔여모형-대중모형(할로), 이원모형-단일모형(케미니), 표적모형-일반모형(앤드류 외)으로 대별된다.

이 중 잔여모형-이원모형-표적모형은 대체로 다음과 같은 공통적 특징이 있다.

첫째, 최저소득 계층 중심으로 한 국가의 개입이다. 둘째, 공공 부문과 민간임대 부문의 분리이다. 셋째, 자가 소유 선호가 높다. 넷째, 낮은 공공임대 재고율 및 낙인화이다. 다섯째 자산 조사에 의한 주택배분이다.

이에 비해 대중모형-단일모형-일반모형의 경우는 다음과 같은 공통 특징이 있다.

첫째, 임대시장에 대한 국가 개입 범위가 넓다. 둘째, 공공 부문과 민간임대 부문이 통합되어 있다. 셋째, 자가 소유 선호가 낮다. 넷째, 공공임대 재고율이 높다. 다섯째, 입주자 소득 제한이 없다.

이상의 기준에서 보면 한국은 잔여모형-이원모형-표적모형에 가깝다. 즉, 저소득층을 대상으로 하는 작은 규모의 공공임대 부문, 민간임대 부문과의 연계 미흡, 계층별 주거지 분리로 인한 낙인화 우려 등이 한국 주거복지의 특징이다.

각국의 주거복지 동향을 소유관계별 주택 재고 수를 기준으로 비교해보자. 〈표 5-1〉에서 보면 자가보유율은 대부분의 국가가 56~66% 수준을 보인다. 이에 따라 임대 가구의 비중은 34~44%이며, 이 중 공공임대의 비중이 5~6%를 보이는 국가들은 한국, 일본, 미국 등이다. 이들 국가는 잔여모형-이원모형-표적모형에 가까운 특성을 가지고 있다.

좀 더 구체적으로 미국과 일본을 살펴보면 공공주택의 민영화와 구조 조정으로 인한 민간 임대시장의 재정적 위기로 민영화나 민간을 활용하는 정책으로 전환했다. 잔여모형에 해당되는 미국은 이미 1970년대부터, 일본은 1990년대부터 공공임대 공급을 포기하고, 민간임대를 활용하는 형태로 전환되었다.

반면 영국, 프랑스의 경우 민영과 비슷한 수준의 공공임대가 존재한다. 높

〈표 5-1〉 소유 관계별 주택 재고 수의 국제 비교 (단위: 천 호)

국가	총계	자가	임대	민영임대	공공임대	공공임대 I	공공임대 II
일본 (2013)	100.0%	61.9%	35.4%	27.9%	5.3%	3.7%	1.6%
	52,104	32,238	18,449	14,544	2,785	1,947	838
미국 (2011)	100.0%	66.2%	33.8%	29.2%	4.6%	2.0%	2.6%
	114,907	76,091	38,816	33,533	5,283	2,241	3,042
영국 (2012)	100.0%	65.8%	34.2%	17.2%	17.0%	7.9%	9.1%
	21,713	14,289	7,424	3,729	3,695	1,721	1,974
프랑스 (2006)	100.0%	57.2%	42.8%	19.4%	17.1%	15.7%	1.4%
	26,280	15,032	11,248	5,104	4,487	4,126	361
독일 (2010)	100.0%	45.7%	54.3%	-	-	-	-
	36,098	16,494	19,595	-	-	-	-
한국 (2015)	100.0%	56.8%	45.7%	37.1%	6.1%	-	-
	19,112	10,850	8,262	7,099	1,163	-	-

주: 공공임대는 각국 통계에서 공공임대주택의 수이고, 원칙적으로 공적 주체가 소유 관리하는 임차를 이른다. 공적 주체의 범주에는 통상 지방자치단체, 공익 법인이 있지만 독일, 프랑스의 경우 조합, 주식회사를 포함한다. 미국은 I=공공주택, II=연방(주택임대료)조성주택. 영국은 I=공영주택, II=주택협회, 독일은 I=제1촉진주택, 프랑스는 I=HLM주택(프랑스 통계에는 기타를 포함), 일본은 I=공영주택, II=도시재생기구, 공사의 임대주택. 일본에는 통계에서 소유 관계가 불상을 포함한다. 일본의 임차에는 급여주택도 포함된다.

자료: 住宅産業新聞社(2014: 180).

은 공공임대주택 비율은 직접 공급을 통한 주거복지 제공이라는 면에서 대중모형-단일모형-일반모형에 가깝다. 그렇지만 이들 국가의 경우도 최근 들어서는 공공주택의 민영화가 이루어지면서 점차 이러한 모형에서 멀어지고 있다.

대부분의 국가에서 주거복지정책은 임대주택의 공급보다는 수요에 초점을 맞추고 있다. 이에 따라 주택바우처(voucher) 제도, 리츠(REITs), 사회적기업, 주택세제 지원 등이 활용되고 있다.[1] 즉, 공공임대주택을 직접 건설해서 공

〈표 5-2〉 공공의 민간임대 활용 정책

국가	민간임대인 구성	임대시장의 특성	공공의 민간임대 활용
일본	- 임대주택 85% - 개인 소유	- 임대주택 증여세 감면	- 특정 우량 임대주택(2007년 16만 호) - 공공관리의 민간위탁
미국	- 임대주택 54% 개인 소유 - 24% 파트너십	- 공공임대 전체 주택의 2%로 미미 - 주택임대리츠	- 주택바우처 - LIHTC(2002년 11월 106만 호)
영국	- 임대주택 71% - 개인 소유	- 민간임대 급증 추세 - 리츠 활용 증가	- 주택수당(2013년 507만 가구) - 소유와 임대 중간형 주택
프랑스	- 임대주택의 95% - 개인 소유	- 가속상각 - 임대주택 투자세액 공제	- 주택가족수당
한국	- 임대주택의 96% - 비제도권 개인 소유	- 자가 소유자 임대 비중이 높음	- 공공 매입임대 - 공공임대리츠 - 준공공임대

급하기보다는 민간임대주택을 활용해서 공공의 주거 문제를 해결하는 정책으로 전환하고 있다.

〈표 5-2〉는 각국에서 민간을 활용하는 임대주택정책의 동향을 정리한 것이다. 일본의 경우 공공임대의 비중이 5.2%이고, 이 중 실질적으로 공공임대주택에 해당되는 비율은 3.7%에 불과하다. 공공기관인 UR 등이 보유한 임대주택은 공적 기능을 사실상 수행하지 않고 있다.[2)] 이에 따라 민간 시장에서 우량 임대주택의 공급을 우선시하는 정책으로 전환되었고, 일종의 주택바우처인 특정 우량 임대주택을 지자체 수준에서 일부 운영하고 있다(16만 호). 오

---

1) 리츠는 Real Estate Investment Trusts의 약어로 부동산에 투자한 펀드를 상장해 직접 자본시장에서 투자 자금을 유치하는 제도이다. 한국은 아직 직접 상장보다는 사모 형식으로 이루어지고 있다.

2) 일본의 도시재생기구(Urban Renaissance Agency: UR)는 일본의 대표적인 공공임대주택 공급 기관이었으나, 현재는 사실상 민간과 경쟁하는 임대주택을 운영하고 있다.

히려 우량 민간 임대주택을 공급하기 위한 방안으로 민간 임대인의 상속 증여세를 감면하는 제도를 도입하고 있다.

미국의 경우는 공공임대주택이 2%에 불과하기 때문에 나머지는 2.6%는 주택바우처나 조세 지원을 통해 공적 주거 지원을 수행한다. 조세지원정책으로는 저렴 임대주택(affordable housing)을 제공하기 위해 LIHTC(low income housing tax credits)와 같은 제도를 사용하고 있다. 이 제도는 저소득층을 위해 임대주택을 건설하는 민간 사업자에게 개발 비용 또는 기존 주택 매입비의 일정 부분에 대해 10년간 세액을 공제해주는 제도로 이를 통해 2002년에서 2011년까지 106만 호를 공급한 바 있다.

영국의 경우는 공공임대주택을 상대적으로 많이 보유하고 있지만 이를 점진적으로 민영화하고 있다. 이 과정에서 비영리사업자인 사회적 임대인(social landlords)을 육성하는 정책을 통해 200만 호 이상의 저렴 임대주택을 민간 영역에서 제공한다. 이 밖에 임대주택을 주로 투자하는 리츠가 크게 증가하고 있는데, 이러한 추세는 미국, 일본, 한국에서도 볼 수 있다.

3. 주거복지정책의 현황과 문제점

1) 주거복지정책의 현황

한국의 주거복지정책은 공공임대의 공급 위주 정책을 구사해왔으나, 최근 들어 이를 수요 측면에 초점을 두면서 '맞춤형 주거지원정책'으로 전환하고 있다. 이에 따라 소득수준에 따라 첫째 공공임대, 둘째 주거급여, 셋째 기금 대출 등 맞춤형 주거지원체계를 마련하는 방식으로 되어 있다.

우선 공공임대주택의 경우는 연 11만~12만 호를 공급해 박근혜 정부하에서 55.1만 호를 공급(준공 기준)할 계획이었다.

수요 측면에 초점을 둔 주거급여 제도는 2015년 7월에 도입되었다. 주거급여 제도는 중위소득 43% 이하인 가구에 월간 11만 원의 주거 지원금을 지급하며, 일부 고령자층에 대해서는 개조 비용이 지원된다. 2017년 지원 가구 수는 최대 81만 가구로 추정되고 있다.

한편 청약자예금 등을 기반으로 만들어진 주택도시기금은 내 집 마련, 임대보증금이나 월세 지원에 활용되고 있다. 2017년 18만 가구에 자금을 지원할 계획이다. 생애최초주택구입자(디딤돌), 신혼부부(버팀목), 취업준비생(월세대출) 등을 대상으로 우대금리를 적용하는 등 맞춤형 금융 지원 형태로 이루어지고 있다.

(1) 공공임대주택 공급

정부의 주거종합계획으로 살펴보면 2017년 공공임대주택 공급 목표는 12만 호이다. 전체적으로는 국민임대, 분양전환임대 등이 주력이다. 다만 2014년 이후에는 행복주택이 중요한 공공임대주택 유형으로 부상하고 있다. 행복주택은 대학생, 신혼부부, 사회초년생 등 젊은 층의 주거 안정을 위해 직장과 학교가 가까운 곳이나 대중교통 이용이 편리한 곳에 건설해 주변 시세보다 20~40% 이상 저렴한 임대료로 공급하는 공공임대주택이다.

2017년의 경우 행복주택은 4만 8000호를 사업 승인할 예정으로 지난 4년간 전체 15만 호 사업 승인을 목표로 하고 있다. 2017년 중에는 2만 호의 입주자 모집과 1만 호 이상 입주를 계획하고 있다. 최근에는 행복주택을 도심에 공급하기 위해 재건축재개발 매입 등을 통해 강남 3구, 전철역 인근 등 도심 내 입지가 우수한 곳에 행복주택 공급(3000호)을 추진하고 있다. 또한 대학교

〈표 5-3〉 공공임대주택 12만 호 유형별 준공 계획(2017)

합계		12만 호
건설	행복주택	1만 1000호
	영구임대	3000호
	국민임대	1만 9000호
	분양전환임대 등 (5·10년, 장기 전세)	2만 2000호
	민간건설공공임대	1만 5000호
매입임대		1만 6000호
전세임대		3만 4000호

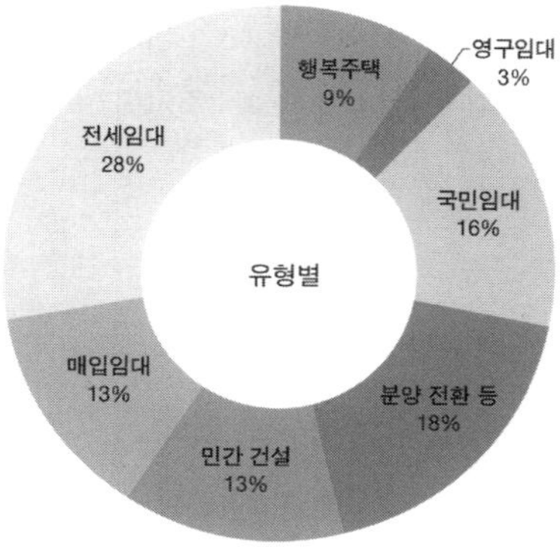

자료: 국토교통부(2017: 1).

〈표 5-4〉 2017년 행복주택 공급 계획

구분	공급 목표 (2014~2017년)	공급 실적				2017년 계획
			2014년	2015년	2016년	
사업 승인	**15만 호**	10만 2000호	2만 6000호	3만 8000호	3만 8000호	**4만 8000호**
입주자 모집	**3만 1000호**	1만 1000호	-	1000호	1만 호	**2만 호**
입 주	**1만 3000호**	3000호	-	1000호	2000호	**1만 호**

자료: 국토교통부(2017: 5).

부지 내에 건설하는 대학협력형 행복주택 공급도 시도하고 있다.

행복주택의 연차별 사업승인계획을 보면 2014년 2만 6000호, 2015년과 2016년은 매년 3만 8000호, 2017년 4만 8000호로 이를 통해 전체 15만 호의 재고를 확보할 계획이다. 이 중 14만 호의 입지를 2016년까지 확정했으며, 17개 모든 시·도에서 시행 중이다. 지역별 분포를 보면 수도권 8만 9000호(63%), 지방 5만 1000호(37%)로 주로 수도권에 공급이 집중되고 있다.

행복주택과 더불어 뉴스테이 임대주택이 중요한 임대주택 공급 유형으로

〈표 5-5〉 2017년 뉴스테이 공급계획

구분	공급 목표 (2015~2017년)	공급 실적			2017년 계획
			2015년	2016년	
사업지 확보	**15만 호**	8만 9000호	2만 4000호	6만 5000호	**6만 1000호**
영업인가	**8.5만 호**	4만 3000호	1만 4000호	2만 9000호	**4만 2000호**
입주자 모집	**4만 호**	1만 8000호	6000호	1만 2000호	**2만 2000호**

자료: 국토교통부(2017: 14).

택지, 기금, 조세 혜택 등이 주어지고 있다. 뉴스테이는 공공임대주택은 아니지만 실제로는 이전 정부정책의 주요한 대상이었다는 점에서 현황을 살펴볼 필요가 있다. 연차별 사업승인계획을 보면 국토교통부는 2017년까지 8만 5000호 영업 인가, 15만 호 부지 확보를 목표로 하고 있다.

처음에는 2015~2017년에 걸쳐 매년 2만 호의 물량을 추가로 공급해 2015~2017년 3년간 총 6만 호의 뉴스테이 민간임대주택을 공급할 계획이었다. 그렇지만 전·월세 폭등 등 임대주택 부족 상황이 심각하다는 점에서 이 사업의 중요성을 감안해 정부는 2016년 공급 물량을 대폭 늘리기 위해 사업 목표가 수정되었다. 2017년까지 8만 호를 영업 인가하고, 13만 호의 부지를 확보하는 것으로 변경되었다. 2016년 5월 주거종합계획에서는 13만 호를 다시 15만 호로 확대 변경함에 따라 2016년 사업지 확보 5000호, 2017년에는 1만 5000호를 확대해, 2016~2017년에 부지 확보 물량을 2만 호 확대했다.

(2) 주거급여 제도

주거급여 제도는 재정적 부담 등으로 인해 공급 측면에서 지원이 한계에 부딪히면서 2015년 7월부터 도입되었다. 2015년 '국민기초생활보장법' 개정에 따라 맞춤형 급여체계로 운영되고 있다. 수급 대상은 소득 인정액이 중위

〈표 5-6〉 주거급여 개편 전후의 비교

구분	개편 전(2015.6)		개편 후(2015.12)
1. 수급자 수	68만 6000원	➡	**80만 가구**
2. (임차) 월 급여액	8만 8000원	➡	**10만 8000원**
3. (자가) 수선 한도	220만 원	➡	(경보수) **350만 원** (중보수) **650만 원** (대보수) **950만 원**

자료: 국토교통부(2016: 2).

소득 43% 이하이며, 임차가구는 임차급여, 자가가구는 수선유지급여가 지급된다.

이 제도의 도입에 따라 수급가구 수가 확대되고, 수급가구의 월평균 급여액이 증가되는 효과를 가져왔다. 개편 전 수급자 수는 68만 6000 가구에 월 급여액은 8만 8000원이었으나, 개편 후 수급자 수는 80만 가구로 증가했고, 임차가구에 대한 월 급여액은 10만 8000원으로 증가했다. 자가 수선 한도도 220만 원에서 350~950만 원으로 증가했다.

현재 수급가구의 평균연령은 59.7세로 65세 이상이 전체의 40.4%에 달한다. 수급가구 평균 가구원 수는 1.59명으로 1인 가구가 66.3%, 2인 가구가 17.7%로 전체 84%가 1~2인 가구로 구성되어 있다. 거주 유형은 민간임대 38.5%, 공공임대 35.2%, 사용대차 26.3%이다.[3] 한편 전체 공공임대 103만 가구 중 주거급여 수급자는 25%(영구 임대 15.1%)에 달한다.

(3) 기금 대출

주택도시기금을 활용한 대출정책도 주거지원정책의 중요한 한 축이다. 최

---

3) 사용대차는 주택 임차 시 사용 대가를 지불하지 않고 무상으로 사는 경우에 해당된다.

근에는 내 집 마련을 위해 생애최초구입자를 중심으로 한 버팀목 대출 중 유한책임 대출을 디딤돌 대출 전체로 확대하고 있다. 유한책임 대출은 대출 상환에 문제가 발생할 경우에도 소유 주택의 처분 범위 내에서만 상환을 하는 형태로 대출자의 부담을 줄여주는 대출 형태이다.

신혼부부 등 전세 가구에 대한 전세금 대출인 버팀목 대출 지원도 확대하고 있다. 대출금리를 0.2%p 낮추면서 신혼부부는 다른 대출자에 비해 0.5p%를 더 우대한다. 대출 한도도 상향하고, 신혼부부는 다자녀가구와 동등하게 우대를 확대한다. 또한 총급여 7000만 원 이하인 근로자를 대상으로 연 750만 원 한도 내에서 월세 지급액의 10%를 소득세에서 공제한다.

(4) 총량적 지원 수준

정부는 공공임대주택 지원정책을 수혜자 중심으로 확대·개편해, 공공 지원의 민간임대주택을 사회적 임대주택으로 관리하는 계획을 세우고 있다. 이를 통해 2022년까지 OECD 수준인 8% 공공 지원 임대주택 비율 달성을 목표로 하고 있다. 이러한 목표 달성을 위해 공공임대주택 정의를 공공지원주택으로 확장하고, 사회적주택 등을 여기에 추가로 포함할 계획이다.

현재 정부가 주거종합계획에서 제시하는 연간 지원 가구 총수는 111만 가구로 되어 있다. 그렇지만 실제로는 이미 공급된 공공임대에 주거하는 계층이 있기 때문에 실질적으로 공공 지원을 받는 계층은 이보다는 훨씬 많다. 반면 주거급여의 경우에는 공공임대에 입주하더라도 지원이 이루어져서 이중으로 지원이 되는 경우도 상당 수 있기 때문에 전체 주거 지원 가구는 이러한 점을 감안해 별도로 추정해야 한다.

우선 공공임대주택 재고에 대해서 살펴보자.[4] 한국에서 공공임대주택을 본격적으로 건설하기 시작한 것은 참여정부(2003~2007)가 출범하면서부터였

〈표 5-7〉 연도별 주거지원계획

(단위: 가구)

구분		2013년	2014년	2015년	2016년	2017년(계획)
공공임대 준공		8만	10만 2000	12만 4000	12만 5000	12만
주거급여 수급		72만 1000	70만 6000	80만	81만	81만
기금 대출	구입 자금	10만	10만	8만 5000	8만 7000	7만
	전·월세 자금	11만 9000	13만 6000	11만	10만 6000	11만
총계		102만	104만 4000	111만 9000	112만 8000	111만

자료: 국토교통부(2017: 1).

〈표 5-8〉 2015년 말 기준 유형별 제도권 임대주택 현황

(단위: 호)

계		계	지자체	LH	민간
10년 이상 장기 공공 임대 주택	영구임대	195,699	51,472	144,227	0
	50년 공공	108,140	81,886	26,254	0
	국민임대	553,408	45,751	507,657	0
	10년임대	135,240	4,051	58,008	73,181
	장기전세	28,063	27,059	1,004	0
	행복주택	847	807	40	0
	전세임대	142,070	13,938	128,132	0
5년 임대		72,113	4,536	4,286	63,291
사원임대		21,881	2,290	0	19,591
민간건설, 매입임대		680,224	0	0	680,224
계		1,937,685	231,790	869,608	836,287
장기공공임대		1,163,467 (100.0%)	224,964 (19.3%)	865,322 (74.4%)	73,181 (6.3%)

자료: 국토교통부(2015c).

다. 이때 수립된 10년 장기임대주택 150만 호 공급계획에 힘입어 공공임대주택 공급이 크게 증가했다. 그러나 참여정부의 10년간 150만 호 계획은 2008

4) 공공임대주택에 대해서는 장태일·이상영(2016)을 참조하라.

년 글로벌 금융위기를 겪으면서 MB 정부에서는 크게 줄어들었다. 2013년 박근혜 정부에 들어서면서 그 물량이 더욱 줄어들었는데, 건설보다는 매입이나 수요 측면 지원정책으로 전환되기 시작했다. 다만 민간에 의해 공급되던 10년 분양전환 공공건설임대주택을 2014년부터 LH가 공공임대주택리츠 형태로 공급하면서 물량이 크게 증가했다.

이미 공급된 10년 이상 거주하는 장기공공임대주택을 주거지원계획의 물량에 합쳐서 전체 주거 지원 가구 수를 측정할 수 있다. 장기공공임대 재고 116만 3000호와 2017년 주거지원계획의 111만 가구를 합치면 227만 3000가구가 된다. 여기서 주거급여와 공공임대주택을 이중으로 지원을 받는 26만 1000가구를 제외하면 실질적으로 201만 2000가구가 지원을 받는 것으로 볼 수 있다. 이는 2015년 인구센서스 일반 가구 수인 1911만 2000가구 대비 10.5% 수준이다. 이는 한국과 유사한 주거복지 수준이라고 보는 일본이나 미국에 비해서는 높은 수준이다. 다만 유럽 국가의 주거복지와 비교하자면 그 수준이 낮은 편이다.

2) 주거복지정책의 문제점

(1) 주거비 부담의 지속적인 증가

최근 한국의 주거 안정을 해치는 가장 큰 문제는 민간임차인의 주거비가 급증하고 있다는 점이다. 월 소득 대비 임대료 비율(Rent to Income Ratio: RIR)로 보면 중위수 기준으로는 2014년 전국 평균 20.3%이고, 평균 기준으로는 24.2%에 달한다. 이를 일본과 비교해보면 평균 기준으로 일본 민영임차가구가 14.2~14.6%로 한국 임차인의 RIR이 10% 포인트 높은 수준이다. 임대료에서 보증금을 환산하는 전·월세전환률(2014년 9.36%)을 시중금리(3년 만기 국

〈표 5-9〉 2014년 임대료 부담(RIR)

구분		전체		전세		보증부월세	
		전·월세 전환률	3년 만기 국고채 이자율	전·월세 전환률	3년 만기 국고채 이자율	전·월세 전환률	3년 만기 국고채 이자율
전국	중위수	20.3	12.5	20.8	5.8	17.8	15.3
	평균	24.2	11.4	27.8	7.7	19.8	15.8
수도권	중위수	21.6	11.2	24.7	6.8	21.4	17.9
	평균	27.3	11.8	30.7	8.5	21.7	17.2
광역시 (수도권 제외)	중위수	16.6	10.5	15.6	4.3	20.4	17.0
	평균	20.5	10.8	22.0	6.1	19.0	15.3
광역도 (수도권 제외)	중위수	15.8	10.3	15.6	4.3	15.8	12.7
	평균	17.2	10.5	18.1	5.0	16.6	13.3

자료: 국토교통부(2015)를 이용해 분석.

고채 이자율 2.59%)로 대체하더라도 보증부월세의 경우 평균 기준으로 15.8%로 역시 일본보다 약간 높은 수준이다.

더욱이 임대료의 상승 추세가 지속되면서 주거 유형이 전세에서 월세로 전환되면서 그 부담이 더욱 가파르게 올라가고 있다. 이에 비해 한국은 지난 10년간 자가 점유율이 50% 중반대에 머무르고 있고, 제도권 등록 임차가구는 매우 느리게 증가했다. 제도권 등록 임차주택은 전체 가구의 10% 수준에 불과하며, 한국의 임대시장은 비제도권의 개인 임대인에 의존하고 있다. 이로 인해 임대시장의 후진성이 고착화되는 등 구조적 문제점을 안고 있다.

이와 같은 주거비 상승 추세는 2008년 이후 지속되고 있다. 이에 따라 저소득층, 청년층, 노년층(65세 이상)의 주거비 부담이 급증하고 있다. 이에 비해 저소득 계층 중 주거급여를 지원받는 규모가 제한되어 있어 공공이 이를 해결하는 데 한계가 있다. 소득 10분위 중 하위 2분위 이하인 경우, 무주택가구가 184만 9000가구인데, 이 중 51만 6000가구가 공공 주거 지원을 받지 못하고 있는 상황이다. 역으로 이들은 민간임대주택 시장을 이용하지 않을 수 없고 주거비 상승 부담을 그대로 받게 된다.

(2) 공공임대주택의 지속성 부족 문제

외국의 경우에는 공공이 보유한 임대주택만이 아니라 공공 지원을 받는 민간 임대주택을 사회적 임대주택으로 간주하거나, 주거급여 제도를 통해 지원하는 가구도 공공 지원의 범주에 포함시키기도 한다.

현재 한국의 장기공공임대주택은 전체 가구 대비 6.1% 수준으로 낮은 편이나 주거급여를 포함할 경우에는 10.5%로 증가한다. 그렇지만 이는 장기공공임대주택 확보와는 다른 개념이다. 더욱이 장기공공임대주택 중 10년 분양전환주택은 의무임대 기간 10년이 지나면 분양 전환되기 때문에 사실상 한시적으로 확보되는 것이다. 뉴스테이 임대주택의 경우도 의무 기간이 8년 부여되기 때문에 동일한 문제를 안고 있다.

정부의 주거종합계획으로 살펴보면 2017년 공공임대주택 공급 목표는 12만 호이다. 이 중 건설은 7만 호이고, 5만 호는 매입을 하는 것으로 이미 신규 건설 물량은 이전에 비해 상당히 줄어 있다.[5] 건설임대의 경우에도 최하위 저소득층을 대상으로 하는 영구임대는 3000호에 불과하다. 반면 상대적으로 임대료가 높은 행복주택이나 국민임대, 분양전환임대, 민간건설공공임대가 많이 건설되고 있다. 그리고 분양전환임대나 민간건설공공임대 등은 일정 기간이 지나면 분양 전환하는 주택이다. 이렇게 보면 안정적인 장기공공임대주택은 전체의 1/3 정도에 그치고 있다.

---

5) 매입임대의 경우 매입 단가가 상승하면서 반드시 건설에 비해 효과적이지 않을 수 있고, 특히 관리 측면에서 매입임대나 전세임대가 상당히 어려움을 겪기 때문에 장기적으로 효율적이지 않다는 문제점이 있다.

〈표 5-10〉 정부별 공공건설임대주택의 분양 전환 호수 (단위: 호)

구분		합계	지방자치단체	LH	민간
참여정부 (2003~2007)	전체	274,350 (100.0%)	6,380 (2.3%)	71,124 (25.9%)	196,846 (71.7%)
	연평균	54,870	1,276	14,225	39,369
MB 정부 (2008~2012)	전체	232,764 (100.0%)	5,688 (2.4%)	65,729 (28.2%)	161,347 (69.3%)
	연평균	46,553	1,138	13,146	32,269
박근혜 정부 (2013~2015)	전체	56,204 (100.0%)	2,477 (4.4%)	5,669 (10.1%)	45,780 (81.5%)
	연평균	11,241	495	1,134	9,156

자료: 국토교통부(2015c).

5년 또는 10년 분양전환주택의 경우 의무임대 기간이 절반만 지나도 분양 전환이 가능하다. 이에 따라 상당수가 지속적으로 분양 전환되면서 공공임대주택에서 제외된다. 전체 분양 전환 물량은 참여정부 시기에 연간 5만 5000호, MB 정부 시기에는 연간 4만 7000호, 박근혜 정부 시기에는 연간 1만 1000호였다. 이 중 분양전환하는 임대주택 중에서 민간이 공급한 물량은 71.7%에서 최근에는 81.5%까지 증가하고 있다. 이처럼 10년 분양 전환의 공공건설임대주택은 공공임대주택으로서 역할을 장기간 수행하기 어렵다는 근본적인 문제점을 안고 있다.

(3) 맞춤형 주거복지정책의 한계

맞춤형 주거 지원의 경우 생애주기에 맞추면서 주로 젊은 세대를 중심으로 지원정책이 전개되고 있다. 이러한 방식의 접근은 하위소득 계층에 사각지대 없이 주거복지가 지원되는 데는 상당한 한계를 가지고 있다. 2015년 말 소득 5분위 이하 무주택 임차가구(488만 5000가구)에 대한 주거복지 순지원 가구는 179만 8000가구(36.8%)로 추정된다(천현숙, 2017).

이에 따라 소득 계층별로 볼 때 실질적으로 지원이 불균형적으로 이루어지면서 지원정책의 수평적-수직적 형평성이 심각하게 훼손되고 있다. 수평적으로 보면 같은 소득 계층이 같은 수준의 주거 지원이 이루어져야 하나 청년, 신혼부부, 고령자 식으로 특화하는 과정에서 동일 여건의 지원 대상이 차별적으로 지원되는 결과가 나타나고 있다. 이와 동시에 소득분위 중 1~2분위의 절대적 지원 계층이 지원에서 제외되고, 4~5분위 심지어 8분위까지 지원이 이루어지는 수직적 형평성도 다시 점검해야 할 상황이다.

또한 맞춤형 주거 지원의 원리상으로는 생애주기별 맞춤형 주거 지원이 되어야 하나 사실상은 특화 계층에 한정되고, 생애주기별로 보면 핵심 계층인 중장년층이 지원받는 제도는 미약한 실정이다. 더욱 큰 문제점은 특화 계층의 경우도 전체가 지원받는 것이 아니라 예산할당 방식에 의해 일부만 지원받게 된다는 것이다.

(4) 고령자용 임대주택 공급의 부족 현상

저출산·고령화 사회가 급속히 전개되면서 고령자 가구가 급증함에도 불구하고 이에 대한 주거복지적 차원의 지원은 절대적으로 부족하다. 2015년 인구주택총조사에 따르면 65세 이상 인구 비율은 13.2%로 656만 9000명에 달한다. 이에 따라 60세 이상 가구주가 한국 전체 가구의 27.9%인 532만 2000가구로 1/4을 넘고 있다. 최근 주목받는 1인 가구의 경우에도 520만 가구(27.2%) 중 60대 이상이 30.3%에 달한다.

그럼에도 한국 주택정책에서 고령자는 정책 지원의 대상에서 소외된 계층이다. 최근 청년 주거가 사회적으로 주목받지만 고령자의 주거 지원이 더 절실하다. 현재 정부에서 고령자용 주택은 배리어프리(barrier free)를 포함해 건강 관리, 식사·목욕 지원 등 노인주거서비스가 결합된 서비스를 제공하고 있으나, 이는 매우 제한된 범위 내에서 이루어지고 있다. 이러한 주거 지원이 갖추어진 공공실버주택의 경우 2017년까지 2000호 정도를 공급할 계획이다. LH의 집주인 리모델링도 그 규모는 매우 제한된 수준이다.

4. 주거복지정책의 방향

1) 기존 주거복지 제도의 개선

장기공공임대주택을 확보하기 위해서는 단순히 10년 이상 의무 기간만을 부여하는 것이 아니라, 20~30년 이상 장기적으로 보유하면서도 생애주기별로 필요한 기간에 이를 이용 가능한 형태로 운영체계를 개선해야 한다. 최근 행복주택 등은 5~6년간 이용하고 이후 소득 상승에 따라 새로운 주거 사다리로 이동하도록 장려하고 있다. 전체적인 지원 대상의 상황에 맞게 거주 기간, 임대료, 지원 정도를 체계화할 필요가 있는 것이다. 나아가 10년 분양전환주택은 기간이 제한된다는 점에서 장기보유주택 확보와는 별개로 유형화해 관리하는 것이 바람직하다.

주거급여 제도의 개선도 필요하다. 우선 주거급여 예산의 집행 실적이 부진한 문제를 해소해야 한다. 첫해 예산 중 2500억 원이 불용 처리되었는데, 이는 대상자 선정과 지원이 이어지도록 하는 복지전달체계기 제대로 구축되지 않은 결과이다. 주거급여 수급 대상 가구 확대가 필요하며, 기준 중위소득(43%, 측정 방법)의 논리적 근거가 마련되어야 한다. 최저보장 수준의 강화, 기준 임대료 상향(주거 임대료 실태조사에 근거한 기준 설정), 자가가구 수선 비용 공사단가 현실화 등도 필요하다.

특히 타 주거복지서비스(공공임대 주택 입주, 주택도시기금 지원)와의 연계 방안의 마련도 필요하며, 장기적으로는 이들 제도들의 통합·운영 방안이 필요하다. 주거 지원 수단을 이중 지원받지 않도록 좀 더 세밀한 제도 운영 방안이 필요하다.

2) 사회적 임대인의 육성

사회적주택 공급의 확대 방안도 필요하다. 민간의 임대주택사업에 공익적 입장에서 참여하려는 주체를 늘리는 방안으로 새로운 임대사업자군을 형성하는 것이 향후에는 중요한 정책이 될 수 있다. 외국의 사례로 보면 사회적 임대인(social landlords)이 저렴임대주택사업에 참여함으로써 임대료 수준을 낮추고, 임대관리 형태에서 사회적 이익을 추구하는 것이 가능해지게 된다.

최근 사회적경제가 급부상했지만 아직 사회적주택은 수백 호가 공급되는 수준에 머물고 있다. 사회적기업이나 협동조합을 지원하는 세제나 금융, 전문성 등에서 특별한 혜택이 존재하지 않고 여기에 참여하는 쪽도 아직 영세성을 면하지 못하고 있다. 이들 사회적 임대인을 지원하기 위해 금융 지원을 강화하고 공공사업을 우선적으로 수행하도록 그 자격 조건을 부여할 필요가 있다.[6)]

사회적 임대인에 대한 금융 관련 대출만이 아니라 지분투자도 검토하고, 사회적 투자의 관점에서 융자와 투자에 대한 심사·관리체계를 마련할 필요가 있다. 뉴스테이에 부여되고 있는 주택도시기금 출자 및 융자를 사회적 임대

---

6) 2016년 「공공주택 업무처리지침」 일부 개정안에서는 대학생과 사회초년생 대상으로 사회적 임대인의 참여가 허용되었다.

인에게도 가능하도록 민간임대주택 특별법을 개정하고, 이와 관련된 공식적인 정부의 목표 수준을 제시할 필요가 있다.

3) 고령자임대주택 정책 강화

고령자 주거 지원 강화를 위해서 고령자에 대한 기존 정책을 재검토하고 지원도 강화해야 한다. 일본의 경우를 보면 서비스가 수반되는 고령자주택 공급을 통해 고령자에게 복지서비스를 제공하는 주택 제도를 2011년 도입했다. 현재 누적으로 21만 호를 공급하고 있다. 이들 주택은 의료와 생활서비스가 제공되는 주택으로 건설 개보수비의 조성금, 토지임대부 정비 조성, 주택서비스 표준화, 융자 조건 완화 등의 지원이 이루어지며, 국고 교부금을 지원하고 있다.

한국도 고령자용 주택 공급을 활성화하기 위해 종합 계획을 마련할 필요가 있다. 한국에서는 주택 내에서 낙상사하는 노인의 규모가 매우 크고, 이로 인한 의료나 사회적 손실이 천문학적 수준에 달한다. 이러한 문제를 해결하기 위해서는 고령자주택법을 별도로 제정하고, 공급부터 관리까지를 총괄적으로 지원해주어야 한다. 다양한 고령자 대상 주택(노인복지주택, 양로원, 실버주택, 농촌주택 등)을 일괄 관리할 수 있도록 부처 간에 분산된 정책을 정비해야 한다.

4) 민간 임대시장에 대한 정책 대응

주거복지정책은 저소득층에 대한 직접적인 주거 지원만이 아니라 민간의 주거비 부담을 경감시키는 데도 기여해야 한다. 그만큼 주거복지는 직접적

혜택을 주는 방식만으로는 한계가 있다. 이러한 의미에서 공공임대주택정책은 공공 부문만이 아니라 민간 부문에도 양질의 임대주택을 공급하는 정책이 병행될 필요가 있다. 이러한 맥락에서 기본적으로는 공공임대주택 공급과 지원을 저소득층(4분위 이하)에 집중하고, 중간소득 계층(소득 5분위에서 8분위 이하)에 대해서는 민간임대주택시장이 그 역할을 할 수 있게 해야 한다. 그리고 이렇게만 해서는 하위소득 계층의 사각지대를 해소할 수 없기 때문에 이의 해소를 위해 민간을 활용할 필요가 있다.

이러한 맥락에서 민간임대주택시장에서는 양질의 민간임대주택이 공급될 수 있도록 정책을 전개해야 하는데, 과거 정부의 뉴스테이정책이 이에 해당되는 정책이었다. 그렇지만 뉴스테이의 경우 공적 기능이 약하기 때문에 여기에 맞는 공공적 기능을 추가적으로 부여할 필요가 있다.

임대시장의 월세 전환에 대응한 제도적 지원도 필요하다. 임대시장에서 가장 큰 비중을 차지하는 개인 임대인들의 월세 임대가 정착되도록 정책을 펴야 하다. 이를 위해서는 월세 공급자의 관리를 효율화해 임대료와 관리비를 낮추어야 한다. 이를 위해서 비제도권에 머물고 있는 개인 임대인들이 제도권에 진입할 수 있도록 세제, 중개, 관리 제도의 개혁이 필요하다.

이러한 제도 개선을 위해 첫째, 상속 증여세 인센티브, 임대소득세 감면 등 세제 지원해야 한다. 둘째, 월세 지급을 월세카드로 하거나 월세세액공제 제도를 개선해야 한다. 셋째, 임대관리 제도 정착을 위한 임대사업자 인센티브를 제공해야 한다. 넷째, 중개업 규제 개혁 차원에서 중개업 겸업 허용 등의 과제를 해결해야 한다.

5. 맺음말

한국의 주거복지정책은 2015년 이전만 하더라도 공공임대주택 공급 위주로 이루어졌다. 2015년 이후에는 주거급여 제도가 도입되면서 소득 보조 방식이 병행되고 있고, 주택도시기금을 활용한 구입 자금, 임대보증금 등을 수요 측면에서 지원하는 정책도 활성화되어 있다.

그렇지만 전체적으로 보면 지원받는 가구 수는 10% 수준에 머물고 있고, 하위소득 계층 내에서 지원받지 못하는 가구의 비중도 높은 편이다. 또한 맞춤형 지원정책의 한계로 인해 특정 계층에 지원이 집중되면서 생애주기별로 소외되는 계층이 나타나는 등 수직적-수평적 형평성 면에서 개선의 여지가 크다.

우선은 주택시장의 구조 변화에 대응해 기존의 공공임대주택 공급, 주거급여, 주거복지전달체계의 구축 등을 체계적으로 운영해야 한다. 근본적으로는 재정적 부담이 증가하면서 공적인 주거복지만으로 이 모든 문제에 대응하기 어려운 상황이다.

전체적으로 공공주택 지원 서비스를 받는 계층이 증가하고 있으나, 여전히 소외되는 계층이 저소득층에 다수 존재하고 있다. 이로 인해 저소득층의 주거비 부담 증가 추세는 지속되고 있다.

이러한 문제를 해결하기 위해서는 민간임대주택으로 양질의 임대주택, 저렴한 임대료와 좋은 시설을 갖춘 임대주택이 공급되도록 할 필요가 있다. 이러한 목적에서 민간을 활용하도록 하여, 사회적 임대인들이 공급하는 사회적 주택의 비중을 높이는 것이 필요하다. 이를 통해 개인 임대인 위주의 한국 민간 임대시장을 비영리 사회적 임대인이 관리하는 운영체계로 전환할 필요가 있다.

이와 동시에 우리 사회의 고령화 진전에 따라 소외되고 있는 고령자용 주택을 대폭 확충해야 한다. 고령화 사회가 급속히 진행되고 있기 때문에 고령자 중에 하위소득 계층에 대해서 저렴한 고령자용 임대주택을 집중적으로 공급하는 국가적 차원에서의 노력이 필요한 시점이다.

나아가 민간임대주택시장에서도 주거비가 폭등하는 등의 임대시장에 발생하는 부정적 현상에 적극적으로 대응할 필요가 있다. 이를 위해 필요한 제도개선 및 다양한 임대인에 의한 임대주택 공급 방안을 마련할 필요가 있다.

참고문헌

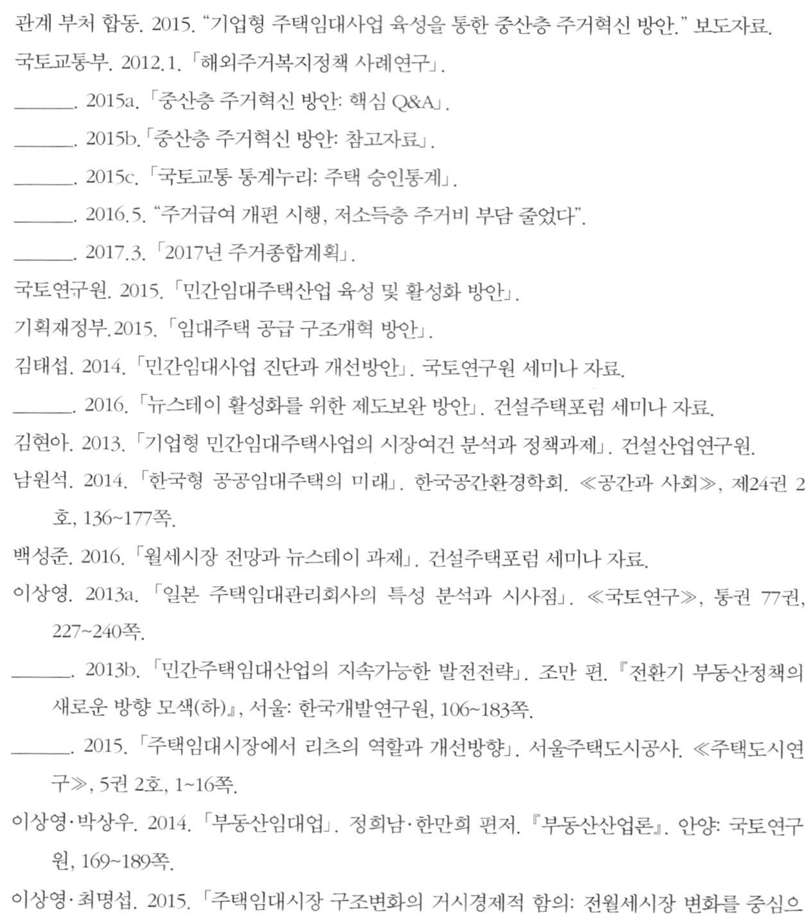

관계 부처 합동. 2015. "기업형 주택임대사업 육성을 통한 중산층 주거혁신 방안." 보도자료.

국토교통부. 2012.1.「해외주거복지정책 사례연구」.

______. 2015a.「중산층 주거혁신 방안: 핵심 Q&A」.

______. 2015b.「중산층 주거혁신 방안: 참고자료」.

______. 2015c.「국토교통 통계누리: 주택 승인통계」.

______. 2016.5. "주거급여 개편 시행, 저소득층 주거비 부담 줄었다".

______. 2017.3.「2017년 주거종합계획」.

국토연구원. 2015.「민간임대주택산업 육성 및 활성화 방안」.

기획재정부.2015.「임대주택 공급 구조개혁 방안」.

김태섭. 2014.「민간임대사업 진단과 개선방안」. 국토연구원 세미나 자료.

______. 2016.「뉴스테이 활성화를 위한 제도보완 방안」. 건설주택포럼 세미나 자료.

김현아. 2013.「기업형 민간임대주택사업의 시장여건 분석과 정책과제」. 건설산업연구원.

남원석. 2014.「한국형 공공임대주택의 미래」. 한국공간환경학회. ≪공간과 사회≫, 제24권 2호, 136~177쪽.

백성준. 2016.「월세시장 전망과 뉴스테이 과제」. 건설주택포럼 세미나 자료.

이상영. 2013a.「일본 주택임대관리회사의 특성 분석과 시사점」. ≪국토연구≫, 통권 77권, 227~240쪽.

______. 2013b.「민간주택임대산업의 지속가능한 발전전략」. 조만 편.『전환기 부동산정책의 새로운 방향 모색(하)』, 서울: 한국개발연구원, 106~183쪽.

______. 2015.「주택임대시장에서 리츠의 역할과 개선방향」. 서울주택도시공사. ≪주택도시연구≫, 5권 2호, 1~16쪽.

이상영·박상우. 2014.「부동산임대업」. 정희남·한만희 편저.『부동산산업론』. 안양: 국토연구원, 169~189쪽.

이상영·최명섭. 2015.「주택임대시장 구조변화의 거시경제적 함의: 전월세시장 변화를 중심으로」. 한국경제발전학회. ≪경제발전연구≫, 제21권 제4호, 131~159쪽.

장태일·이상영. 2016.「민간임대주택 공급 활성화를 위한 정책과제」. 한국주택건설포럼.『주택의 미래, 주택산업의 미래』. 건설주택포럼 창립 20주년 기념논문집.

조만·이상영·손진수·김현아·임재만. 2014.「부동산서비스업의 경쟁력 강화 및 해외진출 방안 연구: 업권별 정책과제 중심으로」. 김주훈 편.『사업서비스의 글로벌화 전략과 규제장애의 실태(상)』. 세종: 한국개발연구원, 214~345쪽.

진미윤. 2016.「국내민간임대주택 여건과 활성화 방안」. 한국주택학회 세미나 자료.

천현숙. 2017.3. 「공공임대주택의 과제와 발전방향」. 한국주택학회 외. 주거복지정책 발전을 위한 컨퍼런스 발표 논문.

住宅産業新聞社. 2014. 『住宅經濟デ¯タ集』.

Andrew, Dan, Aida Caldera Sánchez, and Åsa Johansson. 2011. "Housing Market and Structural Policies in OECD Countries." *OECD Economic Department Working Papers*. No.836. Paris: OECD.

Harloe, M. 1995. *The People's Home?* Oxford: Basil Blackwell.

Kemeny, Jim. 1995. *From Public Housing to Social Market: Rental Policy Strategies in Comparative Perspective*. London: Routledge.

제6장

교육 불평등의 현실과 정책 대안

남기곤 | 한밭대학교 경제학과 교수

1. 불평등한 한국의 노동시장

한국은 유난히도 노동시장에서 불평등이 심한 나라이다. 〈그림 6-1〉은 2012년 국제 성인역량 조사(Program for the International Assessment of Adult Competencies: PIAAC)에 참여한 22개 OECD 국가들을 대상으로 임금 불평등도를 측정한 결과이다.[1] 그림을 보면 하위 10% 대비 상위 10% 임금의 비율이 한국은 5.83배로 나타나, 조사 대상 국가들 중 압도적 1위임을 확인할 수 있다. 미국이 4.81배로 그다음이고, 평균은 3.41배다. 스웨덴, 노르웨이, 핀란드 등 북구의 국가들은 2.5배를 밑도는 수준이다.[2]

---

1) PIAAC 조사는 체계적이고 일관성 있는 방법으로 국가 간 성인 능력의 분포와 수준을 평가하기 위해 실시된 국제 성인역량 조사이다. 실제 테스트를 실시해 성인들의 언어능력(literacy proficiency), 수리력(numeracy proficiency), 그리고 컴퓨터 기반 환경에서의 문제해결력을 평가하고 있다. 2012년도에 실시된 조사에는 24개 OECD 국가의 16~65세 연령층 15만 7000명이 참여했다. 한국의 경우 6667명이 조사에 참여했다.

2) 이 외에도 한국 노동시장의 불평등 정도를 보여주는 지표들은 다양하게 확인된다. "OECD

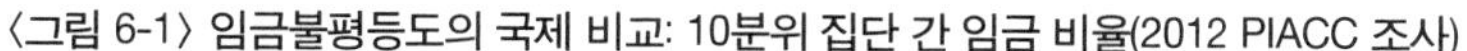

〈그림 6-1〉 임금불평등도의 국제 비교: 10분위 집단 간 임금 비율(2012 PIACC 조사)

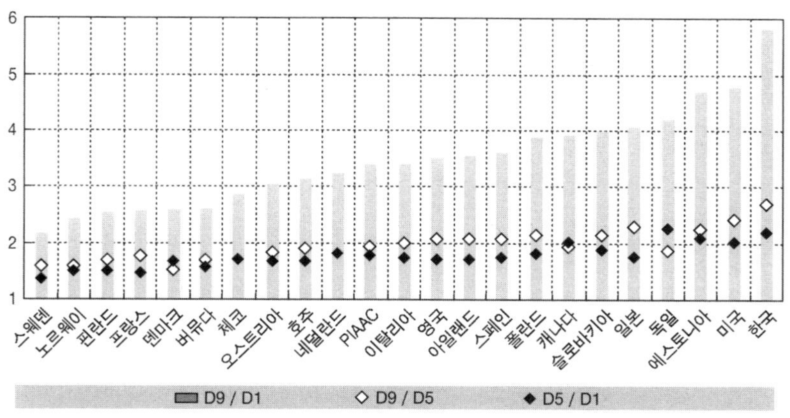

자료: OECD, *OECD Employment Outlook 2015*(2015).

물론 모든 근로자의 임금수준이 동일할 수는 없다. 근로자마다 능력도 다르고 노력의 정도도 다를 것이기 때문이다. 하지만 한국이 다른 국가들에 비해 근로자들의 이러한 특성의 차이가 더 현격하다고 보기는 어렵다. 〈그림 6-2〉는 PIAAC 조사에서 확인된 국가별 근로자들의 수리능력의 분포를 도표화한 것이다. 한국의 경우 전체 평균은 268점으로, 22개 조사 대상국 중 17위로 나타나고 있다. 특히 주목되는 현상은 상위 10% 근로자의 점수는 321점이고 하위 10% 근로자의 점수는 211점으로, 두 집단 간 점수 격차가 110점에 그치고 있다는 사실이다. 다른 나라들에 비해 격차가 상대적으로 낮은 편에

Employment Outlook 2015"에 보고된 자료 중 각 국가에서 자체적으로 조사한 임금불평등도 자료를 보면, 하위 10% 대비 상위 10% 임금의 비율이 한국은 4.70배로 보고되고 있다. OECD 국가들 중 4위이다. 한국보다 이 비율이 높은 나라는 미국 5.08, 이스라엘 4.91, 터키 4.85밖에 없다. OECD 국가들의 평균은 3.46배이고, 역시 북구의 국가들은 2.5배 미만의 수치를 나타내고 있다. 중위소득의 2/3 미만을 받고 있는 저임금 근로자 비중 또한 한국은 24.7%로 OECD 국가들 중 가장 높다. 평균은 17.1%이다. 최저임금보다 임금이 적거나 그 근처에 있는 근로자의 비율도 한국은 14.7%로, 자료가 제시된 국가들 중에서 가장 높다. 미국은 4.3%이고, 일본은 2.0%이다.

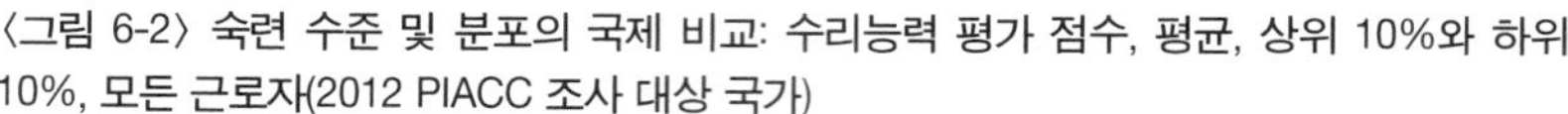

〈그림 6-2〉 숙련 수준 및 분포의 국제 비교: 수리능력 평가 점수, 평균, 상위 10%와 하위 10%, 모든 근로자(2012 PIACC 조사 대상 국가)

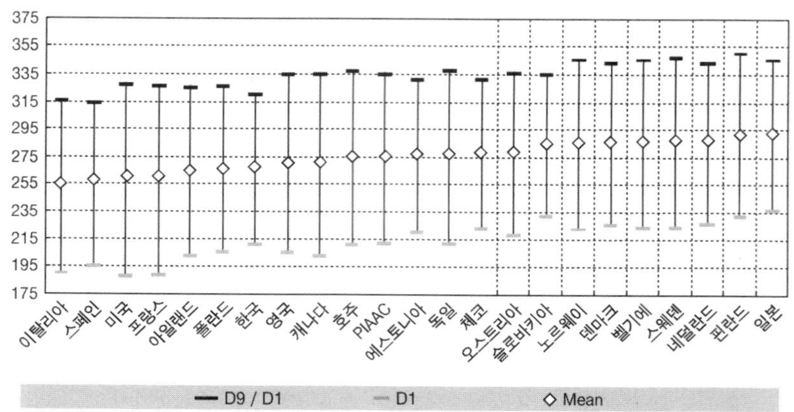

자료: OECD, *OECD Employment Outlook 2015*(2015).

속한다. 적어도 이 조사 자료를 기초로 할 때 한국의 근로자들 간 임금 불평등 정도가 심각한 이유가, 근로자들의 능력 격차가 다른 나라에 비해 좀 더 강하기 때문이라고 볼 수 있는 근거를 발견하기는 어렵다.

임금 불평등 정도가 심하고 사회보장 시스템이 잘 갖추어져 있지 않은 한국에서는 높은 임금을 취득하기 위한 노동시장에서의 경쟁이 더욱 강하게 작동할 수밖에 없다. 개인적 노력을 통해 고임금의 상위 직종에 진입할 수 있는 주요한 통로는 '교육'이다. 교육은 개인의 직업 능력-생산성을 향상시키는 한편(인적자본이론), 본인의 능력에 대한 신호를 제공함으로써(신호이론), 좋은 직장에 취업하고 높은 임금을 받을 가능성을 높여준다.

한국 사회에서 대학을 졸업했는지 여부와 같은 교육 수준별 임금의 격차가 다른 국가들에 비해 더 크게 나타나는 것은 아니다. OECD 통계를 보면 한국에서는 고등학교 졸업자의 임금을 100으로 할 경우 전문대학(short-cycle tertiary) 졸업자의 임금은 112, 일반대학 졸업자의 임금은 145, 대학원 졸업자의 임금은 196으로 나타나고 있다. OECD 국가들의 평균치가 각각 120, 148, 191인데, 이러한 평균적인 임금격차와 거의 유사한 수준이라 볼 수 있다(OECD, Education at a Glance 2016).

하지만 대학 입학의 문이 넓어져 70~80%의 젊은이들이 대학에 진학하게 된 현재의 상황을 감안할 때, 대학 졸업 여부 자체는 그리 중요한 요인이 아닐 수 있다. 대학이라고 하더라도 어떤 대학을 졸업했는지가 노동시장 성과를 결정하는 데 결정적인 영향을 미칠 가능성이 높다.[3] 국내의 연구들 중 출신 대학의 특성이 임금에 어느 정도 영향을 미치는지에 대한 실증 분석은 상당 정도 축적되어 있다. 개인의 인적 특성을 통제하더라도 상위권 대학 졸업자는 노동시장에서 임금 프리미엄을 얻는다(장수명, 2006; 한준·한신갑, 2006). 수학능력시험 성적 혹은 학력고사 성적이 높을수록 임금이 높아지는 경향이 뚜렷하며, 이를 통제하더라도 상위권 대학 졸업자는 상당 정도의 임금 프리미엄을 받고 있다(이경희·김태일, 2007; 김희삼·이삼호, 2007; 김진영, 2007). 도구변수 방식을 이용할 경우 지방대학 졸업자는 수도권대학 졸업자에 비해 임금이 낮아지는 경향을 보이고 있다(남기곤, 2012).

한국 사회에서는 우수한 학업성적을 얻어 좀 더 상위권 대학에 진입할 경우, 노동시장에서 보상이 주어지고 있는 것은 분명해 보인다. 물론 그 정도가 다른 나라들에 비해서도 더 심각한지는 확실치 않다. 여하튼 노동시장에서 불평등 정도가 크고, 상위권 대학에 진학할수록 노동시장 성과도 높아진다는 분명한 현실은, 학업성적 향상을 위한 무한경쟁으로 학생과 학부모를 유도하

3) 2006년 이래 대학 진학률이 90%를 넘어서고 있는 대만의 경우도 유사한 상황이 보고되고 있다. Chuang and Chen(2017)에 따르면 대만에서는 이제 대학을 졸업했는지 여부는 중요하지 않게 되었지만, 그럼에도 명문대학(star university)에 입학하기 위한 경쟁은 줄어들지 않고 있다고 설명하고 있다.

고 있다. 학업성적을 올리기 위해 모든 노력을 다하는 것은 한국 사회에서 적어도 개인적인 차원에서는 '합리적인' 선택이다.

2. 누가 성공하는가?

중·고등학교 시절에 학업성적이 높아서 명문대학에 입학하고, 졸업 후 좋은 기업에 취업하는 것은 한국의 모든 학생과 학부모의 바람이다. 이를 위한 치열한 경쟁이 이루어지고 있다. 이 경쟁에서 성공하는 데 가장 중요한 요인은 역시 가정환경이다. 부유한 가정일수록 자녀의 교육 성과가 더 높아지는 경향이 있을 것이라는 상식적인 판단은 기존 통계 분석을 통해서도 뚜렷하게 확인되고 있다.

〈표 6-1〉은 한국직업능력개발원에서 조사한 한국교육고용패널 자료를 분석하고 있는 김영철(2011)의 연구 결과를 인용한 것이다. 표를 보면 가정의 사회경제적 지위(SES) 분위가 높을수록 자녀의 고등교육 진학 성과가 높아지는 경향이 있음을 알 수 있다.[4] SES 분위가 높아질수록 4년제 대학 진학률은 물론 30위권 대학이나 9대 주요 대학 및 의대 진학률도 뚜렷이 증가하고 있다. SES가 최상위인 10분위 가구의 경우 자녀가 30위권 대학에 진학한 비율은 23.4%, 9대 주요 대학 및 의대에 진학한 비율도 13.8%로 나타나, 다른 SES 분위 가정과 비교할 때 큰 격차를 보여주고 있다.

물론 가정환경이 자녀의 교육 성과에 영향을 미치는 것은 어느 나라에서나

4) 가정의 사회경제적 지위 변수는 부의 직업 지위, 부의 학력, 가구소득 분위 자료를 이용해 생성했다(김영철, 2011).

〈표 6-1〉 가정의 사회경제적 지위(SES) 분위별 구성과 고등교육 진학 성과

SES 분위	학생 수(명)	구성비(%)	수능 등급	4년제 대학 진학률(%)	30위권 대학 진학률(%)	9대 주요 대학 및 의대 진학률(%)
1	169	9.8	5.6	33.8	2.3	0.8
2	170	9.8	5.4	45.7	6.3	0.0
3	106	6.1	5.6	34.2	3.8	2.5
4	207	12.0	5.7	49.3	6.7	0.7
5	187	10.8	5.8	52.2	5.9	0.0
6	184	10.6	5.5	61.3	10.2	0.7
7	153	8.8	5.2	74.3	14.9	5.0
8	174	10.1	4.9	64.7	13.4	2.5
9	194	11.2	4.8	75.8	14.8	6.3
10	187	10.8	4.3	74.5	23.4	13.8
합계	1,731	100.0				
표본 평균			5.2	56.4	9.8	2.8

자료: 김영철(2011: 15).

관찰되는 공통적인 현상이다. 미국 교육 분야 연구에서 기념비적인 의의를 가지고 있는 콜만 보고서에 따르더라도, 학생들의 학업성적에 가장 결정적인 영향을 미치는 것은 가정의 사회경제적 배경이다.[5] 부유한 가정일수록 유전적인 측면이나 교육 환경적인 측면에서 자녀의 교육에 유리할 수 있고, 이로 인해 가정환경과 자녀의 교육 성과 사이에는 양의 상관관계가 관찰되는 것이 일반적이다.

하지만 한국의 경우에는 다른 나라들에 비해서도 가정환경이 자녀의 교육 성과에 미치는 효과가 더욱 직접적이고 강할 가능성이 높다. 중·고등학교는 물론 초등학교 단계, 심지어 초등학교 입학 이전 단계까지도 사교육에 의존하

5) 이와 관련된 논의에 대해서는 남기곤(2007a)을 참조할 수 있다.

는 경향이 강하다는 사실은, 이 비용을 감당할 수 있는 가정의 경제적 능력에 의해 자녀의 교육 성과가 영향을 받을 수 있음을 시사해준다.

우선 한국은 학생들의 사교육 비중이 매우 높은 나라이다. 통계청에서 조사하는 사교육비 조사에 따르면, 2015년 한 해에 초·중·고 학생들의 사교육비에 지출된 금액은 18조 원에 달한다. 당시 유아 및 초·중등교육에 투입된 예산이 40조 원이었다는 점을 감안한다면 공교육 예산의 거의 50%에 해당하는 막대한 금액이 사교육으로 투자되고 있음을 의미한다.

사교육에 지출된 비용에 대해서는 국제 비교를 할 수 있는 자료를 구하기가 쉽지 않다. 하지만 학생들이 사교육에 참여하는 시간에 대한 국제 비교는 가능하다. OECD에서 실시하고 있는 PISA(Program for International Study Assessment)에서는 만 15세 학생들을 대상으로 읽기·수학·과학 분야 등에 대해 학업성취도를 측정하고 있는데, 이와 더불어 학생들의 학업시간에 대해서도 조사하고 있다. PISA 2003 자료를 분석하고 있는 남기곤(2008a)에 따르면 한국 학생들은 OECD 국가들 중 학습 시간도 길고, 사교육 시간도 긴 것으로 나타났다. 한국 학생들은 일주일간 학교수업에 30.28시간, 보충수업에 6.59시간, 사교육에 4.73시간 그리고 숙제에 3.49시간을 사용하는 것으로 나타나고 있다. OECD 국가 평균치와 비교해보면 학교수업은 5.90시간, 보충수업은 5.22시간, 사교육은 3.59시간 더 긴 반면, 숙제에 사용하는 시간은 오히려 2.43시간 더 짧았다. 한국의 학생들이 학교수업과 보충수업은 물론 사교육에도 다른 나라 학생들에 비해 훨씬 더 많은 시간을 투입하고 있음을 확인할 수 있다.[6)]

6) 한국과 비슷하게 보충수업 혹은 사교육에 투입하는 시간이 긴 나라로는 그리스, 멕시코, 터키가 있다. 그러나 멕시코와 터키의 경우 무응답 조정 여부에 따라 분석 결과가 크게 차이가 난다는 점에서 신뢰하기 어려운 측면이 있다.

〈표 6-2〉 수학과목 사교육 시간 결정요인(SCORE=수학 성적, 무응답 조정 전)

국가	GENDER	HISEI	SCORE
호주	0.3551(0.2577)	0.0208(0.0067)	-0.0011(0.0017)
오스트리아	0.1534(0.4386)	0.0557(0.0193)	-0.0129(0.0039)
벨기에	0.7791(0.3992)	0.0415(0.0163)	-0.0113(0.0045)
캐나다	1.0997(0.2792)	0.0899(0.0098)	-0.0085(0.0023)
스위스	0.5892(0.3220)	0.0582(0.0143)	-0.0112(0.0034)
체코	1.1111(0.4318)	0.0480(0.0143)	-0.0143(0.0028)
독일	0.9925(0.2688)	0.0530(0.0108)	-0.0129(0.0023)
덴마크	-0.4916(0.6402)	0.0085(0.0232)	-0.0211(0.0107)
스페인	0.6848(0.2014)	0.0207(0.0071)	-0.0110(0.0018)
핀란드	-1.6904(1.1385)	0.0005(0.0252)	-0.0221(0.0123)
프랑스	0.3771(0.2226)	0.0457(0.0091)	-0.0088(0.0018)
영국	0.5350(0.2511)	0.0282(0.0077)	-0.0064(0.0020)
그리스	0.5715(0.1928)	0.0488(0.0047)	0.0049(0.0012)
헝가리	0.6919(0.2230)	0.0372(0.0062)	-0.0064(0.0016)
아일랜드	0.0295(0.2187)	0.0274(0.0080)	-0.0073(0.0018)
아이슬란드	0.5159(0.2798)	0.0097(0.0065)	-0.0142(0.0021)
이탈리아	-0.7239 (0.2850)	0.0821(0.0096)	-0.0210(0.0017)
일본	-0.1427(0.3662)	0.0479(0.0059)	0.0058(0.0028)
한국	-0.6699(0.3123)	0.0764(0.0065)	0.0172(0.0013)
룩셈부르크	1.0287(0.3574)	0.0431(0.0113)	-0.0126(0.0025)
멕시코	0.2032(0.2857)	0.0002(0.0081)	-0.0040(0.0028)
네델란드	0.5001(0.3481)	0.0254(0.0129)	-0.0089(0.0033)
노르웨이	0.5079(0.7966)	0.0195(0.0244)	-0.0212(0.0126)
뉴질랜드	0.0447(0.4747)	0.0210(0.0105)	-0.0147(0.0035)
폴란드	0.3427(0.1750)	0.0542(0.0064)	-0.0103(0.0013)
포르투갈	0.5397(0.1653)	0.0439(0.0047)	-0.0024(0.0011)
슬로바키아	0.4638(0.2902)	0.0274(0.0098)	-0.0084(0.0018)
스웨덴	-0.5895(0.6605)	-0.0018(0.0227)	-0.0240(0.0118)
터키	0.3177(0.3194)	0.0504(0.0146)	-0.0045(0.0022)
미국	0.3199(0.3237)	0.0268(0.0116)	-0.0168(0.0036)

주: 종속변수는 수학 과목 사교육 시간(무응답 조정 전). GENDER, HISEI, SCORE(수학 성적) 변수 외에 상수항이 통제됨. 네덜란드와 폴란드는 '무응답 조정 후'의 분석 결과이다.
자료: 남기곤(2008a: 75).

사교육 의존도가 높다는 사실뿐만 아니라, 왜 사교육을 받는지도 중요하다. 같은 논문에서 인용한 〈표 6-2〉를 보면 수학 과목을 대상으로 사교육 시간을 종속변수로 하는 토빗(Tobit) 모델의 회귀분석 결과, 한국의 경우 학업성적(SCORE) 변수가 매우 큰 플러스의 값을 나타내고 있다는 사실을 확인할 수 있다. 이는 한국의 경우 학업성적이 높은 학생일수록 사교육을 더 많이 받는 경향이 있다는 것을 의미하는데, 대부분의 다른 나라들에서 이 변수의 계수값이 마이너스이거나 유의하지 않은 것과는 대비되는 모습이다. 이러한 분석 결과는 사교육이 학업이 뒤처지는 학생에게 보충적인 교육을 제공하는 전략(remedial strategy)으로 사용되는 국제적인 추세와는 달리, 한국에서는 사교육이 주로 학업성적이 높은 학생들이 더 높은 성적을 획득하기 위한 전략(enrichment strategy)으로 활용되는 경향이 강하다는 사실을 보여준다.

부유한 가정일수록 자녀에 대한 사교육 투자가 더욱 활발하다는 사실은 〈표 6-2〉의 분석에서도 확인된다. 한국의 경우 가정의 사회경제적 지위를 나타내는 HISEI 변수는 유의한 플러스의 값을 나타내고 있는데, 이는 가정 형편이 좋은 가정일수록 자녀의 사교육 시간이 길어지는 경향이 있음을 보여준다.[7] 국내 연구 중 가정 형편과 사교육비 간의 상관성에 대해서는 다수의 분석 결과가 제출되어 있다. 남기곤(2008b)에서는 가계의 총지출 수준이 증가함에 따라 사교육비 자체가 증가함은 물론, 총지출에서 사교육비가 차지하는 비중 또한 증가한다는 사실을 밝히고 있다. 부유한 가정일수록 자녀의 교육에 더 많은 비중의 사교육 지출비를 투자하고 있음을 보여준다.

---

7) PISA 자료에서는 부모의 직업 지위에 관한 정보를 기초로 해당 학생 가정의 사회경제적 지위에 관한 지표인 HISEI(highest international index of occupational status) 변수를 제공하고 있다. 이 지표는 대략 20에서 80 사이의 값을 가지는데, 값이 클수록 가정의 사회경제적 지위가 높은 것을 의미한다. 한국의 경우 HISEI 변수의 평균값은 46.3점으로 OECD 평균보다 약간 더 낮은 값을 가지고 있다.

이상의 설명에서 확인할 수 있듯이 한국은 다른 어느 국가에 비해서도 사교육의 비중이 높고, 학업성적이 좋은 학생들이 성적을 더욱 향상시키기 위한 방법으로 사교육을 이용하는 경향이 강하며, 부유한 가정일수록 사교육 투자가 더 활발한 추세를 보여주고 있다. 이러한 사실은 결국 가정 형편이 좋을수록 자녀의 교육 성과가 더욱더 우수해지는 경향이 강하게 나타날 수밖에 없는 구조를 한국 사회가 가지고 있음을 보여준다. 다른 어떤 국가에 비해서도 한국의 경우 이러한 경향성이 더 강하다는 것이 지금까지 분석 결과의 함의이다.

3. 중등교육 단계의 교육정책

해방 이후 한국에서는 초등교육을 시작으로 중·고등학교의 중등교육이 양적으로 크게 성장했을 뿐만 아니라, 적어도 공교육의 측면에서는 균등한 교육 기회가 제공되도록 정책이 추진되어왔다. 1969학년도부터 전격적으로 시행된 중학교 무시험 진학 제도와 1974~1975학년도부터 시작된 고교평준화 제도는 당시 명문학교가 누리던 프리미엄을 없애고 누구나 균질적인 중등교육을 받을 수 있는 기회를 제공했다(박기주·남기곤, 2013). 1980년 실시된 전면적인 과외 금지 조치 또한 사교육으로 인한 교육 기회 불평등 현상을 크게 완화시키는 데 기여했다.[8)]

그러나 이러한 제도들은 그 후 다양한 형태의 도전에 직면하면서 실질적으로 와해되는 추세를 보이고 있다. 우선 과외 금지 조치는 2000년 헌법재판소

---

8) 과외금지 조치가 계층 간 이동성에 미친 효과에 대해서는 장수명·한치록·여유진(2016)을 참조하라.

에서 위헌 판결을 받으면서 폐지되었고, 그 이후 사교육비 지출은 급격히 증가하는 추세를 보였다(남기곤, 2007b). 고교평준화 제도는 사실 출발부터 불완전한 제도였다. 상당수 시군구는 여전히 비평준화 상태로 남아 있는 상태이며, 실업계(특성화) 고등학교 진학자는 일반 학생들과는 분리되어 선발이 이루어지고 있다. 소위 '8학군' 등으로 대표되듯이, 좀 더 학업성적이 높은 부유한 가정의 학생들이 지역적으로 집결하는 현상이 나타나기도 한다. 특히 1990~2000년대 과학고, 외고, 자립형 사립고 등과 같은 독자적인 학생 선발권을 갖는 엘리트 학교들이 만들어지면서, 평준화 제도에는 지속적으로 균열이 발생해왔다. 2009년부터 시작된 자율형 사립고의 대규모 등장으로, 중등교육 단계 공교육 기회의 균질성 확보라는 측면에서 평준화 제도가 가지는 의의는 실질적으로 와해되어가는 추세를 보이고 있다.

〈표 6-3〉은 고등학교 유형별 특성을 정리한 것이다. 표를 보면 엘리트 교육에 해당하는 과학고, 외고, 국제고에 재학하고 있는 학생의 비율은 각각 0.3%, 1.1%, 0.2%에 불과한 것으로 나타나고 있다. 이들 학교의 교육 여건은 일반고에 비해 상대적으로 크게 양호한 상태이다. 교원 1인당 학생 수의 경우 일반고는 14.1명인 데 반해, 과학고, 외고, 국제고는 각각 4.9명, 11.7명, 8.0명으로 큰 차이를 보인다. 학급당 학생 수 역시 일반고는 31.3명인 데 반해, 이들 특목고의 경우에는 16~26명 수준이다. 최근 등장한 자율형 사립고는 재학생의 비율이 2.7%로 좀 더 대규모적이다. 〈표 6-3〉에서 보면 이들 자율형 사립고의 경우 교원 1인당 학생 수나 학급당 학생 수의 측면에서는 일반고와 큰 차이를 보이지는 않는다.

학생 1인당 교육비 측면에서 보면 특목고와 자사고는 일반고와 큰 차이를 보인다. 이에 대해서는 일부 실태조사 결과에 의존할 수밖에 없는데, 〈표 6-4〉에 제시된 숫치를 보면 학교 유형별로 교육비 지출의 차이가 존재하는 것을 확

〈표 6-3〉 고등학교 유형별 특성(2015년)

고등학교 유형		재학생 수		교원 1인당 학생 수	학급당 학생 수
일반고	〈전체〉	1,278,008	(71.5%)	14.1	31.3
특수목적고	〈전체〉	67,529	(3.8%)	9.3	24.4
	과학고	5,868	(0.3%)	4.9	15.7
	외국어고	19,964	(1.1%)	11.7	26.5
	국제고	3,191	(0.2%)	8.0	23.6
	예술고	17,265	(1.0%)	16.5	34.8
	체육고	3,739	(0.2%)	8.3	29.9
	산업수요맞춤형고	17,502	(1.0%)	7.2	19.9
특성화고	〈전체〉	302,021	(16.9%)	11.4	26.4
	직업	299,223	(16.7%)	11.4	26.5
	대안	2,798	(0.2%)	6.2	17.5
자율고	〈전체〉	140,708	(7.9%)	13.7	30.3
	자율형사립고	47,608	(2.7%)	15.1	32.1
	자율형공립고	93,100	(5.2%)	13.0	29.5

자료: 교육부·한국교육개발원(2015).

〈표 6-4〉 학생 1인당 공교육비 비용(조사 당시인 200년 기준으로 최근 3년간)

학교급		학생 수(명)	회계 총액(원)	학생 1인당(원)	대비
국공립	과학고	11,330	314,009,675,784	27,714,888	4.3
	외고	16,526	189,519,227,000	11,467,943	1.8
	전문계고	771,179	5,341,391,801,451	6,926,267	1.1
	일반계고	2,111,886	13,543,626,518,525	6,413,048	-
사립	청심국제고	289	8,965,300,000	31,021,799	5.4
	자사고	15,117	149,268,340,686	9,874,204	1.7
	외고	54,312	451,318,338,694	8,309,735	1.4
	전문계고	545,940	3,449,337,501,920	6,318,162	1.1
	일반계고	1,800,185	10,419,192,724,616	5,787,846	-

자료: 권영길 의원실(2009); 김철수(2012: 57)에서 재인용.

〈표 6-5〉 학교급별 아버지 직업분포표 (단위: %)

조사 시기	조사 대상 (학년)	학생 수 (명)	직업 분류											
			고소득직		중소득직			저소득직			무직		기타	
			전문직	경영관리직	교직	사무직	숙련기술직	판매·서비스업	소규모농축수산업	비숙련노동	전업주부	정년퇴직	무직·실업자	기타
2009.4	자립형사립고(1)	907	24.8	25.5	8.2	24.8	3.3	7.5	0.7	0.2	0.0	0.0	0.6	4.5
2010.4	외국어고(1)	2278	21.8	21.7	4.2	37.6	1.6	9.9	0.0	0.2	0.0	0.1	0.5	2.3
2010.4	자율형사립고(1)	4757	10.5	14.6	3.6	32.4	6.3	13.5	0.2	1.0	0.1	0.3	1.3	16.3
2009.4	일반고(1)	2852	4.3	8.8	3.6	26.7	12.5	23.9	0.5	4.0	0.0	0.3	2.7	11.7
2009.4	실업계고(1)	1577	2.1	1.6	0.3	9.3	24.5	19.8	0.3	12.3	0.1	0.1	7.7	22.1

주: 1) 조사 대상 학교: 해운대고, 현대청운고, 민족사관고, 상산고 4개교, 서울시 6개 외국어고, 서울시 6개 일반고, 서울시 5개 실업계고.

2) 소득직 분류는 2007년 통계청의 직종별 평균 소득을 참고.

자료: 권영길 의원실(2010). 김철수(2012: 44)에서 재인용.

〈표 6-6〉 외고와 일반고 가정의 월평균 소득 비율 비교 (단위: %)

월평균 소득	수도권 외고	지방 외고	수도권 일반고	지방 일반고
200만 원 이하	3.7	5.6	12.4	18.5
201~399만 원	19.8	31.5	37.0	42.1
400~599만 원	34.4	34.8	29.0	26.9
600~999만 원	25.3	18.6	13.9	7.2
1000만 원 이상	16.8	9.5	7.6	5.3

자료: 김춘진 의원실(2009); 황지원(2015: 82)에서 재인용.

인할 수 있다. 일반고에 비해 과학고나 국제고는 4~5배 정도, 외고나 자사고는 1.4~1.8배 정도 학생 1인당 교육비가 더 많이 지출되는 것으로 나타난다.

독자적인 학생 선발권을 통해 학업성적이 우수한 학생들을 선발하고, 이들에게 좀 더 많은 교육비를 투입해 교육하면, 당연히 학생들의 교육 성과는 높아질 것이다. 따라서 이러한 유형의 고등학교에 진학하려는 경쟁도 치열해지게 된다. 그 결과 누가 성공할까? 사교육의 영향권이 강한 한국 사회에서는, 이러한 고등학교 단계의 경쟁에서도 가정환경이 주요한 영향을 미칠 가능성이 크다. 〈표 6-5〉와 〈표 6-6〉은 몇몇 실태조사 자료에서 확인되는 고등학교 유형별 가정환경의 차별성에 관한 정보를 모은 것이다. 자립형 사립학교나 외고에 다니는 학생이 일반고나 실업계고 학생에 비해 부모가 고소득 종사자일 확률이 뚜렷이 높고, 가정의 월평균 소득도 크게 더 높다는 사실을 확인할 수 있다.

1970~1980년대 보수적인 정권하에서도 교육만큼은 균등한 기회가 제공되도록 유도하는 정책들이 시행되어왔다. 중·고등학교 평준화 제도나 과외금지 조치 등이 대표적인 예이다. 하지만 1990년대 이후에는 과학고, 외고, 자립형 사립고 등의 등장으로 공교육 부문에서조차 교육 기회의 불평등이 발생하기 시작했다. 특히 2000년대 말 자율형 사립고의 허용으로 학교 간 격차는 더욱 대규모로 확대되고 있다. 한국 사회는 그동안 경제가 발전하고 가계 소득이 증가하면서 사교육의 영향력이 더욱 강화되는 추세를 보이고 있다. 이러한 상황에서 정부의 정책이 공교육 부문에서도 차별을 강화하는 방향으로 전개되고 있다는 점은 심각하게 우려스럽지 않을 수 없다.

4. 고등교육에 대한 국가의 지원

한국에서는 중등교육 단계까지는 국공립 혹은 정부의존형 사립 형태의 학교 운영을 통해 국가가 교육을 책임지는 반면, 고등교육 단계에서는 사립

〈표 6-7〉 고등교육에 재학 중인 학생 수의 비율(2011)

(단위: %)

구분	교육기관 형태					
	전문대학 (Tertiary-type B education)			일반대학 및 대학원 (Tertiary-type A and advanced research programmes)		
	공립	정부의존형 사립	독립적 사립	공립	정부의존형 사립	독립적 사립
호주	72	20	9	96	a	4
오스트리아	73	27	x(2)	85	15	x(5)
벨기에[1]	42	58	m	44	56	m
캐나다[2]	m	m	m	m	m	m
칠레	5	3	93	26	21	54
체코	71	28	1	86	a	14
덴마크	97	3	1	98	2	n
에스토니아	52	20	28	n	94	6
핀란드	100	n	a	74	26	a
프랑스	69	10	21	83	1	16
독일	57	43	x(2)	94	6	x(5)
그리스	100	a	a	100	a	a
헝가리	51	49	a	87	13	a
아이슬란드	26	74	n	82	18	n
아일랜드	98	a	2	95	a	5
이스라엘	36	64	a	10	76	14
이탈리아	86	a	14	92	a	2
일본	8	a	92	25	a	75
한국	**2**	**a**	**98**	**25**	**a**	**75**
룩셈부르크	m	m	m	m	m	m
멕시코	95	a	5	67	a	33
네덜란드	8	a	92	88	a	12
뉴질랜드	59	37	4	97	3	n
노르웨이	44	29	27	86	5	10

구분	교육기관 형태					
	전문대학 (Tertiary-type B education)			일반대학 및 대학원 (Tertiary-type A and advanced research programmes)		
	공립	정부의존형 사립	독립적 사립	공립	정부의존형 사립	독립적 사립
폴란드	81	a	19	69	a	31
포르투갈	100	a	n	78	a	22
슬로바키아	75	25	n	83	n	17
슬로베니아	78	5	17	88	7	5
스페인	79	14	7	86	n	14
스웨덴	56	44	n	93	7	n
스위스	33	35	32	95	3	2
터키	97	a	3	94	a	6
영국	a	100	n	a	100	n
미국	78	a	22	70	a	30
OECD 평균	**59**	**21**	**20**	71	14	**15**
EU21 평균	68	21	12	75	16	8
G20 이외 국가들						
아르헨티나[2]	61	16	23	79	a	21
브라질	15	a	85	30	a	70
중국	m	m	m	m	m	m
인도	m	m	m	m	m	m
인도네시아	51	a	49	35	a	65
러시아[3]	95	a	5	83	a	17
사우디아라비아[2]	100	n	n	95	5	n
남아프리카	100	m	m	100	m	m
G20 평균	**m**	**m**	**m**	**m**	**m**	**m**

주: 1) 독립적인 사립 교육기관은 제외함.
2) 기준연도가 2010년.
3) 직업계 고등학교(ISCED 3B)에 등록된 사람도 전문대학 범주에 포함됨.
자료: OECD, *Education at a Glance 2013*(2013).

〈표 6-8〉 대학 유형별 학생 1인당 연간 교육비 (단위: 천 원)

유형		대학교	전문대학
국공립	전체	13,070	12,308
사립	전체	12,762	9,732
	서울	13,666	9,494
	지방	12,470	9,749

자료: 대학알리미 사이트 2015년 자료를 이용해 계산.

형태의 교육이 보편화되어 있다. 〈표 6-7〉에서 한국 자료를 보면 전문대학(Tertiary-type B education) 재학생 중 국립의 비중은 2%에 불과하며, 일반대학(Tertiary-type A education)의 경우에도 국립 재학생의 비율은 25%에 불과한 상황이다. 이는 OECD 국가들의 평균적인 국립 재학생 비율인 전문대학 80%, 일반대학 85%에 비해 크게 뒤처지는 수치이다(정부의존형 사립 포함).

대학의 교육을 국가가 관장하지 않고 사립 체제에 의존하게 되면, 학교에 따라 교육의 질이 차별적이 될 가능성이 높아진다. 〈표 6-8〉은 대학알리미 사이트 자료를 이용해 학생 1인당 연간 교육비를 구한 것이다.[9] 이를 보면 사립의 경우 연간 교육비가 전문대학은 972만 원으로 일반대학의 1276만 원에 비해 76%에 불과하다는 사실을 확인할 수 있다.[10] 일반대학의 경우 국공립과 사립 간에는 1인당 교육비의 차이가 크지 않다. 반면 서울 지역 사립학교는 연간 교육비가 1367만 원으로, 지방 사립학교의 1247만 원에 비해 10%가량 더 높은 것으로 나타나고 있다.

---

9) 2015년 자료이다. 대학교의 경우 교육대학, 산업대학, 사이버대학, 방송통신대학, 각종대학은 제외했다. 전문대학(2·3년제)의 경우에는 사이버대학, 기능대학, 각종대학, 기술대학은 제외했다. 재학생 수가 1000명 미만인 경우도 제외했다.

10) 앞에서도 설명했듯이 전문대학에는 국공립의 비중이 매우 적기 때문에 이에 대해서는 따로 언급하지 않는다.

〈표 6-9〉 주요 대학의 학생 1인당 연간 교육비 (단위: 천 원)

사립			특별 법인 / 국립대법인		
학교명	재학생 수	학생 1인당 교육비	학교명	재학생 수	학생 1인당 교육비
포항공과대학교	3,151	83,627	광주과학기술원	1,68	81,800
차의과학대학교	2,431	36,828	한국과학기술원	10,616	61,900
한국기술교육대학교	5,050	30,307	울산과학기술원	4,087	38,226
연세대학교	39,392	28,325			
성균관대학교	27,034	24,193	서울대학교	28,490	42,697
가톨릭대학교	10,899	22,116	인천대학교	14,238	13,823
고려대학교	37,493	21,408			
한양대학교	32,895	19,846			
아주대학교	14,313	19,760			
한림대학교	9,480	19,651			
한국항공대학교	4,729	19,559			
울산대학교	14,994	19,367			
서강대학교	11,414	19,051			
이화여자대학교	21,194	18,983			

자료: 대학알리미 사이트(2015).

〈표 6-9〉는 1인당 교육비가 높은 대학들을 순서대로 정리한 것이다. 포항공대, 차의과대학, 기술교육대과 같은 특수 성격 대학은 물론, 연세대, 성균관대, 고려대, 한양대 등 소위 일류대학으로 알려진 대학들의 경우 학생 1인당 연간 교육비가 2000만 원 내외의 값을 보이고 있다. 사립학교들의 평균 연간 교육비가 1276만 원인 점을 감안하면, 그 차이가 매우 크다는 사실을 확인할 수 있다. 국립의 경우 과학기술원들의 교육비가 높으며, 서울대도 1인당 연간 교육비가 4270만 원의 값을 나타내고 있다. 다른 국립대들의 연간 교육비가 1300만 원선인 데 반해, 서울대의 경우 3배 이상의 교육비가 투입되고 있다는 사실이 주목된다.

〈그림 6-3〉 대학 입학성적과 학생 1인당 교육비 간의 관련성

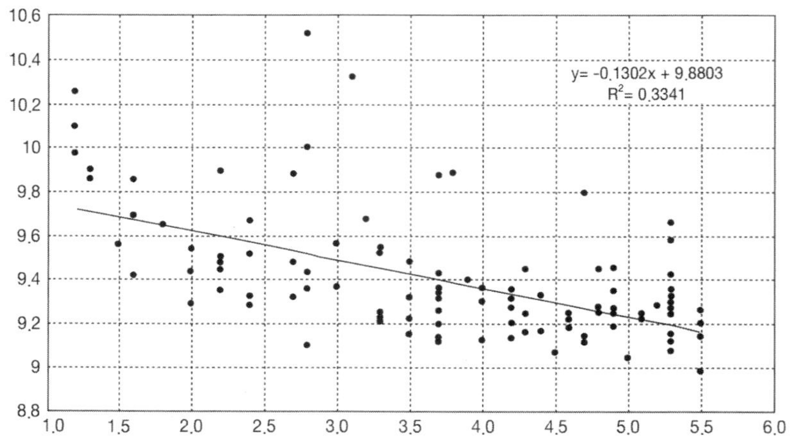

주: X축은 각 대학의 경상계열 학과의 수능 등급, Y축은 학생 1인당 연간 교육비의 로그값.

서울대와 과학기술원과 같은 엘리트 양성 교육을 제외한다면 국립의 경우 대학마다 학생에게 투입되는 교육비는 비교적 균질적이다. 반면 사립대학의 경우에는 재단이 어떠한 특성을 가지고 있는지에 따라, 학생들에게 투입되는 교육비는 차별적이다. 〈그림 6-3〉은 사립대학을 대상으로 각 대학의 입학성적과 학생 1인당 연간 교육비 간에 어떠한 관련성이 있는지를 도표화한 것이다.[11] 그림을 보면 두 변수 간에 뚜렷한 마이너스 상관관계를 확인할 수 있다. 수능 성적이 한 등급 올라갈수록 학생 1인당 교육비는 13.0%씩 감소하는 것으로 나타난다. 좀 더 우수한 학업성적을 받는 학생들이 진학하는 대학일수록 학생 1인당 더 많은 교육비가 지출되는 추세를 보이고 있는 것이다.

---

11) 대학의 입학성적은 해당 대학의 경상계열 학과 중 가장 최상위 성적인 경우를 선택했다. 대부분의 경우, 경영, 글로벌경영, 국제경영, 세무학과가 이에 해당되었다. 분교인 경우 그리고 기독교 대학이나 예술 대학처럼 경상계열 학과가 존재하지 않는 대학은 제외했다(포항공대도 제외되었음). A학원의 2017학년도 대학 입시 배치표 자료를 이용했으며, 수능 등급이 5등급 이상인 경우는 5.5로 간주했다.

〈그림 6-4〉 대학 입학성적과 학생 1인당 재정 지원액 간의 관련성

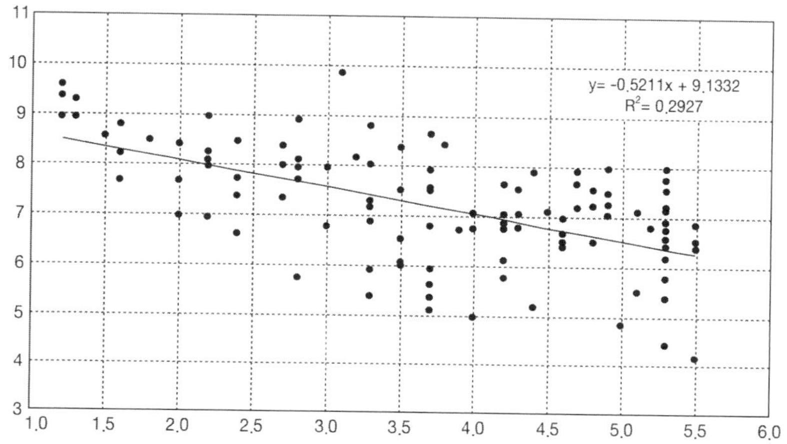

주: X축은 각 대학의 경상계열 학과의 수능 등급, Y축은 학생 1인당 연간 정부 재정 지원액의 로그값.

사립학교 시스템하에서 입학 당시 학업성적에 따라 교육투자 정도가 불평등하게 지출되는 이러한 문제에 대해 정부는 어떻게 대처해왔을까? 사립대학을 포함해 일반대학을 대상으로 재정지원사업이 본격화된 것은 1990년대부터였는데, 지금까지 대부분의 재정지원사업에는 소위 '선택'과 '집중'의 원칙이 적용되어왔다. 한정된 예산을 가장 효율적으로 사용하기 위해서는, 공모제 방식으로 대학의 지원을 받아 가장 우수하다고 평가된 대학에 예산이 배정되는 방식이다. 이로 인해 자연스럽게 이미 우수한 성과를 보이고 있는 대학에 재정 지원이 좀 더 집중되는 현상이 나타나게 되었다.

〈그림 6-4〉는 그 결과를 잘 보여준다. 대학 입학성적과 학생 1인당 정부의 재정 지원액 간에는 뚜렷한 마이너스 관련성이 나타나고 있다. 수능 성적이 한 등급 더 올라갈수록 학생 1인당 지원금은 52.1%씩 감소하는 추세를 보이고 있다. 학업성적이 우수한 대학일수록 교육에 더 많은 투자를 하는 현재의 불평등한 구조하에서, 정부를 이를 시정하려는 노력을 기울이기보다는 오히

〈그림 6-5〉 대학 입학성적과 학생 1인당 교외장학금액 간의 관련성

y = 0.0624x + 7.3539
R^2= 0.1446

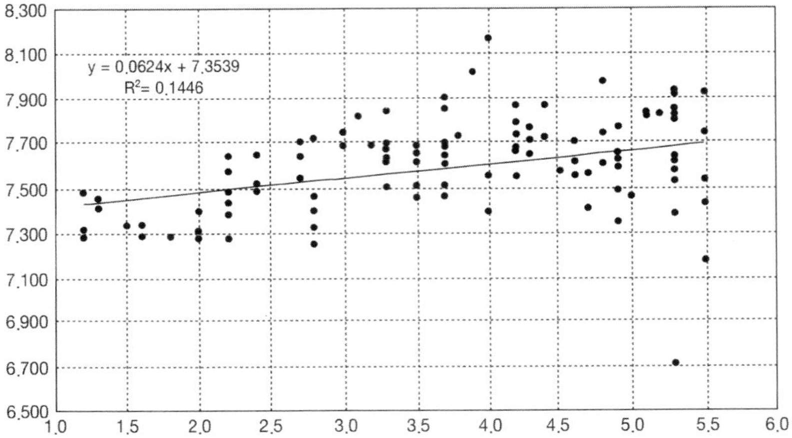

주: X축은 각 대학의 경상계열 학과의 수능 등급, Y축은 학생 1인당 교외장학금액의 로그값

려 이를 더욱 촉진시키는 역할을 해왔다고 볼 수 있다.

이와는 대비되는 정책이 대학 재학생에 대한 국가장학금 제도이다. 〈그림 6-5〉는 같은 자료를 이용해 대학 입학성적과 학생 1인당 교외장학금액 간의 관련성을 도표화한 것이다. 현재 교외장학금의 대부분은 국가장학금을 의미한다. 〈그림 6-5〉는 이 두 변수 간에 플러스의 관련성을 보여주고 있다. 수능 등급이 한 등급 올라가면 교외장학금 수혜액이 6.2%씩 증가하는 추세를 보여준다. 이는 입학성적이 낮은 대학 학생일수록 가정 형편이 어려워 국가장학금을 받는 비율이 높기 때문에 나타나는 현상으로 이해된다. 반면 교내장학금은 이와는 반대의 모습을 보여준다. 〈그림 6-6〉을 보면 수능 등급이 한 등급 상승할수록 교내장학금 수혜액은 3.9%씩 감소하는 것으로 나타나고 있다. 입학성적이 낮은 대학일수록 교내장학금 지급액이 더 적어진다는 것을 의미한다. 종합적으로는 〈그림 6-7〉에 보듯이 수능 등급이 한 등급 상승할수록 총장학금액은 2.3%씩 증가하는 추세를 보이고 있다.

〈그림 6-6〉 대학 입학성적과 학생 1인당 교내장학금액 간의 관련성

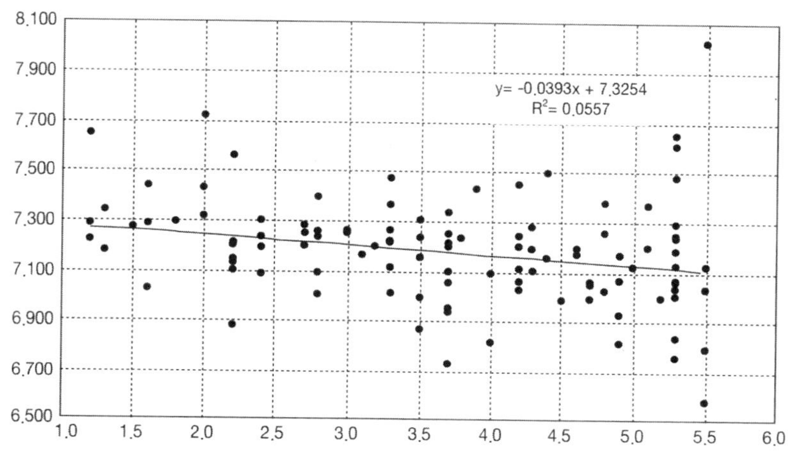

주: X축은 각 대학의 경상계열 학과의 수능 등급, Y축은 학생 1인당 교내장학금액의 로그값

〈그림 6-7〉 대학 입학성적과 학생 1인당 총장학금액 간의 관련성

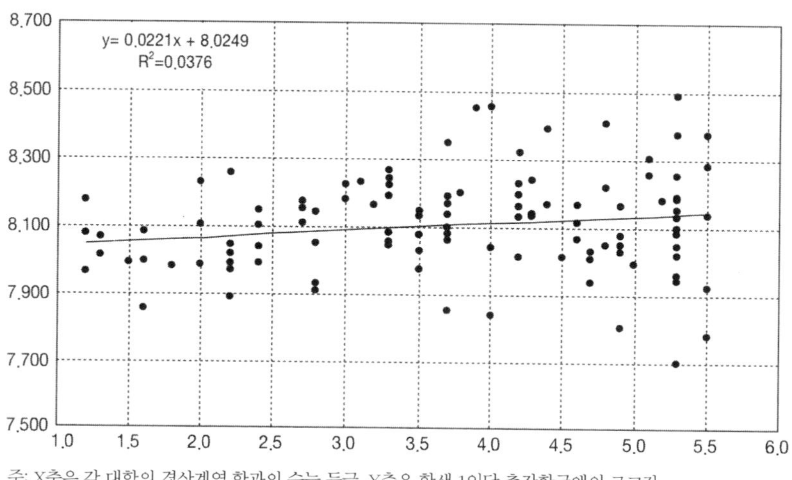

주: X축은 각 대학의 경상계열 학과의 수능 등급, Y축은 학생 1인당 총장학금액의 로그값

사교육의 영향력이 강한 한국의 교육 시스템하에서 입학성적이 낮은 대학에 입학하는 학생일수록 가정 형편이 어려운 경우가 많다. 하지만 그런 대학

일수록 교내장학금의 지급 비율이 더 낮은 역진적인 모습을 보인다. 정부의 국가장학금 정책은 이를 보완해, 가정 형편이 어려운 학생에게 좀 더 많은 장학금 혜택이 주어지도록 유도하고 있는 것이다.

그렇다면 교육비 지출의 불평등성은 어떻게 할 것인가? 교육 역시 경제적 투자이다. 더 많은 비용을 투자할수록 교육의 질이 향상되고, 학생들의 인적자원 능력이 높아질 수 있다. 가정 형편이 어려운 학생일수록 입학성적이 낮은 대학에 진학할 수밖에 없고, 이들이 대학 재학 단계에서도 교육비 투자를 적게 받는 현실과 서울대나 과학기술원과 같은 엘리트 교육을 위해 세금을 들여 일반 대학생에 비해 몇 배의 교육비 투자를 하는 것이 과연 바람직한 것인지에 대해서도 따져볼 필요가 있다. 또한 직업교육을 한다는 명목하에 일반대학에 비해 훨씬 낮은 수준의 교육비 지출이 이루어지고 있는 전문대학, 그리고 이들 전문대학에 국공립의 비율이 거의 0%에 수렴하는 상황 또한 고민이 필요한 지점이다. 입학성적이 낮은 대학에 진학할수록 교육비 지출이 더 감소한다는 것은 인적자원 정도가 대학 단계를 거치면서 더욱 확대될 것임을 시사해준다.

5. 몇 가지 정책 대안

불평등한 노동시장 구조하에서 상위의 지위를 차지하기 위한 중요한 수단은 교육 성과다. 대학을 졸업해야 하고, 그것도 좀 더 우수한 대학을 졸업해야 한다. 대학의 서열이 높아질수록 능력 있는 학생들이 집결하며, 또 교육투자 정도도 높아지는 경향이 있기 때문에 인적자원 질이 더욱 우수할 가능성이 크다. 비대칭적 정보 상황에서 우수한 근로자를 선발해야 하는 기업으로서는 평판이 좋은 대학 졸업생을 선발하는 것이 합리적 선택이며, 그러니 학생 개인의 입장에서도 한 단계라도 좀 더 높은 서열의 대학에 입학하는 것은 자신의 장래를 위해 무엇보다도 중요하다. 자식의 미래를 걱정하는 부모의 입장에서, 자녀의 대학 입시를 위해 최대한의 투자를 하는 것 역시 합리적인 선택이다. 대학 입학에 전력을 다하는 과열된 대학 입시 경쟁, 이로 인한 사교육 열풍과 중등교육 단계 공교육의 붕괴 현상은, 사회 전체의 입장에서는 낭비적이고 비효율적인 결과이지만, 개별 주체의 입장에서는 합리적인 선택의 결과이다. 이러한 사실은 결국 인위적인 정책적 노력 없이는 이와 같은 구조가 개선되기 어려울 것임을 시사해준다.

지금까지 교육에 대한 정부정책의 방향은 ① 소수 엘리트 교육에 대해 국가가 직접 예산 투입을 통해 지원하고(과학고, 서울대, 과학기술원 등), ② 중등교육 단계에서는 평준화 제도를 통해 균질적인 교육이 이루어지도록 유도하는 반면, ③ 고등교육 단계에서는 일부 학생에 대해서만 국공립을 유지하고 대부분의 학생들이 사립학교의 교육을 받도록 하고 있으며, ④ 1990년대 이후 고등교육에 대한 정부의 재정 지원이 증가하는 추세를 보이고 있지만 '선택'과 '집중'의 원칙에 근거하고 있다는 점으로 요약할 수 있다. 이러한 정책들이 지금까지 한국 교육 발전에 의미 있는 성과를 유도해왔다는 점을 부인하긴 어렵지만, 현재 문제가 되고 있는 비효율적이고 불평등한 한국 교육의 현실을 개선하는 데에는 한계가 크다고 판단된다.

그렇다면 정부의 교육정책은 어떻게 변화해야 할까? 이와 관련해서 다음과 같은 기본 사항에 대한 점검이 필요하다.

우선 교육 부문에서 정책이 갖는 한계를 인식할 필요가 있다. 앞에서도 설명했듯이 한국의 과도한 대학입학 경쟁의 근본적인 원인은 노동시장의 불평등에서 찾아질 수 있다. 그리고 이는 재벌 중심 성장으로 인한 산업구조의 이

중구조화, 미약한 노동운동으로 인한 노동자 세력의 열세, 기업친화적인 여론 등 여러 정치적·사회적·경제적 요인들에 의해 영향을 받고 있다. 따라서 한국 교육의 문제는 단순히 교육정책만으로는 해결될 수 없는, 한국 사회 전체 구조와 관련된 문제이다.

그럼에도 또 한 가지 간과할 수 없는 사실은 노동시장에 진입하는 근로자들 간에 인적자원의 질 차이(능력의 격차, 이로 인한 생산성 격차) 또한 크고, 이로 인해 임금 불평등이 발생하는 부분 역시 무시하기 어렵다는 점이다. 그러한 인적자원의 격차가 부모의 가정환경에 의해 영향을 받는 정도가 크다는 점 또한 중요한 문제이다. 사교육의 영향력이 강한 교육 풍토와 사립에 대한 의존도가 높은 고등교육 구조 등으로 인한 효과이다. 이와 같이 인적자원의 질 차이가 크고 그 격차가 가정환경에 의해 영향을 받는 경향이 강하다는 문제를 해결하는 것은, 적어도 교육정책의 영역에서 해결을 모색해야 할 사항이라 볼 수 있다.

둘째, 능력 격차를 해소하는 방식은 '하향평준화'가 아니라 '상향평준화'가 되어야 한다는 점이 강조될 필요가 있다. 한국 사회가 지향하는 최종적인 목표는 균질한 사회가 아니라 더욱 발전된 사회이고, 이를 위해서는 근로자들의 인적 자원이 전체적으로 향상되어야 한다. 문제는 한국의 노동시장에서 우수한 능력을 가진 사람에게는 충분한 보상이 주어지고 있고 이를 위한 치열한 경쟁이 벌어지고 있지만, 이러한 경쟁에서 뒤처지는 사람이 다시 능력을 쌓아 재기해나갈 수 있는 기회는 제한적이라는 점이다.

지금까지 정부의 교육정책은 우수한 학생을 더욱 우수하게 만드는 데 초점을 맞춰왔고, 그러한 방향으로 자원 배분이 이루어져 왔다(특목고에 대한 집중적인 지원, 고등교육에 대한 재정지원정책 등). 정부가 민간 부문에 개입하는 주요한 근거는 '시장 실패'이다. 교육 부문에서 시장 실패가 이루어지는 부문은 경쟁에서 성공하는 우수한 학생이 아니라 이 대열에서 뒤처지는 학생이다. 이들 뒤처지는 학생들을 다독여 더욱더 열심히 능력을 향상하도록 유도함으로써, 전체 학생의 인적자원을 상향평준화시켜 나가는 것이야말로 정부가 집중해야 할 최우선적인 교육정책의 방향이 되어야 한다.

셋째, 교육정책의 방향을 설정하는 데에는 '형평성'뿐만 아니라 '효율성' 측면도 함께 고려되어야 한다. 한정된 예산 제약 상황을 감안할 때, 어떠한 방식으로 교육자원을 배분하는 것이 한국 학생들의 인적 자원 총량을 극대화하는 데 적합한지 역시 정책 판단의 중요한 기준이 될 수밖에 없다. 물론 지금처럼 우수한 학생에게 인센티브를 집중해 경쟁을 유도하는 방식이 효율적인 방식일 수 있다. 하지만 이는 경쟁이 종료된 시점, 예를 들어 대학 입학이 결정된 이후부터는 개인의 노력을 저하시킬 위험이 있다. 특히 경쟁에서 뒤처지는 학생들의 경우, 열심히 노력해야 할 유인을 가지지 못함으로써 인적자본 축적이 지체될 가능성이 크다. 따라서 현재의 유인 구조는 대학 입학 전까지는 인적자원 총량을 극대화하는 데 효과가 있지만, 장기적으로는 그렇지 못할 수 있다.

PIAAC 조사에서 16~24세 연령층을 대상으로 학력별로 언어와 수리 성적을 분석한 〈표 6-10〉과 〈표 6-11〉의 결과는 이러한 가능성을 강력히 시사해준다. 잘 알려져 있듯이 중학생을 대상으로 한 PISA나 TIMSS와 같은 국제적인 학력성취도 조사에서는 한국이 항상 우수한 성적을 보여왔다. 어느 해든 그리고 어떤 과목이든, 한국은 OECD 국가들 중 핀란드, 일본 등과 함께 최상위 그룹에 속해 있다. 표에서 볼 수 있듯이 PIAAC 조사에서도 16~24세 연령층의 경우 어학 성적이나 수리 성적이 여전히 상위권에 있지만, PISA에 비해 우리와 유사한 성적대의 국가 수가 늘어나고 있다. 특히 수리 성적의 경우 한국은 29개 OECD 국가들 중 8위에 머문다. 연령층 범위를 20~24세로 좁

〈표 6-10〉 16~24세 연령층의 언어능력 점수의 평균값

국가	16~24세				20~24세			
	고등학교 미만		고등학교 재학 이상		대학 미만		대학 재학 이상	
	평균 점수	표준 오차	평균 점수	표준 오차	평균 점수	표준 오차	평균 점수	표준 오차
호주	251.8	(9.0)	287.5	(2.2)	270.7	(3.9)	297.9	(3.7)
오스트리아	235.6	(5.6)	283.6	(1.5)	271.5	(2.8)	312.7	(2.8)
캐나다	236.6	(5.6)	278.2	(1.3)	257.3	(2.7)	295.0	(2.2)
칠레	183.6	(9.1)	242.6	(3.3)	218.2	(4.6)	254.9	(4.3)
체코	243.1	(10.0)	282.6	(2.3)	270.2	(3.2)	299.6	(4.1)
덴마크	247.0	(5.7)	278.8	(1.4)	264.9	(3.1)	300.7	(2.6)
영국	224.2	(5.5)	272.6	(2.5)	250.4	(3.8)	289.0	(4.0)
에스토니아	254.3	(4.7)	290.5	(1.3)	275.0	(2.5)	305.3	(1.9)
핀란드	243.3	(10.2)	299.8	(1.8)	291.2	(3.6)	321.1	(3.4)
플랑드르(벨기에)	250.1	(5.5)	287.2	(1.7)	268.7	(3.1)	310.2	(2.2)
프랑스	232.1	(4.4)	279.3	(1.3)	258.3	(2.9)	300.6	(1.9)
독일	242.2	(4.9)	283.2	(1.8)	267.0	(3.3)	308.7	(2.8)
그리스	220.6	(12.2)	262.3	(2.5)	239.7	(5.1)	275.1	(3.7)
아일랜드	227.6	(9.6)	273.1	(1.9)	255.7	(4.1)	288.9	(2.7)
이스라엘	209.5	(6.3)	265.6	(1.5)	252.4	(3.1)	275.3	(3.3)
이탈리아	222.5	(8.0)	269.0	(2.4)	240.3	(4.9)	281.7	(4.1)
일본	272.8	(6.3)	301.3	(1.6)	289.9	(3.8)	312.7	(2.1)
한국	c	c	294.2	(1.7)	278.1	(4.0)	299.8	(2.5)
네덜란드	260.5	(6.9)	297.3	(1.6)	282.1	(2.9)	319.1	(2.8)
뉴질랜드	236.6	(5.6)	283.5	(1.7)	261.5	(3.1)	297.7	(3.1)
북아일랜드	233.4	(6.2)	278.7	(2.8)	256.8	(4.3)	294.6	(4.7)
노르웨이	244.8	(6.0)	279.0	(1.4)	264.1	(2.9)	304.3	(2.6)
폴란드	244.7	(3.1)	283.4	(1.1)	262.1	(1.6)	297.8	(1.3)
슬로바키아	222.5	(4.8)	280.9	(1.6)	264.0	(2.8)	294.0	(2.7)
슬로베니아	241.4	(8.8)	274.6	(1.7)	251.5	(3.9)	289.6	(2.7)
스페인	232.4	(3.4)	273.5	(1.5)	246.0	(2.9)	287.6	(2.2)

국가	16~24세				20~24세			
	고등학교 미만		고등학교 재학 이상		대학 미만		대학 재학 이상	
	평균 점수	표준 오차	평균 점수	표준 오차	평균 점수	표준 오차	평균 점수	표준 오차
스웨덴	262.6	(6.5)	284.9	(1.5)	280.4	(3.0)	314.0	(2.9)
터키	217.1	(4.2)	245.3	(2.2)	228.5	(3.6)	249.7	(3.5)
미국	237.1	(6.6)	274.3	(2.0)	258.1	(3.4)	296.3	(3.5)
OECD 평균	236.8	(1.3)	278.9	(0.4)	261.2	(0.6)	295.6	(0.6)
협력 국가들								
키프로스	251.9	(5.8)	268.8	(1.7)	252.1	(5.3)	278.0	(2.7)
자카르타(인도네시아)	171.5	(4.5)	217.5	(2.0)	193.9	(3.5)	234.3	(3.9)
리투아니아	266.0	(6.5)	279.6	(2.2)	264.6	(3.7)	294.1	(3.4)
러시아	247.4	(10.9)	275.0	(4.3)	258.4	(6.2)	278.2	(4.2)
싱가포르	c	c	287.5	(1.5)	257.4	(5.0)	296.5	(2.0)

주: Survey of Adult Skills(PIAAC) 2012년 조사 결과.
자료: OECD, *Skills Matter: Further Results from the Survey of Adult Skills*(2016).

히면 한국 학생들의 성적은 훨씬 더 하락한다. 특히 고등학교 졸업자에 비해 대학 진학자를 대상으로 할 경우, 성적 하락 폭이 더욱 커지고 있다. 29개 OECD 국가들 중 한국은 언어 성적의 경우 12위, 수리 성적의 경우 19위에 불과하다.

청소년기에 실시되는 국제적인 학업성취도 성적에 근거해 한국 청년들도 인적자원의 질이 높을 것이라고 생각하는 것은 속단이다. 대학에 진학하는 20대를 경유하며 한국 청년들의 능력은 다른 국가들에 비해 오히려 뒤처지는 양상을 보이고 있을 가능성이 크다. 현재 한국의 교육 시스템이 효율성의 측면에서도 성공적이지 못함을 보여주며, 특히 대학 진학 이후 능력 향상이 정체되고 있다는 사실이 가장 중요한 문제임을 시사해준다.[12] 경쟁에 뒤처지는 학생들에게 집중적으로 교육자원을 배분함으로써 이들의 인적자원을 끌어올리는 상향평준화 전략은 단순히 형평성 차원에서뿐만 아니라 효율성 차원에서도 중요한 의미를 가질 수 있다.

어떻게 하면 상향평준화를 이룰 수 있을까? 이와 관련해서는 우수한 성과를 보이는 학생들은 자유롭게 경쟁을 하도록 하되, 그 과정에서 뒤처지는 학생들에 대해 정부에서 배분하는 교육자원이 집중적으로 배정되도록 하는 '차별시정정책' 혹은 '역차별정책'(affirmative action)의 추진이 필요하다고 본다. 예를 들어 구체적으로 다음과 같은 정책을 고려해볼 수 있다.

우선 가장 문제가 되는 고등교육 부분에 대해서는 전문대학의 국공립화 혹은 정부의존형 사립화를 통한 교육의 질 향상 추구 전략부터 검토할 필요가 있다. 현재 한국의 전문대학은 가정 형편이 어려운 계층들이 진학함에도 불구하고 거의 대부분 사립으로 운영되고 있으며, 1인당 교육비 지출도 매우 낮은 수준에 머물고 있다. 현재 2% 수준인 국공립 혹은 정부 의존형 사립의 비율을 OECD 국가들의 평균인 80% 수준으로 향상시킨다는 목표하에, 국가 예산 투입 비율을 대폭적으로 증가해나갈 필요가 있다. 교육 내용도 현재와 같은 직업교육 외에 일반대학으로의 편입 교육, 일반인에 대한 평생교육 등으로 다양화한다. 학생들은 무료로 교육을 받도록 하고, 그 대신 일정 성과를 보이지 않을 경우 진급이 허용되지 않는 엄격한 학사관리 체계를 유지한다. 고등학교 단계까지 학업이 뒤처졌던 학생들도 전문대학 교육을 통해 얼마든지 자신의 능력을 향상시킬 수 있는 '제2의 기회(the second chance)'를 가질 수 있도록 유도하는 것이다.[13] 학생 수의 절대적인 감소로 전문대학들의 입학생 충

---

12) 2009년 통계청의 생활시간조사에 따르면 1주일간 학습 시간이 초등학생은 44시간, 중학생은 52시간, 고등학생은 64시간인 반면, 대학생은 26시간에 불과하다. 이와 관련된 내용은 강신욱 외(2013)를 참조하라.

13) 미국의 커뮤니티 칼리지를 염두에 둔 제안이다. 이와 관련해서는 남기곤(2006)을 참조하라.

〈표 6-11〉 16~24세 연령층의 수리능력 점수의 평균값

국가	16~24세				20~24세			
	고등학교 미만		고등학교 재학 이상		대학 미만		대학 재학 이상	
	평균 점수	표준 오차	평균 점수	표준 오차	평균 점수	표준 오차	평균 점수	표준 오차
호주	237.5	(10.3)	273.5	(2.5)	255.5	(4.4)	284.7	(4.5)
오스트리아	233.0	(5.9)	285.7	(1.6)	270.9	(3.2)	313.8	(3.1)
캐나다	226.1	(5.8)	271.0	(1.6)	247.8	(3.1)	289.9	(2.8)
칠레	171.7	(5.5)	225.9	(3.5)	198.9	(4.8)	245.3	(4.3)
체코	234.9	(8.5)	280.4	(1.8)	269.6	(3.2)	302.7	(3.4)
덴마크	245.6	(6.0)	275.7	(1.7)	265.0	(3.1)	302.1	(3.3)
영국	213.2	(6.3)	263.7	(2.9)	239.2	(4.1)	283.3	(3.8)
에스토니아	242.1	(4.6)	282.3	(1.2)	265.4	(2.5)	299.8	(2.4)
핀란드	226.2	(10.7)	288.2	(1.8)	277.4	(3.8)	311.6	(3.5)
플랑드르(벨기에)	247.8	(5.8)	285.0	(1.8)	264.7	(3.8)	309.6	(2.1)
프랑스	212.0	(4.9)	268.5	(1.6)	244.2	(2.9)	291.8	(2.3)
독일	234.5	(5.4)	279.9	(2.0)	264.4	(3.5)	306.3	(3.2)
그리스	219.0	(12.2)	255.8	(2.3)	238.1	(5.0)	275.1	(3.8)
아일랜드	210.5	(11.7)	260.7	(2.1)	242.1	(4.5)	279.8	(3.5)
이스라엘	193.3	(7.1)	254.3	(1.9)	242.1	(3.7)	264.7	(3.4)
이탈리아	212.9	(7.6)	259.5	(2.6)	231.2	(4.9)	267.8	(4.6)
일본	246.0	(7.8)	285.9	(2.4)	273.4	(4.3)	301.9	(2.7)
한국	c	c	282.0	(1.9)	264.8	(4.2)	287.7	(2.6)
네덜란드	250.2	(6.3)	288.1	(1.8)	269.6	(3.2)	308.7	(2.8)
뉴질랜드	221.4	(5.8)	273.1	(1.9)	250.4	(3.5)	288.9	(3.3)
북아일랜드	221.5	(6.7)	270.5	(3.5)	246.2	(5.4)	289.3	(5.6)
노르웨이	234.6	(6.8)	275.7	(1.9)	259.4	(3.7)	302.2	(3.3)
폴란드	232.2	(4.0)	270.5	(1.2)	249.6	(1.4)	289.5	(1.4)
슬로바키아	208.8	(4.8)	284.3	(1.7)	263.7	(3.0)	297.2	(2.9)
슬로베니아	244.2	(7.7)	274.1	(1.9)	253.4	(3.6)	292.7	(2.7)
스페인	225.5	(3.4)	264.1	(1.7)	239.3	(3.3)	278.7	(2.5)

국가	16~24세				20~24세			
	고등학교 미만		고등학교 재학 이상		대학 미만		대학 재학 이상	
	평균 점수	표준 오차	평균 점수	표준 오차	평균 점수	표준 오차	평균 점수	표준 오차
스웨덴	259.3	(7.5)	280.2	(1.6)	277.9	(3.3)	308.3	(3.9)
터키	210.1	(4.3)	244.3	(2.5)	222.2	(3.4)	254.7	(4.0)
미국	211.2	(6.6)	252.5	(2.3)	236.1	(3.8)	280.0	(4.5)
OECD 평균	225.9	(1.3)	270.9	(0.4)	252.5	(0.7)	289.9	(0.6)
협력 국가들								
키프로스	239.4	(7.3)	266.9	(2.0)	253.0	(6.6)	278.6	(3.1)
자카르타(인도네시아)	188.2	(4.2)	236.8	(2.2)	206.1	(3.3)	249.4	(4.3)
리투아니아	273.3	(6.7)	282.2	(2.2)	264.1	(3.5)	297.2	(3.6)
러시아	234.2	(11.2)	274.0	(4.1)	257.6	(6.1)	277.9	(4.2)
싱가포르	c	c	288.2	(1.7)	254.1	(5.8)	298.1	(2.6)

주: Survey of Adult Skills (PIAAC) 2012년 조사 결과
자료: OECD, *Skills Matter: Further Results from the Survey of Adult Skills* (2016).

원에 어려움이 예상되는 현시점에서, 희망하는 전문대학을 대상으로 (현재의 사립 고등학교처럼) 정부의존형 전문대학으로 전환하는 것은 실현 가능한 정책이라 판단된다.

둘째, 현재 시행되고 있는 대학에 대한 각종 재정지원사업들에 대해서는 전면적인 개편이 필요하다. 선택과 집중의 원칙에 따라 공모제 방식으로 진행되고 있는 현재의 각종 재정지원사업들은 대학 간 교육투자 정도의 격차를 확대시키는 부작용을 발생시키고 있을 뿐만 아니라, 단기간 동안 특정 목적을 위해 집행되는 사업의 특성상 학생들의 능력 향상에 크게 도움이 되지 않는 비효율성을 노정하고 있다. 특수한 경우를 제외한다면 현재와 같은 재정 지원 방식은 전면적으로 중단하는 것이 바람직하다고 본다.

물론 그렇다고 대학에 대한 정부의 지원 자체를 중단하자는 것은 아니다.

고비용이 들어가는 고등교육 부문을 단순히 시장에 맡기지 않고 정부가 적극적으로 재정적 측면에 지원을 제공하는 것은 반드시 필요하고, 지금보다도 훨씬 규모를 늘려나가야 한다. 문제는 어떠한 방식으로 대학을 지원할 것인가 하는 점이다. 가장 바람직한 방식은 모든 대학을 국공립화해 어느 대학에 입학하더라도 양질의 균질적인 교육을 받을 수 있도록 하고, 특히 입학 단계에서 다소 능력이 뒤처지는 학생들에게는 좀 더 집중적인 교육투자가 이루어져 상향평준화를 이룰 수 있도록 교육 시스템을 만드는 것이다. 이를 위해서는 희망하는 사립대학에 한해 정부 의존형 준공영 대학 체제로 전환을 도모하고, 현재의 국공립대학과 함께 교육 투자 수준을 증대해나갈 필요가 있다. 교수 충원율을 확대하고, 시간강사의 처우를 개선하며, 교육 여건을 개선해나가야 한다. 우수한 학생을 선발하는 경쟁이 아니라 학생을 우수하게 만드는 경쟁을 유도하고, 그 과정에 소요되는 비용을 정부는 지원한다. 국가의 재정 투자가 이루어지는 만큼 그에 걸맞은 책임이 부여되는 것은 당연하다. 고등교육이 보편화되어가는 현실 속에서, 이제 대학도 국가가 책임지는 방향으로 교육 시스템이 변화할 필요가 있다.

셋째, 대학 교육의 질이 상향평준화되면 중등교육 단계에서 우수한 대학에 입학하기 위해 벌이는 치열한 경쟁과 막대한 사교육 열풍은 상당 정도 진정될 가능성이 있다. 하지만 여전히 능력이 뒤처지는 학생들의 낙오와 지체 현상은 중요한 문제로 남게 될 것이다. 현재 고등학교 단계에서는 특성화 고등학교에 이러한 경향이 집중되는 양상을 보이고 있다. 따라서 이들의 능력을 상향평준화시키기 위해서 우선 특성화 고등학교에 교육자원 배분이 집중적으로 이루어지도록 정책을 추진할 필요가 있다. 과학고-외고와 같은 특목고 수준으로 학생 1인당 교육비가 투입되도록 하고, 교과과정도 다양화하고 고급화하는 방안들을 고려해볼 수 있다. 우수 교사들이 배치될 수 있도록 인센티브 제도를 도입하거나 기숙형 학교 시스템으로 운영하는 방안, 해외 직업교육 체계와의 교류를 활성화시키는 방법 등도 생각해볼 수 있을 것이다. 특성화 고등학교를 단순히 취업 전 단계로 인식하는 선취업-후진학 제도는 재검토될 필요가 있다. 성적이 뒤처지는 학생들에게 단순한 기술을 익히게 하고, 바로 노동시장에 취업시켜 하급적인 일에 종사하게 하자는 발상 자체를 크게 전환해야 한다. 학업성적이 뒤처진 학생들도 자신의 능력을 최대한 향상시킬 수 있는 방향을 찾도록 유도하는 것, 어느 단계에서나 그것이 바로 교육의 목표가 되어야 한다.

참고문헌

강신욱 외. 2013. 『실사구시 한국경제』. 생각의힘.

교육부·한국교육개발원. 2015. 『교육통계연보』.

김영철. 2011. 『고등교육 진학단계에서의 기회형평성 제고방안』. KDI.

김진영. 2007. 「대학서열과 노동시장」. ≪한국경제의 분석≫, 13(3), 1~72쪽.

김철수. 2012. 「학교선택 정책에 관한 비판적 고찰」. 한국해양대학교 교육대학원 석사학위논문.

김희삼·이삼호. 2007. 『고등교육의 노동시장성과와 서열구조 분석』. KDI.

남기곤. 2006. 「'잊혀진 절반'에 대한 교육은 성공하고 있는가?」. ≪경제와사회≫, 70, 141~167쪽.

______. 2007a. 「교육문제의 실타래, 어디서부터 풀어야 하나?」. 한반도사회경제연구회. 『한반도경제론』. 창비.

______. 2007b. 「사교육비 규모의 시계열 추이 분석」. ≪교육재정경제연구≫, 16, 57~79쪽.

______. 2008a. 「사교육시간과 학업성적과의 관련성: PISA 자료를 이용한 국제비교 분석」. ≪한국경제학보≫, 15(1), 55~90쪽.

______. 2008b. 「부유한 가정일수록 사교육비 비중이 높아지는가?: 가구의 총지출액과 사교육비 지출 비중과의 관련성」. ≪경제발전연구≫, 14(1), 27~53쪽.

______. 2012. 「"대학 진학은 서울로", 합리적인 선택인가?」. ≪경제발전연구≫, 18(1), 81~114쪽.

박기주·남기곤. 2013. 『한국의 초·중등교육과 경제성장』. KDI.

이경희·김태일. 2007. 「대학교육의 성별 임금효과: 대학 순위와 전공의 영향을 중심으로」. 한국노동패널 학술대회 발표문. 한국노동연구원.

장수명. 2006. 「대학서열의 경제적 수익 분석」. ≪한국교육≫, 33(2), 75~107쪽.

장수명·한치록·여유진. 2016. 「사교육금지정책과 계급이동의 관계에 관한 실증분석」. ≪한국사회정책≫, 23(1), 179~202쪽.

한준·한신갑. 2006. 「대졸자의 사회경제적 성과를 통해 본 대학 간 불평등」. 한국노동패널 학술대회 발표문. 한국노동연구원.

황지원. 2015. 「특목고의 설립 취지와 실제의 간극: 외고를 중심으로」. ≪교육비평≫, 35, 68~95쪽.

Chuang, Yih-chyi, and Yen-ling Chen. 2017. "Do Star High Schools Matter to Enter Star Universities? The Case of Taiwan." paper presented at The 11th Joint Economics Symposium of 5 Leading East Asian Universities.

제7장

영세 자영업자의 사회보험 가입 제고 방안*

강병구 | 인하대학교 경제학과 교수

1. 문제의 제기

한국의 자영업자는 2016년 전체 취업자의 21.2%로 OECD 회원국 가운데 자영업자 비중이 높은 국가로 분류되며, 영세 자영업자(생계형 자영업자)가 다수를 차지하고 있다. 영세 자영업자는 소득의 부족과 불안정, 가계부채의 증대, 사회보험의 미가입 등으로 현재는 물론 노후 생활도 위협을 받고 있다. 「2016년 가계금융·복지 조사결과」에 따르면 고용원이 없는 자영업자(자영자) 가구의 평균 채무는 2016년 3월 기준 7080만 원이고, 이 중 빚이 있는 자영자 가구의 평균 부채는 1억 140만 원으로 역대 최고 수준에 달했다. 반면에 자영자 가구의 2015년 연평균 소득은 3163만 원에 불과했다. 영세 자영업자 가구의 탈루 소득을 고려할지라도 소득수준은 낮고, 부채 비율은 높은 편이다.

---

* 이 글은 한국노동연구원의 2016년 연구 과제 「자영업자의 사회보험 가입 실태 및 제고 방안」을 수정 및 보완한 것이다

한편 국민연금 제도에 의하면 고용원이 있는 자영업자(고용주)는 사업장 가입 대상이고, 고용원이 없는 자영업자(자영자)는 지역 가입 대상이며, 근로자를 사용하지 않거나 50인 미만의 근로자를 사용하는 자영업자는 본인이 희망할 경우에 고용보험 가입이 가능하다. 또한 근로장려세제를 통해 정부는 영세 자영업자의 소득을 지원하고 있지만, 영세 자영업자들의 국민연금과 고용보험 가입률은 여전히 낮다. 2015년 8월 기준 자영자의 34.7%가 공적 연금에 가입하고 있지 않았으며, 자영자 중 고용보험 가입자는 전체 자영업자의 0.3%에 불과했다.

그동안 저임금 근로자에 대한 사회보험 가입의 제고 방안에 대해서는 어느 정도 연구가 진행되었고 다수의 국가에서 이들에 대한 지원 제도를 도입하고 있지만, 자영업자에 대해서는 상대적으로 연구가 미흡할 뿐만 아니라 지원 제도를 도입하고 있는 국가도 많지 않았다. 2008년 경제위기 이후 장기실업자와 자영업자가 증가하면서 비로소 자영업자에 대한 사회보험 가입 제고 방안에 대한 논의가 활발해지고 있다.

윤석명(2009)은 국민연금 지역 가입 소득 신고자 중 저소득 신고자에 대한 사회보험료 지원정책을 제안하고, 김태환(2014)은 임금 근로자만을 대상으로 하는 사회보험료 지원 제도를 지역 가입자와 임시직 근로자까지 확대할 것을 주장했다. 다만, 영세 자영업자에게 사회보험료를 지원하더라도 사회보험 가입에 따른 비용이 혜택보다 크면 사회보험 가입을 유인하기 어렵다. 이병희 외(2012)에 따르면 자영업자의 경우 소득원이 노출되면 사회보험료 부담뿐만 아니라 소득세 및 부가가치세 부담이 동반되기 때문에 사회보험 가입 기피 현상이 나타난다. 또한 자영업자의 소득에 대한 정확한 정보가 부족한 상태에서는 징수 당국의 정보 공유를 확대하더라도 가입 누락 사업장 및 근로자를 발굴하는 데 진전을 기대하기 어렵다. 따라서 자영업자의 사회보험료 지원을 적정 수준으로 조정하고, 자영업자에 대한 사회보험료 적용과 징수 체계를 개선해 사회보험 가입의 기피 유인을 줄여나가야 한다.

이 장에서는 영세 자영업자에 대한 사회보험료 지원 사업의 혜택과 비용을 비교 분석해 이들의 사회보험 가입을 제고할 수 있는 방안을 모색한다. 이를 위해 2절에서는 자영업자의 사회보험 제도를 살펴보고, 3절에서는 사회보험 미가입자의 규모와 특성을 파악한다. 4절에서는 자영업자의 사회보험 가입에 따른 추가 비용과 혜택을 비교해 사회보험 가입 기피의 원인을 분석한다. 5절에서는 자영업자에 대한 사회보험 지원의 해외 사례와 자영업자의 사회보험 가입 제고 방안을 모색한다.

2. 자영업자와 사회보험 제도

1) 자영업자 규모

자영업자란 일반적으로 법인 사업체가 아닌 사업체를 운영하는 개인 사업자로서 고용원이 있는 자영업자(고용주)와 고용원이 없는 자영업자(자영자)로 구분된다. 부가가치세법에 의한 간이과세자로서 연간 매출액 4800만 원 미만인 사업자는 생계형 자영업자 혹은 영세 자영업자, 그 이상은 일반 자영업자로 분류된다. 〈그림 7-1〉에서 보듯이 2016년 기준 자영업자는 557만 명으로 전체 취업자의 21.2%를 차지하고 있었다. 자영업자 중 고용주와 자영자의 비중은 각각 28.0%와 72.0%였다.

〈표 7-1〉에서 2015년 부가가치세(과세분매출) 신고 현황을 보면 일반 사업자와 간이과세자의 신고 인원은 큰 비중을 차지하지만, 과세표준에서 차지하

〈그림 7-1〉 종사상 지위별 취업자(2016)

(단위: 천 명)

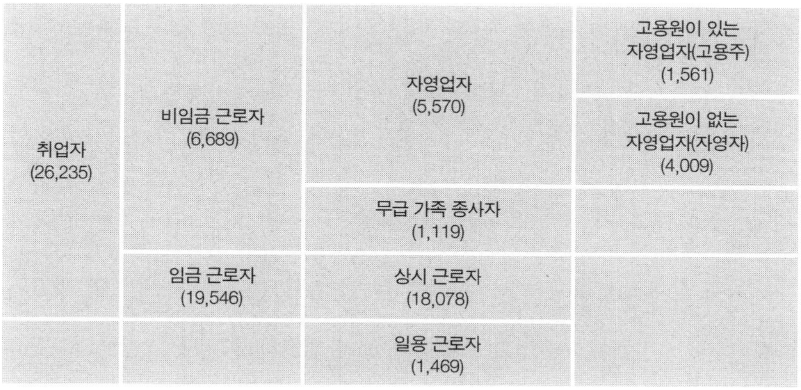

취업자 (26,235)	비임금 근로자 (6,689)	자영업자 (5,570)	고용원이 있는 자영업자(고용주) (1,561)
			고용원이 없는 자영업자(자영자) (4,009)
		무급 가족 종사자 (1,119)	
	임금 근로자 (19,546)	상시 근로자 (18,078)	
		일용 근로자 (1,469)	

자료: 통계청 국가통계포털(KOSIS).

〈표 7-1〉 부가가치세 신고 현황(2015년 과세분매출 기준)

구분	신고 인원		과세표준		세액	
	수(명)	비중(%)	금액(조 원)	비중(%)	금액(조 원)	비중(%)
법인사업자	612,035	10.8	2,471	79.4	247	79.9
일반사업자	3,406,001	60.0	610	19.6	61	19.7
간이사업자	1,659,847	29.2	31	1.0	0.6	0.2
전체	5,677,883	100.0	3,112	100.0	309	100.0

주: 간이과세자는 1년 동안의 공급대가(공급가액+부가가치세액)의 합계(총매출액)가 4800만원 미만인 개인 사업자이며 제조업, 광업, 부동산 매매업, 도매업, 유흥업, 변호사·법무사·세무사·공인중개사·한의사·수의사 관련 직종은 제외된다. 총매출액이 2400만 원 미만일 경우 부가가치세가 면제된다.
자료: 국세청(2016).

는 비중은 매우 작다. 특히 영세 자영업자로 분류된 간이사업자의 경우 전체 부가가치세 신고자의 29.2%를 차지하지만, 과세표준은 1%에 불과하다.

2) 사회보험 제도

자영업자가 당연 적용 대상에 포함되는 사회보험은 전 국민을 대상으로 하는 국민연금과 건강보험이다. 먼저 국민연금의 가입자는 가입 종별에 따라 사업장 가입자, 지역 가입자, 임의 가입자, 임의 계속 가입자로 구분된다. 고용원이 있는 자영업자(고용주)는 사업장 가입 대상이고, 고용원이 없는 자영업자(자영자)는 지역 가입자 대상이다. 다만 조건이 충족될 경우 자영업자는 임의 가입자 또는 임의 계속 가입자가 될 수 있다. 지역 가입자가 사업장에 취업하면 자동적으로 사업장 가입자가 되고, 지역 가입자 자격은 상실된다.

사업장 가입자의 기준 소득 월액은 사업장에서 신고한 소득액을 해당 사업장의 종사 기간 총일수로 나눈 금액의 30배에 해당하며 당해 연도 7월부터 다음 연도 6월까지 1년간 적용된다. 지역 가입자 또는 지역 계속 임의 가입자는 사업장 가입자와는 달리 정기적인 소득 신고를 받지 않고, 공단에서 사전에 가입자의 종사 업종 변경 여부 및 현재 적용 중인 기준 소득 월액의 적정성 여부를 과세자료 등에 의거해 결정한다. 2016년 7월 1일부터 2017년 6월 30일까지 적용할 최저·최고 기준 소득 월액은 각각 28만 원과 434만 원이다.

사업장 가입자의 경우 보험료율인 소득의 9%에 해당하는 금액을 본인과 사업장의 사용자가 각각 4.5%씩 부담해 매월 사용자가 납부하지만, 지역 가입자·임의 가입자·임의 계속 가입자는 보험료를 전액 본인이 부담한다. 다만 '소득세법' 제51조의 3에 근거해 당해 연도에 연금보험료 납부 이력이 있는 가입자로서 종합소득이 있는 자는 해당 과세 기간 종합소득금액에서 그 과세 기간에 납입한 연금보험료를 공제한다. 또한 농어업인 지역 가입자는 농어촌특별세에서 매월 보험료의 일정액을 보조한다. 2016년 기준 국고보조 대상자 1인당 월별 지원 금액은 기준 월 소득 91만 원(보험료 8만 1900원) 이하의 경우 본인 보험료의 50%에 해당하는 금액이고, 기준 월 소득 91만 원을 초과하는 경우에는 91만 원 보험료의 50%에 해당하는 금액을 정액으로 지원받았다.

한편 건강보험은 직장 가입자와 지역 가입자로 적용 대상을 구분하며, 직

〈표 7-2〉 국민건강보험 적용 인구 현황(2016)

(단위: 천 명, %)

분류		적용 인구	비율
의료 보장 인구 총계		52,273	100.0
건강보험 대상자	계	50,763	97.1
	직장	36,674	70.2
	지역	14,088	26.9
의료 급여		1,510	2.9

자료: 국민건강보험공단 홈페이지(www.nhis.or.kr).

장 가입자는 사업장의 근로자 및 사용자와 공무원 및 교직원 그리고 그 피부양자로 구성되고 지역 가입자는 직장 가입자를 제외한 자를 대상으로 한다. 건강보험 대상자 중 피부양자는 직장 가입자에 의해 주로 생계를 유지하는 자로서 보수 또는 소득이 없는 자이며, 직장 가입자의 배우자, 직계존속(배우자의 직계존속 포함), 직계비속(배우자의 직계비속 포함) 및 그 배우자, 형제자매를 포함한다. 〈표 7-2〉에서 보듯이 2016년 직장 가입자와 지역 가입자는 각각 적용 인구의 70.2%와 26.9%이다.

건강보험 직장 가입자의 보수월액 보험료는 가입자의 보수월액에 건강보험료율을 곱해 산정한 후, 경감률 등을 적용해 가입자 단위로 부과한다. 다만, 직장 가입자의 보수월액 상하한선은 각각 28만 원과 7810만 원이다. 건강보험료와 연계해서 부과되는 장기요양보험료는 건강보험료에 장기요양보험료율을 곱해 산출한다. 2016년 1월부터 적용되는 건강보험료율과 장기요양보험료율은 각각 6.12%와 6.55%이다. 근로자의 경우 건강보험료 본인 부담과 사용자 부담은 각각 3.06%이다. 지역 가입자의 건강보험료는 가입자의 소득, 재산(전·월세 포함), 자동차, 생활수준 및 경제활동 참가율을 참작해 정한 부과요소별 점수를 합산한 보험료 부과 점수에 점수당 금액을 곱해 보험료를 산정한 후, 경감률 등을 적용해 세대 단위로 부과한다. 보험료 부과 점수는 소득 점수(75등급), 재산 점수(50등급), 자동차 점수(7등급, 28구간), 생활수준 및 경제활동 참가율 점수(30등급) 등으로 구분하며, 연소득 500만 원 이하의 세대는 생활수준 및 경제활동 참가율 점수+ 재산 점수 + 자동차 점수의 합계, 연소득 500만 원 초과 세대에 대해서는 소득 점수 + 재산 점수 + 자동차 점수의 합계를 부과 점수로 한다. 2016년 1월부터 적용되는 부과 점수당 금액은 179.6원이다. 건강보험료는 섬·벽지 거주자와 농어촌 거주자에 대해 각각 50%와 22%의 경감률을 적용하고 있다.

고용보험과 산재보험은 근로자를 1인 이상 고용하는 모든 사업장을 당연적용 사업장으로 하고 있지만, 근로자를 사용하지 않거나 50인 미만의 근로자를 사용하는 자영업자(개인 사업장은 사업주, 법인은 대표이사)는 본인이 희망하는 경우에 고용보험의 가입이 가능하다. 자영업자가 고용보험에 가입하는 경우에는 고용안정, 직업능력개발사업 및 실업급여에 모두 가입해야 한다. 다만, 2012년 1월 22일 전에 이미 가입한 자영업자는 고용안정 및 직업능력개발사업에 한해 가입을 유지하는 것이 가능하다. 가입을 희망하는 자영업자는 사업자 등록일(개업 연월일)로부터 1년 이내에 가입해야 하며, 고용보험의 수급 자격을 취득하기 위해서는 최소 1년간 고용보험에 가입해 2.25%의 고용보험료(실업급여 2%와 고용안정 및 직업능력개발사업 0.25%)를 납부해야 한다.

고용보험에 가입한 자영업자에 대해서는 고용보험기금의 '자영업자 고용안정·직업능력개발 지원 사업'에서 훈련비 등을 지원하며, 구직급여는 고용보험에 가입한 기간(피보험 기간)에 따라 90~180일 동안 지급한다. 또한 폐업 후, 구직급여 수급 없이 일반 근로자(임금 근로자)로 전환하는 경우에는 실업급여 수급에 불이익이 없도록 자영자 고용보험 가입 기간을 합산해준다. 일반 근로자에서 자영업자로 전환되는 경우에도 본인이 희망하는 경우에 한해 고용보험 가입 기간을 합산해준다. 가입 기간에 따른 급여 일수는 〈표 7-3〉에

〈표 7-3〉 자영업자 고용보험 급여 일수

구분	가입 기간(피보험 기간)			
	1년 이상 3년 미만	3년 이상 5년 미만	5년 이상 10년 미만	10년 이상
소정 급여 일수	90일	120일	150일	180일

자료: 고용노동부 홈페이지 '자영업자 고용보험제도'.

〈표 7-4〉 사회보험료 현황(2016)

(단위: %)

구분		국민연금	고용보험		산재보험	건강보험	장기요양보험
			실업급여	고용안정사업 직업능력개발사업			
직장 가입자		9	1.3	0.25~0.85	0.7~34.0	6.12	0.40086
	사업주	4.5	0.65	0.25~0.85	0.7~34.0	3.06	0.20043
	근로자	4.5	0.65	-	-	3.06	0.20043
지역 가입자		9	2.00	0.25	-	부과 점수당 179.6원	건강보험료 6.55

주: 1) 고용안정사업·직업능력개발사업의 고용보험료율은 상시 근로자 150인 미만(0.25%), 상시 근로자 150인 이상으로 우선지원 대상기업(0.45%), 상시 근로자 10s00인 미만 우선지원 대상기업 제외 업체(0.65%), 상시 근로자 1000인 이상(0.85%).

2) 국민연금, 건강보험, 고용·산재보험의 기준 소득은 각각 기준 소득 월액, 보수 월액, 월평균 보수.

자료: 국민연금공단, 근로복지공단, 국민건강보험공단 홈페이지.

서 보는 바와 같다.

〈표 7-4〉에서 보듯 2016년 근로자 10인 미만 사업장의 사업주와 근로자가 부담하는 국민연금과 고용보험의 보험료는 각각 5.4%, 5.15%이다. 사업주는 4.5%의 국민연금 보험료와 0.65%의 실업급여 고용보험료에 더해 0.25%의 고용안정사업 및 직업능력개발사업 고용보험료를 납부하고, 근로자는 4.5%의 국민연금 보험료와 0.65%의 실업급여 고용보험료를 납부한다. 고용원이 없는 자영업자(자영자)가 가입하는 지역 가입자의 경우 국민연금보험료(9%)에 더해 건강보험료와 장기요양보험료를 납부하고, 선택적으로 고용보험료를 납부해야 한다. 만약 영세 자영자의 경우 근로장려세제와 기타 사회보

험료 지원 사업을 통해 얻는 혜택이 소득의 성실 신고로 인한 사회보험료 및 조세 부담의 증가보다 작을 경우 사회보험에 가입할 유인은 작아진다.

3. 사회보험 사각지대 현황

자영업자의 국민연금과 고용보험 미가입률은 매우 높은 수준이다. 〈표 7-5〉에서 보듯이 2015년 8월 기준 고용원이 없는 자영업자(자영자)의 34.7%가 공적연금에 가입하고 있지 않았다. 자영자의 공적연금 미가입 비율은 임시 근로자(61.4%)와 일용 근로자(76.6%)에 비해서는 낮지만, 고용주(17.2%)와 상용 근로자(5.2%)에 비하면 높은 편이다. 자영자 중 고용보험 가입자는 2015년 8월 말 기준 전체 자영업자의 0.3%인 1만 6389명에 불과하고, 자영업자 실업급여 수급자는 2013년 743명, 2014년 1175명, 2015년 8월 기준 702명이다(한정수, 2015: 59).

자영업자의 경우 초기 사업자금 규모가 영세할수록 공적연금과 산재보험의 미가입자 비율이 커지고 있다. 〈표 7-6〉에서 보듯이 초기 사업자금이 500만 원 미만인 자영자의 경우 공적연금 미가입자 비율이 61.0%에 달하고, 규모가 증대됨에 따라 미가입자 비율이 낮아져 3억 원 이상의 경우에는 27.1%로 떨어진다. 초기 사업자금이 500만 원 미만인 고용주의 경우 공적연금과 산재보험의 미가입자 비율은 각각 41.4%와 63.4%에 달하고 있다.

한편 사회보험의 사각지대에 있는 자영업자 가구의 특성을 밝히기 위해 한국조세재정연구원의 '재정패널'을 분석했다. '재정패널'은 가구원의 경제활동 상태를 당해 연도를 기준으로 조사하지만 사회보험과 민간보험의 가입 실태, 과세자료, 소득과 소비 수준 등은 전년도를 기준으로 조사한다. 따라서 6차

〈표 7-5〉 종사상 지위별 사회보험 미가입자 비율 (단위: 천 명, %)

구분		인원	공적연금	건강보험	고용보험	산재보험
비임금 근로자	자영자	4,026	34.7	-	-	-
	고용주	1,595	17.2	-	-	54.7
임금 근로자	상용 근로자	12,675	5.2	0.04	3.9	-
	임시 근로자	5,106	61.4	3.5	72.4	-
	일용 근로자	1,531	76.6	8.7	94.4	-

자료: 통계청 「경제활동인구조사」(2015.8).

〈표 7-6〉 비임금 근로자 초기 사업자금 규모별 공적연금 미가입자 비율 (단위: %)

구분	자영자 공적연금	고용주	
		공적연금	산재보험
500만 원 미만	61.0	41.4	63.4
500만 원~2000만 원 미만	51.2	39.3	75.0
2000만 원~5000만 원 미만	31.8	29.1	76.2
5000만 원~1억 원 미만	31.3	27.4	55.5
1억 원~3억 원 미만	24.5	11.9	55.6
3억 원 이상	27.1	9.2	25.6

자료: 통계청 「경제활동인구조사」(2015.8).

(2013년)와 7차(2014년) 자료를 결합하고, 2013년 취업 형태 및 종사상 지위별 사회보험 가입 실태를 분석했다. '재정패널'은 공적연금과 고용보험에 대해서는 가입 여부를 조사하고, 건강보험에 대해서는 보험료 납부 여부를 조사한 후 건강보험료를 납부하지 않은 이유를 추가로 조사한다. 〈표 7-7〉에서 보듯이 비임금 근로자의 사회보험 가입률은 임금 근로자에 비해 낮고, 고용원이 없는 자영업자의 경우 고용원을 둔 사업주에 비해 공적연금의 미가입자 비중이 크게 높다. 〈표 7-5〉와 〈표 7-7〉의 자영업자 공적연금 비가입자 비중을 비교하면 '재정패널'의 사회보험 미가입자 비중이 「경제활동인구조사」

〈표 7-7〉 소득 유형별 사회보험 미가입자 비율(2013) (단위: %)

구분	임금 근로자				비임금 근로자			
	전체	상용직	임시직	일용직	전체	고용원 없는 자영업자	고용원을 둔 사업주	무급 가족 종사자
공적연금	27.7	12.7	68.9	84.8	58.6	60.6	21.3	87.9
건강보험	0.0	0.0	0.0	0.0	0.0	0.0	0.0	0.0
고용보험	38.7	25.8	69.3	92.4	95.8	96.3	91.6	97.3

자료: 한국조세연구원, '재정패널' 6·7차 조사 자료.

〈표 7-8〉 건강보험료를 납부하지 않은 이유 (단위: %)

구분	임금 근로자			비임금 근로자		
	상용직	임시직	일용직	고용원 없는 자영업자	고용원 둔 사업주	무급 가족 종사자
전체	(6.2)	(44.2)	(57.6)	(39.5)	(9.5)	(88.0)
피부양자로 등록	95.1	88.7	81.9	97.0	94.2	99.9
의료 급여 대상자	2.2	9.5	14.2	2.4	0.0	0.1
연체	2.7	1.8	3.9	0.4	5.8	0.0
건강보험 미가입	0.0	0.0	0.0	0.0	0.0	0.0
무응답	0.0	0.0	0.0	0.2	0.0	0.0

에 비해 높은 것으로 나타났다. 이러한 차이점은 재정패널 조사가 고소득층 가구와 저소득층 가구를 상대적으로 과대표집하고 있기 때문인 것으로 판단된다.[1)]

건강보험의 경우 조사 대상자가 모두 가입되어 있지만, 여러 가지 사유로 건강보험료를 납부하지 않고 있다. 〈표 7-8〉에서 보듯이 2013년에 자영자의 39.5%와 고용주의 9.5%가 건강보험료를 납부하지 않았다. 그 사유를 보면

1) 재정패널의 표본설계에 대해서는 한국조세연구원(2016) 참조.

〈표 7-9〉 건강보험 피부양자의 매출액 분포

(단위: %)

구분	전체	자영자	고용주
4800만 원 미만	81.3	82.7	37.5
4800만 원 이상~1억 원 미만	13.1	13.2	10.7
1억 원 이상~3억 원 미만	3.6	3.2	16.4
3억 원 이상	2.0	0.9	35.4

〈표 7-10〉 건강보험 피부양자의 순소득분포

(단위: %)

구분	전체	자영자	고용주
1000만 원 미만	41.7	42.1	28.9
1000만 원 이상~2000만 원 미만	31.7	31.9	23.1
2000만 원 이상~4000만 원 미만	22.6	21.9	42.6
4000만 원 이상~6000만 원 미만	2.4	2.3	5.5
6000만 원 이상~8000만 원 미만	1.4	1.5	0.0
8000만 원 이상~1억 원 미만	0.1	0.1	0.0
1억 원 이상	0.3	0.3	0.0

주: 순소득 = 연간 총매출액 − 필요 경비.

자영자와 고용주의 경우 각각 97.0%와 94.2%가 피부양자로 등록되어 있기 때문이며, 의료 급여 대상자와 연체자의 비중은 매우 작다. 〈표 7-9〉에서 건강보험 피부양자로 등록된 자영업자의 매출액 분포를 보면 영세 자영업자로 분류되는 연간 매출액 4800만 원 미만의 규모에 자영자와 고용주의 81.3%가 분포되었다. 자영자와 고용주의 경우 각각 82.7%와 37.5%를 기록해 영세한 자영자를 중심으로 건강보험의 피부양자 등록률이 높다. 반면에 고용주의 경우 연간 매출액 3억 원 이상의 구간에서도 피부양자 등록률이 35.4%를 기록했다. 〈표 7-10〉에서 자영업자 건강보험 피부양자의 순소득을 보면 연소득 2000만 원 미만에 73.4%가 분포되어 있다. 자영자와 고용주의 경우 그 비율

〈표 7-11〉 매출액 규모별 자영업자 공적연금 미가입 현황 (단위: 만 원, %)

구분	평균 순소득	매출액 대비 소득 비율	전체	자영자	고용주
4800만 원 미만	1,364	63.4	67.6	68.7	34.2
4800만 원 이상~1억 원 미만	3,072	48.3	45.0	48.2	24.4
1억 원 이상~3억 원 미만	4,422	31.3	24.8	30.1	16.0
3억 원 이상	8,397	13.5	20.1	34.4	15.0

〈표 7-12〉 순소득 규모별 자영업자 공적연금 미가입 현황 (단위: %)

구분	전체	자영자	고용주
1000만 원 미만	61.7	63.9	24.5
1000만 원 이상~2000만 원 미만	65.5	70.2	24.1
2000만 원 이상~4000만 원 미만	51.1	53.1	34.8
4000만 원 이상~6000만 원 미만	36.1	43.7	16.6
6000만 원 이상~8000만 원 미만	29.2	36.8	17.3
8000만 원 이상~1억 원 미만	22.5	41.4	0.0
1억 원 이상	15.4	61.1	8.0

은 각각 74.0%와 48.2%이다.

자영업자의 연간 매출액 규모별 공적연금 미가입 현황을 보면 전반적으로 매출액 규모가 작을수록 사회보험의 미가입률이 높다. 〈표 7-11〉에서 보듯이 연간 매출액이 4800만 원 미만인 영세 자영업자의 경우 공적연금 미가입자 비율이 67.6%에 달하고 있으며, 자영자 68.7%와 고용주 34.2%를 기록해 자영자의 공적연금 미가입률이 크게 높다. 〈표 7-12〉에서 순소득 규모별 자영업자 공적 자금 미가입 현황을 보면 연소득 1000만 원 미만의 구간에서 공적연금 미가입률이 61.7%를 기록했고, 자영자(63.9%)가 고용주(24.5%)에 비해 높은 미가입률을 보였다. 특히 자영자의 경우에는 연소득 1억 원 이상의 구간에서도 공적연금 미가입률이 61.1%에 달했다.

〈표 7-13〉 공적연금 가입자와 미가입자의 민간연금 및 민간보험 가입률 (단위: %)

구분	전체		자영자		고용주	
	가입자	미가입자	가입자	미가입자	가입자	미가입자
연금보험	14.6	6.0	14.2	5.6	15.8	13.1
보장보험(질병/상해/사망)	87.7	56.8	88.8	55.9	84.4	72.3
저축보험	6.9	3.4	6.6	3.3	7.9	5.3

〈표 7-14〉 순소득 규모별 자영업자 민간연금 또는 보험 가입 현황 (단위: %)

구분	연금보험	보장보험	저축보험
1000만 원 미만	6.8	55.9	5.2
1000만 원 이상~2000만 원 미만	8.3	72.8	5.3
2000만 원 이상~4000만 원 미만	8.8	82.2	4.6
4000만 원 이상~6000만 원 미만	14.9	89.5	4.2
6000만 원 이상~8000만 원 미만	26.7	91.6	3.1
8000만 원 이상~1억 원 미만	27.2	77.9	1.8
1억 원 이상	31.3	72.7	12.6

한편 공적연금 가입자의 경우 미가입자에 비해 민간연금 또는 민간보험의 가입 비율이 높은 것으로 나타났다. 〈표 7-13〉에서 보듯이 자영업자의 경우 공적연금 가입자의 민간 연금보험, 보장보험, 저축보험 가입 비율은 각각 14.6%, 87.7%, 6.9%로 공적연금 미가입자의 6.0%, 56.8%, 3.4%에 비해 높다. 또한 〈표 7-14〉에서 보듯이 소득수준이 높아짐에 따라 연금보험의 가입 비율이 높지만, 보장보험과 저축보험은 소득수준별로 다소 차이를 보이고 있다. 보장보험의 경우 소득이 8000만 원 미만의 구간에서는 가입률이 소득수준에 비례하지만, 그 이상의 소득수준에서는 오히려 낮아지고 있다. 저축보험의 경우에도 1억 원 미만의 경우에는 소득수준에 비례해서 가입률이 낮아지다가 1억 원 이상의 구간에서 크게 높아진다.

4. 사회보험 지원 정책의 평가

1) 사회보험료 지원 정책

한국의 대표적인 사회보험료 지원 사업으로는 고용노동부의 '사회보험 사각지대 해소 사업'과 '상용형 시간선택제 일자리 사회보험료 지원 사업', 농림축산부의 '농어민건강·연금보험료 지원 사업' 등이 있다. 이 외에도 자영업자에 대한 사회보험료 지원 사업은 근로장려세제와 두루누리 사회보험 지원 사업이 있다. 근로장려세제는 일은 하지만 소득이 적어 생활이 어려운 자영업자 또는 근로자 가구에 대해 근로 장려금을 지급함으로써 저소득자의 사업 또는 근로를 장려하고 소득을 지원하는 제도이다('조세특례제한법' 100조의 2-13). 한국의 근로장려세제가 근간으로 하고 있는 미국의 EITC는 1975년 도입 당시 저소득 근로자의 사회보장세를 지원하는 것이 목적이었다.

근로장려세제는 가구 단위의 소득 지원 제도이며, 2014년부터 자영업자에 대해서도 적용하고 있다. 다만, 근로장려세제의 수급자가 되기 위해서는 소득, 재산, 부양의무자 조건 등을 충족하는 근로소득 또는 사업소득이 있는 거주자여야 한다. 근로장려세제 수급자의 경우 가구 유형별로 최대 수급액이 달라진다. 〈표 7-15〉에서 보듯이 2016년에 단독 가구, 홑벌이 가족 가구, 맞벌이 가족 가구는 각각 연간 최대 70만 원, 170만 원, 210만 원의 근로 장려금을 지급받을 수 있었다.[2] 근로 장려금의 지급 현황을 보면, 2015년 귀속 소득 기준으로 137만 8953가구에게 1조 280억 원을 지급했다. 근로 장려금 수급

---

2) 2016년 12월 '조세특례제한법' 개정으로 단독 가구, 홑벌이 가족 가구, 맞벌이 가족 가구의 연간 근로 장려금 최대 지급액은 각각 77만 원, 185만 원, 230만 원으로 인상되었다.

〈표 7-15〉 가구 유형별 총소득 조건 및 급여 수준

구분	근로 장려금	
	총소득 기준 금액	연간 최대 지급액
단독 가구	1300만 원 미만	70만 원
홑벌이 가구	2100만 원 미만	170만 원
맞벌이 가구	2500만 원 미만	210만 원

주: 단독 가구는 배우자와 부양 자녀가 없는 60세 이상인 가구. 맞벌이 가구는 배우자 총급여액 등이 300만 원 이상인 가구.

자의 분포를 보면 점증 구간과 평탄 구간에 각각 46.2%와 16.5%의 수급자가 집중되었고, 37.3%의 수급자가 점감 구간에 속했다(국세청, 2016).

한편 2012년 7월에 도입된 두루누리 사회보험 지원 사업은 근로자 수가 10명 미만인 소규모 사업장을 대상으로 국민연금과 고용보험의 보험료 일부를 지원하는 사업이다. 2016년 1월 기준 월평균 보수 140만원 미만의 근로자를 고용한 사업주와 근로자에게 보험료의 최대 60%를 지원하고 있는바, 신규 가입 근로자와 기존 가입 근로자에 대한 지원은 각각 60%와 40%이다. 〈표 7-5〉에서 보듯이 2016년 근로자 10인 미만 사업장의 사업주와 근로자가 부담하는 국민연금과 고용보험의 보험료 합계는 각각 5.4%와 5.15%이다. 사업주는 4.5%의 연금보험료와 0.9%의 고용보험료를 납부하고, 근로자는 4.5%의 연금보험료와 0.65%의 고용보험료를 납부한다. 따라서 기존 가입자의 경우 두루누리 사회보험 지원 사업을 통해 사업주와 근로자는 각각 월 보수의 2.16%와 2.06%에 해당하는 사회보험료를 지원받고, 신규 가입자의 경우에는 사업주와 근로자가 각각 월 보수의 3.24%와 3.09%에 해당하는 사회보험료 지원을 받을 수 있다.

〈표 7-16〉에서 보듯이 월 보수 139만 원인 기존 가입자의 경우 두루누리 사업을 통해 근로자와 사업주는 각각 연 34만 3608원과 36만 288원의 사회보

〈표 7-16〉 두루누리 사업 사회보험료 지원 수준(월 보수 139만 원 기준) (단위: 원)

구분	기존 가입자			신규 가입자		
	국민연금	고용보험	합계	국민연금	고용보험	합계
근로자	300,240	43,368	343,608	450,360	65,052	515,412
사업주	300,240	60,048	360,288	450,360	90,072	540,432
합계	600,480	103,416	703,896	900,720	155,124	1,055,844

험료를 지원받아, 근로자 1인당 연간 총 70만 3896원에 달한다. 신규 가입자의 경우에는 근로자 1인당 연간 총 105만 5844원의 사회보험료를 지원한다.

두루누리 사업은 근로장려세제와 달리 사업주와 근로자 개인을 대상으로 하는 사회보험료 지원 사업이기 때문에 고용원이 없는 자영자는 지원 대상에 포함되지 않는다. 다만, 두루누리 사업이 근로자 수 10인 미만의 사업장을 대상으로 하기 때문에 영세 사업장의 고용주는 대상에 포함된다. 홑벌이 가족가구를 기준으로 근로장려세제의 연간 최대 근로 장려금은 170만 원이며, 만약 두루누리 사업이 고용원이 없는 자영자에게 적용되어 지역 가입자가 부담하는 국민연금 보험료 9%의 40%를 지원받을 경우 연간 총소득 1668만 원(139만 원×12개월)에 대해 지원금은 최대 270만 원으로 확대된다.[3]

고용원이 없는 자영업자(자영자)의 경우 국민연금 보험료(9%)에 더해 건강보험료와 장기요양보험료를 납부하고, 선택적으로 고용보험료(2.25%)를 납부해야 한다. 만약 영세 자영자의 경우 근로장려세제와 두루누리 사회보험료 지원 사업으로 얻는 혜택이 사회보험의 신규 가입으로 인한 보험료 부담 및 세 부담 증가보다 작을 경우 사회보험에 가입할 유인이 작아진다. 특히 소득

3) 이병희 외(2012)는 영세 자영업자에 대한 사회보험료 지원은 소득 파악 인프라 확충 후 단계적으로 실시하는 것이 불가피하다고 주장한다.

탈루율이 높은 자영업자의 경우 소득 파악률의 제고로 사업소득세와 부가가치세 부담이 증가한다면, 사회보험 가입에 대한 기피 경향은 더 높아질 것이다.[4] 따라서 소득 및 사회보험료 지원 사업으로 인한 혜택과 자영업자의 사회보험 가입으로 인한 추가 비용을 비교해 적정 수준으로 사회보험료 지원을 조정해야 한다.

2) 지원 정책의 효과 분석

사회보험에 가입하지 않은 자영업자가 사회보험에 가입함에 따라 추가로 부담해야 하는 비용은 본인 부담의 사회보험료와 조세 비용이다. 먼저 자영업자는 근로 소득자에 비해 소득 파악률이 낮기 때문에 사업소득에 대한 탈루소득을 추정해 보고된 소득과 실제 소득 대비 사회보험료 부담을 비교할 필요가 있다. 〈표 7-17〉에서 보듯이 영세 자영업자가 속하는 2000만 원 미만의 소득 구간에서 보고된 사업 소득과 추정된 사업 소득의 차이가 크다. 다만, 연간 매출액 4800만 원 미만의 영세 사업자는 간이과세자이기 때문에 부가가치액 산출 시 적용되는 낮은 수준의 부가가치율로 인해 일반 과세자에 비해 소득이 낮게 신고 되는 측면이 있다. 반면에 고소득 자영업자의 탈루 소득은 '가계동향조사' 자료와 추정방법의 한계로 인해 과소 추정된 것으로 판단된다.

이 연구의 실증 분석에 이용된 '가계동향조사'는 공적연금 보험료와 건강보

4) 이러한 측면에서 "자영업자의 사회안전망 확충을 위한 자영업자 소득신고 현실화를 추진한다면 현재 규정인 연간 매출액 4800만 원 이하의 간이과세는 기준이 너무 낮으므로 연간 매출 1억 원 이하 간이과세제도로 바꾸어야 한다고 주장하고 있다. 왜냐하면 회원 대부분이 기준 액인 4800만 원 이상의 매출을 올리고 있으나, 세제 혜택을 위해 과소 보고하고 있다는 사실을 강조했다"는 한국떡류식품가공협회의 인터뷰는 시사적이다(전용일 외, 2012: 242).

〈표 7-17〉 자영업자의 추정 소득 및 소득 탈루율 추정 결과 (단위: 만 원, %)

구분	보고 경상소득	사업소득		추정 경상소득
		보고 사업소득	추정 사업소득	
2000만 원 미만	1,510	1,040	2,562	3,033
2000만 원 이상~4000만 원 미만	3,160	2,339	4,525	5,345
4000만 원 이상~6000만 원 미만	4,939	3,511	5,391	6,819
6000만 원 이상~8000만 원 미만	6,818	4,541	5,967	8,244
8000만 원 이상~1억 원 미만	8,627	5,269	6,853	10,212
1억 원 이상	13,053	7,220	8,925	14,758
전체 평균	5,232	3,518	5,345	7,060

자료: 통계청, 가계동향조사.

험료 및 기타 사회보험료 지출을 조사하고 있다. 따라서 공적연금 보험료와 기타 사회보장 부담금을 경상소득으로 나누면 실효연금보험료율과 실효사회보장 부담률을 구할 수 있다. 2절에서 살펴본 바와 같이 자영업자는 9%의 연금보험료를 부담하고, 소득, 재산(전·월세 포함), 자동차, 생활수준 및 경제활동 참가율을 참작해 정한 부과 요소별 점수를 합산한 보험료 부과 점수에 점수당 금액을 곱해 보험료를 산정한 후, 경감률 등을 적용해 세대 단위로 부과한다. 공적연금 보험료는 보고된 경상소득과 추정된 경상소득에 각각 9%를 곱해 산출했고, 건강보험료를 포함한 여타의 사회보장 부담금은 실효사회보장 부담률을 이용해 구했다. 소득세 탈루액은 국세청 「국세통계연보」의 종합소득자 과세 자료를 이용해 추정한 소득 규모별 평균 실효세율을 이용해 구했다. 즉, 소득세 탈루액은 추정된 경상소득과 보고된 경상소득의 차이에 각 소득 구간별 평균 실효세율을 곱해 구했다.[5)]

5) 자영업자의 탈루 소득 추정에 대해서는 〈부록_자영업자의 탈루 소득 추정〉을 참조.

〈표 7-18〉 자영업자의 사회보험료 및 조세 부담 추정 (단위: 만 원)

구분	보고 경상소득 기준			추정 경상소득 기준			B-A
	합계 (A)	사회 보험료	소득세	합계 (B)	사회 보험료	소득세	
2000만 원 미만	245	208	37	492	418	74	247
2000만 원 이상~4000만 원 미만	590	405	185	997	685	312	407
4000만 원 이상~6000만 원 미만	997	616	381	1,377	851	526	380
6000만 원 이상~8000만 원 미만	1,516	841	675	1,833	1,017	816	317
8000만 원 이상~1억 원 미만	2,087	1,050	1,037	2,470	1,243	1,227	383
1억 원 이상	3,724	1,487	2,237	4,211	1,681	2,530	487
전체 평균	1,385	657	728	1,869	887	982	484

주: 사회보험료 = 연금보험료 + 기타 사회보장 부담금.
소득세 추정에 이용된 평균 실효세율 = 총 결정세액/종합 소득 금액.
자료: 통계청, 가계동향조사; 국세청, 「2014 국세통계연보」.

〈표 7-18〉은 이상의 방법을 이용해 구한 사회보험료 및 소득세 추정 결과이다. 추정된 경상소득을 기준으로 산출한 사회보험료와 소득세의 합(B)과 보고된 경상소득을 기준으로 계산된 사회보험료와 소득세의 합(A)의 차이는 탈루 소득의 크기를 반영하고 있다. 자영업자의 연소득이 2000만 원 미만인 경우 그 차이는 247만 원으로 근로 장려금 연간 최대 지급액(210만 원)보다 작다. 연소득이 2000만~4000만 원 미만의 구간에서 차이는 407만 원으로 크게 증가하지만 이후 8000만 원 미만까지 감소한 후 1억 원 이상의 구간에서 487만 원으로 크게 상승한다. 만약 사회보험에 가입하고 있지 않은 자영업자가 소득을 정직하게 신고하고 사회보험에 신규로 가입할 경우 사회보험료와 조세 비용은 크게 증가할 것이다. 또한 두루누리 사업을 영세 자영업자에게 적용해 연간 최대 270만 원을 지원하는 경우에도 사회보험에 가입함으로써 발생하는 추가 사회보험료를 납부해야 하는 부담이 발생한다. 더구나 영세 자영업자에게 근로 장려금만을 지급하는 현실에서 이들의 사회보험 가입을 유

인하기에는 금전적 지원이 상당히 취약하다고 할 수 있다.

5. 사회보험 가입 제고 방안

유럽의회는 2014년 1월 14일의 결의를 통해 자영업자에 대한 사회적 보호의 필요성을 강조했다.[6] 왜냐하면 대부분의 회원국에서 자영업자는 조직화되지 못하고 노후생활에 필요한 충분한 연금 또한 확보하지 못하고 있기 때문이다. 특히 사회보험료 부담을 회피하기 위한 사이비 자영업자(bogus self-employment)의 남용을 문제시하면서 고용과 사회적 보호 의무를 회피하는 수단으로 활용되는 표준화되지 않은 고용계약(non-standard employment contracts)의 남용을 비난했다. 또한 유럽의회는 상호성과 차별 금지의 원칙하에서 자영업자에 대한 사회적 보호 장치를 도입할 뿐만 아니라 자영업자를 단체교섭의 대상에 포함시키는 방안도 제안했다.[7]

SSAC(2014)의 분석에 따르면 영국에서는 개인 저축과 사업에 대한 투자의 선호, 근로자에 비해 높은 사회보험료 부담, 낮은 소득수준 등으로 인해 자영업자의 연금 저축 가입률이 낮다. 특히 영세 자영업자들의 노후 생활을 위한 저축이 부족하기 때문에 이들의 사회보험 가입을 지원해야 한다고 주장한다. 영국에서 사회보험료를 감면하거나 지원해주는 제도는 크게 세 가지이다. 첫째는 저임금 근로자를 대상으로 하는 보험료 납부 간주 제도이고, 둘째는 다

---

6) 자세한 내용은 Santoro(2014) 참조.

7) 박찬임(2016)에 따르면 자영업자에 대한 사회적 보호 제도가 있는 국가는 일부의 사민주의와 조합주의 복지국가이며, 그나마 자영업자에게 갹출 및 급여 수준을 선택하게 함으로써 급여 수준이 낮고 자영업자 소득의 계절성을 극복하기 어려운 것으로 평가된다.

양한 사유를 인정해주는 국민보험 크레딧 제도이며, 셋째는 혼인 여성(미망인 여성 포함)을 대상으로 하는 감액 보험료 제도이다. 감액 보험료를 선택한 여성이 근로자라면 통상의 경우보다 낮은 요율의 1종 보험료를 납부할 수 있고, 자영업자이면 2종 보험료를 납부하지 않아도 된다.[8)]

2008년에 브라질은 MEI(microemprendedor individual) 프로그램을 도입해 연소득 3만 6000레알(약 US$ 1만 7800) 이하의 자영업자에 대해 낮은 사회보험료율을 적용했다.[9)] MEI 프로그램의 적용을 받는 자영업자들은 최저임금의 11%에 해당하는 사회보장 기여금, 1레알의 주정부 세금, 5레알의 지방세를 부담했지만, 2011년에 사회보장 기여금은 최저임금의 5%로 낮아졌다. 연방세의 감면과 낮은 수준의 사회보장 기여금은 비공식 부문에 속한 자영업자의 공식화를 목표로 하고 있다. MEI 프로그램은 자영업자의 공식화 비용을 낮추었을 뿐만 아니라 단기간에 확대되어 매우 성공적으로 평가된다.

한국도 2008년에 근로장려세제를 도입해 2014년부터 영세 자영업자에게 확대 적용하고 있으며, 2012년부터 두루누리 사회보험 지원 사업을 통해 저임금 근로자와 사업주의 사회보험료를 지원하고 있다. 하지만 영세 자영업자와 저임금 근로자의 사회보험 가입률은 여전히 낮기 때문에 사회보험 지원 제도에 대한 객관적인 평가를 토대로 개선 방안을 모색할 필요가 있다.

이 연구에서는 자영업자의 탈루 소득을 추정하고 사회보험 가입에 따른 비용과 편익을 비교해 정책적 시사점을 도출했다. 분석 결과에 따르면 자영업자의 소득 파악률이 높아질 경우 사회보험료와 조세 부담이 증가하는 것으로 나타났다. 물론 영세 자영업자의 경우 사회보험의 재분배 기능에 의해 사회

8) 영국의 사회보험료 감면 제도에 대해서는 강성태(2012) 참조.

9) 2012년에 MEI 프로그램 대상자는 연소득 6만 레알(약 US$ 2만 9700) 이하의 자영업자로 확대되었다. 자세한 내용은 Rogerio, Edvaldo and Julimar(2013) 참조.

보험료 부담에 비해 혜택이 더 클 수 있지만, 소득 파악에 따른 사회보험료와 조세 부담의 증가는 사회보험 가입을 기피하게 만드는 요인으로 작용할 수 있다. 특히 고소득 자영업자의 경우 조세 부담의 증가는 사회보험의 가입을 기피하는 주된 요인으로 작용할 것으로 판단된다.

2015년 8월 기준 고용원이 없는 자영업자(자영자)의 34.7%가 공적연금에 가입하고 있지 않았으나, 자영업자의 공적연금의 가입은 소득수준에 따라 큰 편차를 보였다. 〈표 7-12〉에서 보듯이 연간 소득이 2000만 원 미만인 영세 자영업자와 1억 원 이상 고소득 자영업자의 공적연금 미가입률이 중간층에 비해 높다. 따라서 자영업자의 공적연금 가입률을 높이기 위해서는 소득 규모별로 차별화된 정책을 실시해야 한다.

먼저 고소득 자영업자의 경우에는 세무 행정을 강화해 소득의 탈루 행위를 방지해야 한다. 탈루 소득이 만연된 상태에서는 사회보험 가입으로 인한 비용이 편익보다 크기 때문이다. 자영업자의 소득에 대한 정확한 정보가 부족한 상태에서는 가입 누락 사업장 및 근로자를 발굴하는 데 진전을 기대하기 어렵다. 영세 자영업자의 경우에도 간이과세 제도의 이점으로 소득 탈루의 유인이 크기 때문에 소득의 성실 신고를 유도 할 수 있는 제도 개선이 요구된다.

다음으로 영세 자영업자의 사회보험 가입에 따른 추가 비용을 정확히 추정해 사회보험료 지원의 적정 수준을 설정하고, 자영업자에 대한 사회보험료 적용과 징수 체계를 개선해 사회보험 가입 기피의 유인을 줄여나가야 한다. 현재 두루누리 사회보험 지원 사업은 소규모 사업장의 저임금 근로자만을 지원 대상으로 하기 때문에 영세 자영업자는 별도의 사회보험료를 지원받지 못한다. 영세 자영업자에 대해서는 근로장려세제를 통한 소득 지원을 강화해 소득 파악과 사회보험의 가입을 유인할 수 있는 계기를 마련하고, 중장기적으로 두루누리 사회보험 지원 사업을 적용하는 방안도 모색해야 한다.

부록 _ 자영업자의 탈루 소득 추정

자영업자 가구의 탈루 소득을 추정하는 방법은 소비함수 추정법, 소득함수 추정법, 엥겔곡선 추정법, 수요방정식 추정법 등이 있는데, 이 연구에서는 소득함수 추정법을 이용한다.[1)] 소득함수 추정법은 근로자 가구는 소득을 성실하게 신고하지만, 자영업자 가구는 축소해 보고하고 근로자 가구와 자영업자 가구의 소득-소비 관계는 동일하다고 가정한다.

자영업자 가구의 소득을 추정하기 위한 모형은 식(1)과 같다. 여기서 $\ln Y$와 $\ln C$는 각각 보고 소득과 소비 지출의 로그 값이며, EMP 가구 내 취업자 수, H, ED, SEX, $CITY$는 각각 주택소유 여부, 학력 수준, 성별, 도시 거주 여부를 나타내는 더미변수이다. AGE와 AGE^2은 연령과 연령의 제곱항으로서 나이가 소득에 미치는 영향은 일반적으로 비선형의 관계를 갖기 때문에 제곱항을 포함했다.

$$(1)\ \ln Y_i = \beta_0 \ln C_i + \beta_1 EMP_i + \beta_2 H_i + \beta_3 ED_i + \beta_4 AGE_i + \beta_5 AGE_i^2 + \beta_6 SEX_i + \beta_7 CITY_i + \epsilon_i$$

자영업자 가구의 소득은 근로자 가구를 대상으로 구한 방정식(1)의 추정치를 이용해 자영업자 가구의 평균 추정소득($\hat{Y}$)을 구한 후, 소득방정식의 잔차를 이용해 구한 표준오차($\hat{e}$)를 더해 추정했다.[2)] 소득방정식(1)은 2015년 '가

---

1) 자영업자 가구의 탈루 소득을 추정하는 방법에 대해서는 신영임·강민지(2014) 참조. 소득함수 추정법은 역소비함수 추정법이라고도 하며, 기존의 연구로는 성명재·전영준(1999), 노영훈·김현숙(2005), 전승훈·신영임(2009) 등이 있다.

2) 평균추정치($\hat{Y}$)를 자영업자 가구의 추정소득으로 사용할 경우 실제 소득의 분산은 표준오차($\hat{e}$)의 분산을 반영하지 못하기 때문에 잔차를 이용해 구한 표준오차를 더한다. 자세한 내용은 성명재(2008)와 김현숙(2006) 등을 참조.

〈부표 7-1〉 기초 통계량 (단위: 만 원, %)

구분			전체 가구	근로자 가구	자영업자 가구
관측 수			5,227	3,783	1,444
가구 특성	경상소득		5,674	5,833	5,225
		근로소득	4,189	5,284	1,090
		사업소득	1,208	255	3,906
		재산소득	17	18	16
		이전소득	260	277	213
	소비 지출		3,375	3,402	3,300
	취업 인원		1.72	1.67	1.87
	도시 거주		85.3	86.1	82.9
	주택 소유		71.1	69.1	76.9
가구주 특성	남자		94.8	94.7	95.1
	가구주 나이		48.5	47.4	51.7
	교육 수준	중학교 이하	13.0	12.0	15.6
		고등학교	35.8	32.4	45.5
		대학교	45.3	48.6	36.0
		대학원	5.9	7.0	3.0

자료: 통계청, 가계동향조사(2015).

계동향조사' 자료를 이용해 추정했다. 근로자 가구와 자영업자 가구의 구분은 통계청 기준을 따랐고, 가구주가 미취업 상태인 경우와 배우자가 없거나 동거하지 않는 경우는 제외했다. 이 기준에 따라 추출된 표본의 기초 통계량은 〈부표 7-1〉과 같다. 분석 대상 가구는 2015년 기준 9709가구 중 5227가구로 53.8%이며, 근로자 가구와 자영업자 가구는 각각 39.0%와 14.8%이다. 근로자 가구의 평균 소득이 자영업자 가구의 평균 소득보다 많고, 자영업자 가구의 경상소득 대비 소비 지출의 비율은 63.1%로 근로자 가구 58.3%에 비해 높다.

〈부표 7-2〉 근로자 가구의 소득함수 추정 결과(종속변수 = ln경상소득)

변수		추정계수
ln소비		0.531(0.014)***
취업자 수		0.178(0.008)***
주택 소유 여부		0.100(0.012)***
가구주 학력더미	고등학교	0.108(0.021)***
	대학교	0.239(0.022)***
	대학원	0.250(0.028)***
가구주 나이		0.047(0.004)***
가구주 나이2		-0.001(0.000)***
가구주 성별		0.218(0.026)***
도시 거주 여부		0.026(0.016)*
상수항		6.758(0.221)***
R2		0.581
adj R2		0.580

근로자 가구의 소득함수를 추정한 결과 설명변수들은 모두 통계적으로 유의한 수준에서 가구소득의 변화를 설명하고 있다. 〈부표 7-2〉에서 보듯이 가구 소비지출이 크고, 가구 내 취업자가 많을수록 가구소득이 증가하는 것으로 추정되었다. 부의 대리 변수로 사용한 주택 소유 여부는 양의 추정계수를 나타내고, 도시에 거주하는 가구일수록 가구소득이 높은 것으로 나타났다. 가구주의 경우 학력이 높을수록 가구소득이 높고, 여자 가구주에 비해 남자 가구주의 경우 가구소득이 더 높은 것으로 나타났다. 가구주 나이가 가구소득에 미치는 영향은 비선형의 관계를 보이며, 가구주의 나이가 49.3세일 때 가구소득이 최대에 이르는 것으로 나타났다.

〈부표 7-2〉의 근로자 가구소득함수의 추정 결과를 이용해 자영업자 가구의 경상소득을 추정했다. 다음으로 자영업자 가구의 경상소득 중 근로소득,

재산소득, 이전소득은 정직하게 신고 되었다는 가정하에서 자영업자 가구의 추정된 경상소득으로부터 보고된 근로소득, 재산소득, 이전소득을 차감하는 방식으로 자영업자 가구의 추정 사업 소득을 산출했다. 이렇게 추정된 자영업자 가구의 사업소득은 가구주, 배우자, 기타 가구원의 사업소득을 합산한 것이기 때문에 추정된 가구단위의 사업소득을 보고된 사업소득의 가구 구성원 비율에 따라 배분하는 방식으로 개인의 사업소득을 추정했다.

참고문헌

강성태. 2012.「영국의 사회보장과 사회보험료 지원정책」. 이병희 외.『사회보험 사각지대 해소 방안: 사회보험료 지원정책을 중심으로』. 한국노동연구원.

노영훈·김현숙. 2005.『소득과 주택자산 소유분포에 관한 연구』. 한국조세재정연구원.

국세청. 2016.『2016 국세통계연보』.

김태환. 2014.「사회보험의 사각지대에 관한 고찰: 두루누리 사회보험 지원사업을 중심으로」. 경북대학교 법학연구원, ≪법학논고≫, 제46집.

김현숙. 2006.「자영업자 사업소득 추정방법에 대한 소고」. 한국조세재정연구원, ≪재정포럼≫, 126권.

박찬임. 2016.「자영업자 사회적 보호의 국제비교」. 이병희 외.『자영업자 문제와 사회적 보호』. 한국노동연구원.

성명재. 2008.「사업소득세의 소득포착률 및 탈세규모의 추정」. ≪재정학연구≫, 1(3).

성명재·전영준. 1999.『경제위기 1년간 소득세·소비세 부담분포의 변화와 조세정책 방향』. 한국조세재정연구원.

신영임·강민지. 2014.『자영업자의 소득 탈루율 및 탈세규모의 추정』. 국회예산정책처.

윤석명. 2009.『취약계층에 대한 사회보험 확대 적용 방안: 국민연금을 중심으로』. 한국보건사회연구원.

이병희 외. 2012.『사회보험 사각지대 해소 방안: 사회보험료 지원정책을 중심으로』. 한국노동연구원.

전승훈·신영임. 2009.「자영업자와 근로소득자의 과세형평성에 관한 연구」. 한국재정학회 추계학술대회 발표 논문.

전용일 외. 2012.『생계형 자영업 실태 및 사회안전망 강화방안 연구』. 고용노동부 용역과제.

한국조세연구원. 2016.『재정패널조사: 1~7차년도 조사자료 사용자 안내서』.

한정수. 2015.『자영업자 지원 사업 평가』. 국회예산정책처.

Rogerio, N. C., D. B. Edvaldo and Julimar D. S. B. 2013. "Extending Social Security Coverage to Self-employed Workers in Brazil." *International Labour Review*, 152(3-4).

Santoro, C. 2014. *EU Parliament Demands Social Protection for Self-employed Workers*. www.adaptinternational.it, @ADAPT_bulletin. 26 March 2014.

Social Security Advisory Committee. 2014. *Social Security Provision and the Self-employed*. A Study by the Social Security Advisory Committee Occasional Paper No.13.

제8장

기본소득의 구상과 정합성에 관한 입문적 고찰

장세진 | 인하대학교 경제학과 명예교수

1. 서론

이 글의 목적은 기본소득(국민 모두에게 매월 일정액, 예컨대 50만 원을 신청이나 선별의 과정 없이 지급하는 것)의 구상에 관한 몇 가지 전형적인 질문을 중심으로 기본소득의 정합성을 입문적으로 검토하는 것이다.

며칠 전 모르는 사람(이하 K씨라고 부른다)으로부터 기본소득에 관한 네 가지 질문이 포함된 제법 장문의 e-메일을 받았다. K씨는 인터넷을 검색하다가 우연히 기본소득에 대한 필자의 인터뷰 기사를 보았는데, 달리 의문을 해소하기 어려워 질문한다고 배경을 설명했다. 공손한 질문의 형태로 네 개의 질문을 제시했지만, 사실 질문이라기보다 반론에 가까운 것이었다. K씨 자신에 대한 소개는 없었지만, 그 질문들은 기본소득에 관한 전형적인 반응이라고 여길 만한 것이었다. 이 글은 우선 그 전형적인 네 가지 질문에 대한 답변을 통해 기본소득 구상의 정합성을 검토하기로 한다.

교양인의 질문에 대한 전문가의 답변이라고 해서 일방적인 가르침이 되는 것은 아니다. 이러한 사회적 정책에서 전문가들보다 교양인들이 더 현실적인 관점에서 문제를 제기할 수 있고, 이에 답하는 과정에서 전문가들은 의외로 자기주장의 정합성을 재검토하고 허점을 보완할 수 있기도 하다. 이런 점에서 정책 구상에 대한 교양인들의 교양 있는 질문은 이론가들이 실증 자료에 의해 계수의 부호를 검증하는 것 이상의 가치를 갖는다고 생각한다. 아르키메데스(Archimedes)의 새로운 발견의 공로가 절반은 좋은 문제를 제기한 시러큐스의 왕에게 돌아가듯이, 이 글이 조금이라도 가치가 있다면 절반의 공로는 K씨에게 귀속될 것이다.

질문의 배경에 대해서 간단한 설명이 도움 될 것이다. 최근 여덟 명의 공저로 『비정상 경제회담』(2016)이라는 책을 냈는데, 그중 소득 양극화 문제에 관한 장에서 필자가 대안의 하나로 기본소득을 간단히 언급한 적이 있었다. 그런데 그것이 인화성이 있는 발언인지, 이와 관련해 한 인터넷 매체와 인터뷰를 한 적이 있었고, 이를 K씨가 보고 질문을 던지게 된 것이다. 조금 거슬러 올라가면, 수년 전부터 핀란드의 기본소득 실험을 유심히 살펴보고 있었고 이를 소개한 기사에 짧은 댓글을 단 것이 반론을 받기도 했었다. 그런 중에 좌담회에서 분배를 둘러싼 사회적 갈등이 너무 심각하고 전망도 어두워서 여타의 방법으로 좀처럼 해소되기 어렵다고 생각해서, 기본소득이라는 근본적인 처방을 짧게 언급했었다. 그 후 스위스의 국민투표를 계기로 주요 신문에도 기본소득이 언급되기 시작하면서 다시 인터뷰를 하게 되었고, 또한 격년으로 열리는 기본소득 지구대회가 지난여름 서강대에서 개최되면서 다른 저자들과 함께 기본소득에 관한 원탁회의를 여는 기회도 가졌다.

K씨가 읽은 인터뷰에서 필자는 "기본소득제를 실시하면 사회적 갈등을 궁극적으로 해결할 수 있고, 정파를 초월해서 지지도 받을 수 있다"고 주장했다. 그 예로 하이에크(Friedrich Hayek) 와 프리드먼(Milton Friedman)을 언급하기도

했다. 핀란드의 예를 들면서 소득수준을 감안하면 핀란드의 1/2에 해당하는 50만 원 정도를 가이드라인으로 제시하기도 했다. 현재의 선별적 복지가 가족제도에 부정적 영향을 미치고 있으며, 인공지능이나 고령화 문제까지 감안하면, 10~20년의 긴 시야를 가지고 진지하게 논의를 시작해야 한다고 주장하기도 했다.

이 글에는 K씨의 질문에 대한 답변 외에, 포함하기 어려웠던 몇 가지 이론적, 전문적인 보론과 기본소득으로의 이행 과정에 대한 추가의 고찰을 포함하고 있다. 이 글의 구성은 다음과 같다. 다음 4개 절에는 K씨가 제기한 네 가지 문제, 즉 (i) 재원과 정파 간 합의 문제, (ii) 증세와 조세 저항의 문제, (iii) 노동 공급의 문제, (iv) 인플레이션 문제에 대한 답변으로 구성된다. 6절에서는 무상보육을 기본소득으로 전환할 경우를 중심으로 이행의 문제를 검토한다. 마지막 7절에서는 논의를 요약하고 결론을 도출한다.

2. 재원과 정파 간 합의 문제

K씨의 첫 번째 질문은 다음과 같았다.[1)]

첫 번째 의문은 재정적인 측면에서의 의문이다. 국민기초보장 지출이 10조 근처고, 그렇다면 기본소득제를 한다고 해도, 현재 복지예산 감소분은 미미하다는 것이 아닐지. 결국 50만 원씩만 나눠 가진다 쳐도 세금은 거의 두 배 가까이 높아져야 한다는 것인데. 과연 이런 증세가 정파를 초월한 지지를 받을 수 있을 것

1) 원래의 경어체를 평서체로 바꾸었다. 답변도 같다.

이며 현실적으로 가능할지 의구심이 든다.

기본소득이 어떤 효과를 갖는지에 앞서, 재원 문제를 먼저 제기하는 것은 합리적 의문이다. 좋은 것은 알지만, 가능한가? 경제학은 공짜는 없다고 말하지 않았던가?

1) 선별적 복지의 효율성 문제

기존 복지제도를 모두 유지하면서 새로 기본소득을 도입하는 것이 아니라, 원칙적으로 기존의 빈곤 지원을 모두 기본소득으로 통폐합하는 것이 대전제가 된다. 핀란드든 스위스든 기존 복지제도의 비효율(중복, 사각, 막대한 선별 비용, 이를 악이용하는 지대추구 행위)을 개선하는 것이 기본소득을 도입하는 중요한 목적의 하나이고, 또한 우파가 기본소득을 지지하는 중요한 근거이다. 따라서 복지예산 감소분이 미미한 것이 아니라, 가장 중요한 재원이 된다.

영국의 경우, 가상 계산에 의하면, 현재의 복지예산을 통폐합하면 24세 이하 37만 원(주당 56파운드), 15~64세 46만 원(주당 71파운드), 65세 이상 93만 원(주당 142파운드) 정도의 기본소득을 모든 시민에게 지급할 수 있다고 한다.[2] 참고로 영국은 미국과 함께 신자유주의 정책으로 북구는 물론 여타 유럽 지역에 비해 복지예산이 적은 편이다.

복지예산이 얼마나 비효율적으로 집행되는가에 대해서 흔히 인용되는 추

---

2) 총액 2760억 파운드로 기존 복지예산 2720억 파운드와 가깝다. 다른 비효율을 제외하고도 충당이 가능하다. 캐나다의 경우, 2004년 기준 세금 증가 없이 복지의 대체로 일인당 연 7800달러(월 약 78만 원)가 기본소득으로 지급 가능하다고 추정했다. 일부는 스트레스 감소로 인한 의료 비용의 감소분도 상당하다고 주장한다.

정이 있다. 보통 100달러의 복지 예산 중 50달러 정도는 이를 어떻게 사용할까를 기획(입안, 조직)하는 데 쓰인다. 30달러 정도는 이를 기획대로 집행하고 감시하는 데 쓰인다. 결국 20달러 정도가 복지 대상에 전달된다. 그런데 그중 1/2 정도는 가짜(가난한 척하는 사람)에게 전달된다. 결국 10달러가 제대로 올바른 대상에게 전달된다고 한다. 이것은 다소 막연한 추정이기는 하다. 아무튼 미국에서 자선단체가 제대로 작동하는가를 판별하는 효율성의 최소 기준은 10% 정도이다(한때 어떤 자선 단체가 모금액의 98%를 자체 비용으로 사용하고 2%만 전달해 법적 문제로 비화한 적이 있어서 기억하고 있다).

중국은 디바오 등 도시 청년들에게 월 18만 원(1050위안) 정도의 청년 수당을 지급했다. 그 복지 전달의 효율성에 대해서 작년에 세계은행(World Bank)에서 조사한 바 있다. 세계은행에 의하면 복지예산 중 청소년에게 전달되는 것은 10~24% 정도로 추정했다. 생각보다 많은 부분이 낭비되고 있다는 것이 확인된 셈이다. 지원 대상을 제대로 선별하고 자격 조건을 유지하고 있는가를 감시·관리하는 것이 생각보다 어렵다. 이를 기회로 활용하는 일부 시민(최근 장관 청문회에서도 나타났듯이), 악용을 예방하고자 하는 선량한 관료, 또는 이러한 일부 시민과 일부 관료의 야합, 이를 다시 감시·관리하는 상위 관료 등이 중층적으로 개입하는 복지예산을 둘러싼 복잡한 게임이 일어난다. 반면에 송파 3모녀처럼, 복지의 사각지대가 생길 수도 있다.[3] 기본소득은 아무런 신

---

3) 물론 그렇다고 복지제도를 없애야 한다고 주장할 수는 없다. 불이 났으면, 물이 많이 새는 양동이를 사용해서라도 부지런히 물을 날라서 우선 불을 꺼야 한다. 상당한 낭비가 있더라도 지속되어야 한다. 우리가 주장할 수 있는 것은 우선 급한 불을 끄고 난 후는 새는 곳을 막아야 한다는 것뿐이다. 그런데 이것을 거꾸로 복지제도를 악용하는 사람들도 알고 있기 때문에 이를 수정하는 것도 쉽지 않다. 수재의연금이 제대로 사용되고 있는가를 조사하려고 했다가 포기한 것이 한 예이다. 가뜩이나 개인 기부가 적은 문화에서 기부를 더욱 위축시킬 수 있기 때문이다.

청이나 선별 절차가 없다는 점에서 게임을 단순화시켜서 거의 모든 비효율과 사각지대를 없앤다.

비효율과 관련해서 무시할 수 없는 것이 복지예산을 특별히 배정받기 위한 민간의 노력(지대추구 행위)의 비용이다. 이와 밀접히 관련된 문제가 분배 문제를 둘러싼 사회적 갈등이다. 여기서 생기는 사회적 비용은 어떤 추정도 어렵게 한다. 나는 이러한 갈등의 사회적 비용이 막연하게나마 GDP의 7~8% 정도, 연 100조 원은 될 것이라고 추정하고 있다. 더욱이 그 전망은 더욱 어둡다. 지금도 삼포세대니, 헬조선이니, 흙수저니 하는 논란이 우려할 만한 수준으로 일어나고 있지만, 세계화, 정보화, 노령화와 인공지능의 노동 대체 등으로 분배를 둘러싼 사회적 갈등은 더욱 심해질 것으로 전망되고 있다.

2) 보편적 복지(기본소득)와 선별적 복지

이것으로 기본소득 외의 복지예산의 감소가 미미하지는 않다는 것은 충분히 보였다고 생각한다. 결국 그 크기는 기본소득이 기존 복지를 얼마나 흡수(통·폐합)하는가에 달려 있다. 필자는 저소득(가난)에 근거하는 모든 복지는 기본소득으로 흡수될 수 있고, 흡수되어야 한다고 생각한다. 기초생활보장 제도는 물론 흡수된다. 기초(노령)연금도 흡수되어야 한다. 다른 기회에 말해야겠지만, 무상보육예산도 흡수되어야 한다. 현금으로 지급되는 것뿐만 아니라, 현물(주거, 교육, 의료)로 지급되는 것도 흡수되어야 한다. 예컨대 노령층에 대한 지하철 무임승차 지원도 빈곤에 대한 지원이라면 기본소득으로 흡수되어야 한다.

기본소득에서 제외되는 것, 즉 선별적 복지로 남아야 하는 것을 말하는 것이 더 쉬울지 모르겠다. 저소득(가난) 외의 원인에 의한 지원은 제외된다. 당연히 장애자에 대한 지원(기본소득 외에 별도의 선별 지원)은 지속되어야 한다. 비슷한 이유로 장기 의료가 필요한 사람도 별도로 지원되어야 한다. 교육에 대한 현물 지원도 지속되어야 한다.[4] 연금 등 사회보험은 이중적인 의미가 있다. 원칙적으로 저소득에 대한 재분배 부분도 기본소득으로 흡수되고, 기여분에 대한 부분은 지속되어야 한다.

사실 어떤 부분이 기본소득에 흡수되고 어떤 부분이 남아 있어야 하는지는 주요한 논쟁거리가 될 것이다. 필자는 원칙적으로 "저소득(빈곤)에 근거한 모든 복지 지원"은 기본소득으로 통폐합되어야 한다고 생각한다. 이 원칙은 빈곤 문제에 대해서 기본소득이 기존의 선별 복지보다 더 효율적이라는 사실에 바탕을 둔 것이다. 즉, 같은 재원으로 더 많은 빈곤을 해소하거나, 같은 빈곤을 해소하는 데 더 작은 재원으로 충분하다는 사실에 근거한 것이다. 거꾸로 기본소득으로 대체하는 기본 복지의 범위가 작을수록 기본소득의 크기가 작아지거나, 기본소득을 위한 추가 재원을 확보해야 하는 부담이 커지기 마련이다.

필자는 나아가 기본소득이 시행되면 농산물 가격 보조, 골목상권 보호나 최저임금[5]과 같이 분배적 이유에 의한 시장 개입도 없어질 수 있고, 없어져야 한다고 생각한다. 이 역시 눈에 보이지 않는 비용을 수반한 비효율적인 빈곤 대책이기 때문이다. 이 점에서 보수와 진보가 다른 의견을 보일 수 있다. 그렇지만 논점이 분명해지면서, 적어도 지금 수백 개의 분배 관련 분야에서 다양한 갈등이 제기되는 것에 비한다면, 훨씬 작은 사회적 비용과 토론으로 이러한 이견을 해소할 수 있을 것으로 생각한다.

---

4) 이 경우, 선별은 소득이 아니라 연령에 의해 이루어지고, 생애를 고려하면 보편적 복지에 해당한다.

5) 최저임금을 받는 사람과 빈곤층이 겹치는 비율은 9.4% 정도이고 지속적으로 줄어들고 있다.

3) 정파 간 합의 가능성

정파를 초월한 지지를 얻을 수 있다는 것은 다소 희망 섞인 전망이지만, 그 근거는 없지 않다. 기본소득은 기존 복지제도의 비효율을 없애고 시장 친화적이라는 점에서 보수(우파)의 지지를 받을 수 있다. 시장 친화적이라는 것은 선별 과정이나 또는 복지의 사용처에서 정부의 개입을 줄이고, 현금으로 지급되므로 소비자의 자유로운 선택을 보장한다는 점에서 그렇다.[6] 진보(좌파)의 지지도 분명하다. 원래 무상급식에서 촉발된 것처럼 선별복지냐 보편복지냐의 논쟁에서 한국의 진보 측은 보편복지를 주장했고, 현재 기본소득의 주장이 나오는 것은 진보 측이다. 이 점은 핀란드나 스위스와 달리 한국의 특수한 사정에 의한 것이지만,[7] 진보에서 보편적 복지를 반대할 이유가 없다. 기본소득은 사회적 연대를 공고히 하는 중요한 측면이 있기 때문이다.[8]

보수냐 진보냐가 정파를 좌우하는 것이 한국 정치의 현실이지만, 다른 사조나 정파도 무시할 수 없다. 후술하는 노동 공급과 관련되어 있지만, 환경을 중시하는 녹색당에서는 환경 친화적인 기본소득을 적극 지지한다. 기본소득은 시장 활동뿐만 아니라, 비시장 활동의 생산을 중시하기 때문이다. 젠더 문제를 중시하는 여성계에서도 기본소득을 지지한다. 기본소득이 가사 노동의 중요성을 인지하고 있기 때문이기도 하고, 여성성의 상징과도 같은 가족제도

---

6) 후생경제학의 제2기본정리에 의하면, 어떤 파레토 최적도 초기 자원배분을 적절히 선택함으로써 달성할 수 있다. 혹시 초기 자원배분과 매월 일정액을 지급하는 것은 다르다고 생각한다면, 그렇지 않다. 매월 일정액을 지급해도 일반균형의 시각에서 그 할인된 현재가치만큼 초기 자원배분을 변경시킨 것과 동일하다는 것을 상기하면 된다.

7) 핀란드에서는 우파 정부에서 기본소득을 추진하고 있다. 스위스에서는 주로 선별적 복지의 감소를 우려한 진보 측에서 반대한 것으로 알려져 있다.

8) 진보에서는 자산의 공동성, 공유성을 강조하고, 이에 따른 시민배당이 기본소득의 중요한 근거가 된다.

에 친화적이기도 하기 때문이다. 왜 기본소득은 가족 친화적일까? 현재의 복지제도는 가족제도에 적대적인 측면이 있다. 예를 들어, 기초(노령)연금은 소득 하위 70%의 노부부가 따로 살면 40만 원을, 함께 살면 30만 원을 지급한다. 이혼을 장려하는 셈이다. 나아가 재산이 자녀의 부조를 받으면 삭감되므로, 자녀와 멀어질 것을 장려하는 셈이기도 하다.[9] 종교계에서도 당연히 기본소득을 지지한다. 부처나 예수의 삶과 가르침이 그러했기 때문이다. 사회단체(자선, 봉사, 시민단체)에서도 기본소득을 지지한다. 비시장 노동의 가치를 인정하기 때문이다

3. 증세와 조세저항의 문제

K씨의 두 번째 질문은 다음과 같았다.

> 두 번째 질문은 세수 부담이다. 현재 소득세 상위 20%가 95%를 부담하는 것으로 알고 있다. 소득 구간별 세수 부담을 그대로 유지하면 세율이 얼마나 올라가야 할지? 이래도 300조씩을 오로지 복지예산을 위해 마련하는 것이 쉽지는 않아 보인다. 궁극적으로 100만 원씩 지급을 한다면 600조인데 이번에 400조로 편성을 했는데도 잡음이 많은데 과연 이게 원활하게 추진이 될까?

---

9) 물론 최근 장관 청문회에서 나타났듯이 복지 지원을 받기 위해 형식적으로만 자녀와 따로 살거나 부부가 이혼할 수도 있다. 그렇지만 형식을 갖추다가 실제로도 멀어지고 헤어질 가능성이 높은 것도 사실이다. 덧붙이자면, 이러한 선별적 복지가 장관 청문회에서 일종의 리트머스 시험지로 활용되는 측면이 있다는 것도 사실이다. 그렇지만 군 입대 면제, 부동산 투기를 위한 위장전입, 탈세 등 다른 리트머스 시험지도 많이 남아 있고, 어차피 잘 활용하지도 않는다.

역시 재정 부담은 거듭 논의할 정도로 중요한 문제이다. 아마도 영국과 달리 한국에서는 기존의 복지예산을 통폐합하는 것만으로 기본소득에 필요한 재원을 충당할 수 없을 것이다. 증세 없는 복지는 기존의 비효율을 제거하는 범위에서만 가능하고, 월 50만 원 정도(연 600만 원)의 기본소득을 위해서도 연 300조 원의 복지재정이 필요하다. 현재의 복지예산(통합재정으로 말하면 현 예산안의 140조 원보다 훨씬 크다)을 모두 동원해도 적어도 150조 원 정도의 추가예산이 필요하다.

1) 점진적 전환과 전반적 전환(증세)의 선택

우리에게는 두 가지 선택이 있다. 하나는 증세 없이 현재의 복지예산이 허용하는 범위에서 선별적 복지를 기본소득으로 전환하는 방식으로 점진적으로 기본소득을 도입하는 방법이다. 여기서 '점진적'이란 일부 국민(예컨대 새로 태어나는 아기부터)에게, 또는 모든 국민에게 주되 금액을 줄여서 시작하는 것을 말한다. 다른 하나는 물론 증세다.

증세가 있는 경우, 당연히 소득세를 보편적으로 올려야 한다. 물론 소득세뿐만 아니라, 부가가치세나 법인세, 재산세, 상속세, 관세 등도 모두 증세의 대상이 될 수 있다. 소득세 납세의무자의 50% 정도만 세금을 내는 것도 80%가 부담하도록 보편화되어야 한다. 그 과정에서 소득세가 지나치게 상위층(20%가 95%)에 몰려 있다는 지적도 검토되어야 한다. '검토'라는 신중한 표현은 흔히 말하는 대로 상위층 20%가 소득의 80%를 갖는다면 95%를 부담하는 것이 적절할 수도 있기 때문이다.

2) 총조세와 순조세

아무튼 모든 증세에는 조세저항이 따르기 마련이라는 지적은 옳다. 다만 합리적인 시민이라면, 총조세가 아니라 순조세에 관심을 갖게 된다. 순조세란 총조세에서 기본소득이나 여타의 보조금으로 받는 부분을 공제한 순부담을 말한다.

예컨대, 부자와 빈자가 시장에서 총 100만큼의 소득을 80 대 20으로 나누어 갖는다고 하자. 어떤 근거에서든지 우리가 이를 너무 심하다고 생각해서 이를 60 대 40 정도로 조정(재분배)해야 한다고 가정하자. 그렇게 하는 방법은 두 가지가 있다. 현재의 선별적 복지에서는 부자에게서 20을 세금으로 거두어 이를 가난한 사람에게 전달하는 것이다. 그러면 부자의 가처분소득은 80-20=60이 되고, 빈자의 가처분소득은 20+20=40이 된다. 필자는 앞에서 이러한 선별의 과정에서 많은 비효율과 낭비가 생길 수 있다고 강조했지만, 여기서는 아무런 낭비가 없이 전달되는 경우를 가정하고 있다.

기본소득이 추구하는 방법은 부자에게서 40만큼의 세금을 거두어, 이를 부자, 빈자 가리지 않고, 20씩 나누어주는 것에 해당한다. 그러면 부자의 가처분소득은 80-40+20=60, 빈자의 가처분소득은 20+20이 된다. 결국 같은 결과를 얻는다. 비유하자면, 선별 복지의 전통적 방법은 부자가 빈자의 밥값을 내고, 자신은 따로 가서 밥을 사먹는 것이고, 기본소득의 방법은 부자가 돈을 내되 부자와 빈자가 함께 먹는 것에 해당한다.

결국 부자가 부담하는 순조세는 40-20=20이다. 순조세로는 증세가 없다![10] 그래도 물론 우선 증세에 저항할 것이다. 사실 지금도 수많은 복지예산

10) 순조세로는 증세가 없어도, 총조세를 부과하는 과정에서 누진율이 높아지는 것은 분명하

에서 이를 둘러싼 전략적 행동(저항)이 있다. 숨겨져 있을 뿐이다. 심리적·전략적인 조세저항을 완화하기 위해서 이것은 다시 국민 모두에게 돌아간다는 것을 강조할 필요가 있다. 그래서 증세의 명칭은 소득세(또는 법인세, 부가가치세 등)가 아니라 '기본소득세' 또는 '기본소득 기여금' 등으로 명명하는 것이 좋다고 생각한다.

3) 정부의 크기

혹시 재정이 비대해지므로, 큰 정부를 꺼려하는 보수(우파)에서 반대할 것이라고 걱정이 된다면, 그것은 아니다. 정부의 크기는 총예산에서 결정되는 것이 아니라, 공무원의 수나 정부가 행사하는 재량권(권력)의 크기에 의해 결정되는 것이다. 이들은 보통 순예산에 비례한다. 총재정은 커져도 세금을 거두어 기본소득으로 이전할 뿐이므로, 순예산은 증가하지 않는다. 오히려 복지선별 과정에서 행사했던 정부의 재량권이 축소될 것이다. 그러면 거꾸로 선별을 담당하던 사회복지사 등의 일자리가 줄어들지 않겠느냐고 염려할 수도 있다. 사회복지사들은 과도한 신청을 억제하는 일 대신에 원래 소망하던 일(소외 계층을 찾아서 돕는 일)을 하게 된다. 그것은 오히려 바람직한 결과이다.

아마도 기본소득을 도입하는 과정은 거대한 역사적 과정으로 위의 두 방법(흡수의 방법, 증세의 방법)을 병행하는 형태가 될 것이다. 이에 대한 사회적 공감대가 형성되어야 하는데 이것이 쉬운 과정이 아님은 잘 알고 있다. 필자는 그 긴 역사적 과정에서 마중물을 조금 보태는 정도에 불과할 것이다.

다. 이 과정에서 복지재원을 분배하는 역할이 여러 부처에 분산되어 있던 것이 국세청에 집중되는 효과가 생긴다. 자원배분의 효율성의 관점에서 이것은 바람직한 결과이다. 다만 국세청에 집중된 권한을 더욱 세심하게 감독하고 견제할 필요가 생긴다.

4. 노동 공급의 문제

K씨의 세 번째 질문은 다음과 같았다.

세 번째 질문은 귀하가 근거로 제시한 노동 의욕 강화에 대한 추가적인 근거가 있는가라는 의문이다. 사회에서 기피로 하는 업종인 화장실 청소, 환경 미화, 노가다 등에 기본소득제하의 사회에서 공급 부족 사태가 일어나지 않을까라는 생각이 든다. 화장실 청소, 경비의 일에 종사하는 주된 계층은 월 20만 원도 채 국가에서 지원을 받지 못해 어쩔 수 없이 생계를 위해 내몰린 중장년층이 많다. 이런 계층은 기본소득이 보장만 된다면 시장에서 이탈을 할 가능성이 높아 보인다. 의식주는 보장되니까. 거기다 귀하가 언급한 시를 쓰거나 하는 계층도 증가할 것이고 이러면 노동 공급이 원활하게 일어날지 의문스럽다. 그러면 이것 또한 사회에서의 큰 문제로 대두될 가능성이 크지 않을까 생각이 든다.

역시 이것도 기본소득의 가능성에 대한 질문이다. 재정 부담이라는 예산 제약에서 더 근본적인 사회 전체의 자원 제약으로 옮아갔을 뿐이다. 노동가치설이 아니라도 어떤 재화든 누군가 노동을 들여서 생산해내야 한다.[11)]

---

11) 오래전 어렵게 살던 고향 친구가 나에게 물은 적이 있었다. "친구야, 라디오에서 들으니, 북유럽 어디선가는 나라가 집을 지어준다더라. 한국에서는 왜 안 그러니?" "친구야, 그건 어느 나라도 불가능해." "아니, 분명히 들었어. 호숫가에 살고 싶다면, 호숫가에 파란색 기와집을 지어주고, 싫증이 나서 산에 살고 싶다면, 그곳에 초록색 기와집을 지어준데." "글쎄, 안 될 걸? 누군가 집을 지어야 하잖아. 평생 집만 짓는 노예나 저절로 집을 만드는 도깨비 방망이가 있으면 몰라도." 친구는 몹시 실망하는 눈치였지만, 그렇게 말할 수밖에 없었다. 다행히, 그 친구 지금은 집을 여러 채 가지고 잘산다.

1) 빈곤의 함정

인터뷰에서 노동 의욕이 강화된다고 말한 것은 현재의 기초생활보장 제도에서 소득이 늘어나면 지원금이 줄어들어 노동 의욕이 줄어드는 것을 막을 수 있다고 말한 것이다. 현행 제도에서 4인 가족 기준 월 175만 원의 기초소득을 갖는 가정에서 월 100만 원의 일자리에서 일하면 월 75만 원만 지급된다.[12] 기본소득을 보장한다는 원칙에 충실한 것이지만, 중대한 문제를 내포하고 있다. 사실상 100%의 소득세율을 적용하고 있는 셈이다. 특별히 노동 의욕이 충만한 것이 아니라면, 다소간 교통비만 들어도 노동 공급을 포기하는 편이 이롭다. 그런데 노동은 생계를 유지하는 데도 중요하지만 삶의 보람을 추구하는 수단이기도 하다. 더욱이 지금 125만 원의 일자리에서 일하다 보면, 지식과 능력을 키우고, 또 사회적 네트워크를 갖추면서 더욱 나은 일자리로 상승할 수도 있다. 이러한 기회(또한 노동 의욕)를 현재의 선별적 복지제도가 박탈하고 있는 셈이다. 결국 빈곤에 지속적으로 머물게 되므로, 이를 '빈곤의 함정'이라고 부르기도 한다.

기본소득은 누구에게나 주기 때문에, 일자리를 갖든 안 갖든 주기 때문에, 이러한 왜곡을 초래하지 않는다는 점에서 노동 의욕을 강화한다고 말한 것이다. 물론 근로소득장려 제도(Earned Income Tax Credit: EITC)도 유사한 목적에서 시행되고 있지만, 기본소득은 더 철저하게 노동 의욕, 삶의 보람, 신분 상승의 기회를 유지·강화시켜준다.

일부에서 노동 의욕이 약화될 수도 있다는 것도 분명하다. 기본소득에 못

---

12) 4인 가족 기준 최저생계비 175만 원은 교육급여, 주거급여, 의료급여, 생계급여를 합한 금액이므로, 175만 원이 모두 현금으로 지급되는 것은 아니다. 현금지급은 생계급여는 현금으로 지급되고 월 118만 원이다.

미치는 저소득, 저생산성 노동자들은 기본소득을 받을 경우, 시장 노동 공급을 '포기'할 수 있다.[13] 가난하지만 기본소득으로 생활하며, 유유자적하며 시를 쓸 수도 있다. 그만큼 시장 노동이 줄어든다.

2) 시장 노동과 비시장 노동

필자는 노동이 줄어드는 것이 아니라, '시장 노동'이 줄어든다고 표현했다. 시장 외에서 노동이 계속될 수 있다는 의미다. 이를 비시장 노동이라고 부르자. 그러면 기본소득을 받을 때, 시장 노동에서 비시장 노동으로 전환하거나 아예 놀기만 할 수 있다. 여기서 비시장 노동이란 구체적으로 전업 주부의 가사 노동, 자선 활동, 창작 활동과 같은 노동을 말한다. 기본소득이 시행되면, 아마도 일부에서는 시장 노동이 감소하고, 가사, 자선, 창작 등 비시장 노동이 증가할 것이다. 시를 쓰는 것이 비시장 노동이냐, 단순히 노는 것이냐는 논쟁거리가 될 수 있다.

아무튼 기본소득을 받아서 시장 노동을 포기하는 사람은 생계비에 몰려서 비시장 노동이나 단순히 노는 대신 시장 노동을 억지로 선택했던 사람들이다. 그러면 거꾸로 생각해보자. 이들을 생계비에 몰려서 억지로 시장 노동을 선택하게 해야 할까? 가사, 자선, 창작에 비교 우위가 있는 사람을, 능력도 취향도 어긋나게, 시장 노동에 종사하게 만드는 것이 바람직할까? 필자는 미국에 공부하러온 다른 나라의 유학생들에게 이렇게 비유한 적이 있다. "미국에

---

13) 포기했다는 표현은 부적절하다. 이들은 시장 노동을 버리고, 비시장 노동(사상, 예술, 자선, 가사 노동)이나 여가 활동을 선택한 것이다. 이것은 비시장 노동에 대해서 높은 가치를 갖거나 비교우위를 갖기 때문일 것이고, 스스로 선택한 것이므로 불만하지도, 실업 통계에 잡히지도 않을 것이다.

온 이유가 선진국이 되는 방법을 배우기 위해서라면, 쉬운 방법이 있다. 선진국은 일인당 GDP가 높은 나라다. GDP를 늘리려면 부부가 이혼하고, 요리, 세탁, 육아 등을 모두 시장화하면 된다. 그 즉시 GDP가 배로 증가할 수 있다." 주부의 가사용역이라는 비시장 활동이 GDP에 포함되지 않는다는 것을 풍자한 것이다.[14] 시장 노동이 비시장 노동으로 전환할 때, 그래서 각자가 자신의 능력과 적성에 맞는 활동을 선택할 때, 겉보기 GDP는 줄어들지 모른다. 그렇지만 올바른 의미의 국내총생산은 오히려 늘어날 것이다. 이런 사람은 아마도 시장 노동에서보다 비시장 노동에서 더 큰 생산성을 발휘할 것이기 때문이다.

비시장 노동으로 전환하는 대신 단순히 놀면서 빈둥대면 어떨까? 그것이 노동소득의 소비보다 좋아서 선택하는 것이라면, 역시 일종의 여가 활용이고 생산이라고 볼 수 있다. 그렇다. '여가'도 귀중한 비시장 생산물이다. 빈곤한 놀이꾼도 생계비를 이유로 시장 노동으로 내몰 필요는 없다. 시장 노동에서 일할 능력과 동기를 가진 사람으로 충분하다. 인간을 보는 눈과 관련되어 있지만, 인간의 본성은 끊임없이 향상을 추구한다. 그들이 생계비 수준에서 놀기를 선택했다면, 그만한 이유가 있다고 추론할 수 있다. 이들을 최저임금수준의 취업자(나쁜 일자리)나 그 대기행렬(실업자)에 굳이 세워둘 이유가 없다. 사실 핀란드가 기본소득을 도입한 이유 중 하나는 지식사회의 진전에 따른 일자리 부족을 해소하면서 취업자의 노동 의욕을 강화하는 것이다. 일할 의욕이 없으면서 실업수당을 받기 위해서 그 (실업)대열에 서는 사람도 많기 때문이다.

---

14) 물론, 이혼하지 않고 서로 요리, 세탁, 육아를 맡기고 돈을 주고받아도 된다. 그러면 GDP도 '고용률'도 올라간다.

그럼에도 불구하고 기본소득만의 생활수준에 만족하고 시장 노동을 포기하는 사람이 생길 것은 분명하다. 그러면 시장 노동의 공급에서 두 상반된 힘을 예측해야 한다. 한편에서는 기존의 선별적 복지제도에서 빈곤의 자격 조건을 충족시키려고 시장 노동을 포기했던 사람이 시장 노동에 새로운 공급으로 나서는 것이고, 다른 한편에서는 새로운 기본소득에 만족해 시장 노동을 포기하는 사람이다(이러한 노동력 구성의 변화는 분명히 바람직하다). 시장 노동 공급이 한편에서는 증가하고, 다른 편에서는 감소한다. 우리는 어느 쪽이 절댓값으로 더 클지 잘 모른다. 사실 이 부분의 예측이 가장 어렵다.

3) 시장 노동의 변화

핀란드의 기본소득 실험에서 가중 주목받는 부분이 시장 노동 공급의 변화이기도 하다. 물론 이는 기본소득을 어느 수준으로 정하는가에 크게 의존한다. 기본소득이 충분히 낮으면 전자가 클 것이고, 시장 노동 공급은 증가할 것이다. 충분히 높으면 후자가 클 것이고 시장 노동 공급은 감소할 것이다. 기본소득을 정할 때 재원은 물론, 노동 공급의 반응을 잘 살펴야 하는 이유이기도 하다. 기본소득 월 50만 원은 이를 함께 감안한 금액이다. 앞서 설명한 이유(비시장 활동의 가치)로 꼭 노동 공급이 현재 상태에서 균형을 유지해야 한다고 주장하는 것은 아니다. 오히려 노동 공급이 다소 줄어드는 것이 바람직하다고 생각한다.

귀하는 기본소득으로 화장실 청소, 환경 미화, 노가다 등 기피 업종에 일하는 사람이 없어질 수 있다고 염려했다. 필자는 선별적 복지의 제약에서 풀려난 노동 공급의 증가가 그 효과를 일부 상쇄할 것이고, 그 크기는 기본소득에 의존한다고 말했지만, 기본소득이 충분히 높으면 그 우려가 현실로 나타날 것임을 인정한다. 그렇게 된다는 가정 아래 그러면 어떤 일이 생길 것인가를 생각해보자. 이러한 기피 업종의 임금이 오르거나, 작업 조건(일의 강도, 안전성, 직업의 안정성과 승진 전망 등)이 개선될 것이다.[15] 그것은 아마도 자연스럽고 바람직한 일이다. 또 이미 그런 일은 일어나고 있기도 하다. 구청에서 모집하는 환경 미화원[16]의 경쟁률은 이미 제법 높다. 직업의 안정성을 높이 평가하기 때문이기도 하지만, 작업 조건도 과거에 비해 크게 개선되었다.

사실 직업이나 소득의 안정성은 대단히 중요한 고려사항이다. 한국 청년들의 공무원 취업에 대한 과도한 편향도 안정성이 얼마나 중요하게 평가되는지를 잘 보여주고 있다. 기본소득은 궁극적인 안정성을 제공한다는 점을 덧붙여 둔다. 이를 위해서 기본소득은 저당, 압류로부터도 보호되어야 한다. 기본소득이 보장되면 사람들은 좀 더 진취적인 태도를 취할 수 있다고 추측된다. 아마도 과도한 공무원 편향도 완화될 것으로 기대할 수 있다.

5. 인플레이션의 문제

K씨의 마지막 질문은 짧다.

네 번째로 인플레이션 문제도 만만치 않을 것이라고 생각한다.

필자는 K씨가 어떤 내적 사유를 통해 기본소득과 인플레이션을 연결했는

15) 아파트 경비처럼 일부의 노동은 인공지능을 탑재한 자동화로 대체될 수도 있다.

16) 3호봉 기준 연 3800만 원 정도를 받는다.

지 모른다. 그렇지만 이 역시 실현 가능성에 대한 의구심이다. 아마도 재정으로 감당할 수 없다면, 돈을 찍어서 기본소득으로 나누어주면 인플레이션이 불가피하다고 생각했는지 모른다.

이제 인플레이션 문제를 생각해보자. 아직도 씨름하고 있는 나의 원래 전공 분야이기도 하다. 시카고 대학으로 유학을 간 이유도, "인플레이션은 언제 어디서나 화폐적 현상이다"라고 주장한 밀턴 프리드먼 교수를 만나기 위해서였다. 우선 이론으로나 실증으로나 프리드먼 교수의 말이 옳다는 것을 인정한다. 그렇다. 인플레이션(지속적 물가 상승)은 항상 과도한 통화량 증가로 생겨난다.

1) 인플레이션과 소득정책

인플레이션의 원인은 석유 가격이 갑자기 인상되어서도 아니고, 임금이 과도하게 인상되어서도 아니다. 물론 한때 그렇게 믿던 시절도 있었고, 지금도 그렇게 주장하는 사람도 없지 않다. 예를 들어, 노동자가 과도한 임금 인상을 주장하고, 기업은 고임금을 흡수하기 위해 상품 가격을 올리고, 그 결과 물가가 상승한다고 주장한다. 현재 공표되는 소비자 물가지수의 계산 방식(라스파이레스 지수 방식이라고 부른다)에 의하면, "담뱃값 인상(또는 석유, 임금)의 물가 상승 효과는 0.5%p이다"라는 식으로 보도되기 때문에 이러한 믿음이 더 강화되는 효과도 있다. 담뱃값의 물가 상승 효과 0.5%p는 다른 물건 가격은 그대로 있고, 담뱃값만 오르면(즉, 담배 구매량도 일정하고 다른 물가도 그대로라면) 물가지수가 어떻게 변화한다는 것을 표시할 뿐이다. 그것은 기계적인 산출 방식일 뿐 담뱃값-물가 사이의 인과관계를 말하는 것은 아니다. 담뱃값이 오르면, 구매량이 줄어들 수도 있고, 구매량이 일정하다면 다른 예산이 감소해 다른 물건 값이 떨어질 수 있다는 것을 무시한 것이다.

아무튼 그 이유로 '임금 상승 → 물가 상승 → 임금 상승 → …'으로 누적적 상승 과정을 염려하는 이론이 있었고, 그에 근거해 임금 상승을 생산성 상승분으로 억제하고, 물가도 원가 상승분으로 억제하는 임금-물가 통제정책이 미국, 한국을 비롯해 여러 나라에서 시행된 적이 있었다. 물론 정치권은 이를 '임금-물가 통제정책'이라는 말 대신에 '소득 정책'(income policy)이라는 미화된 이름으로 불렀다. 1970년대의 이야기다. 소득정책은 실패했다. 잘못된 진단에 잘못된 처방이었다. 한국의 물가 상승률이 두 자리에서 한 자리로 줄어든 것은 통화량(총통화)을 규제하고 난 1980년대 중반 이후의 일이다.

이상에서 필자는 귀하가 인플레이션을 걱정하는 것은 아마도 기본소득이 노동 공급을 줄이고, 임금 상승을 유발할 것이라는 짐작에서 나온 것이라고 추정한 것이다. 필자는 노동 공급의 감소, 임금의 상승을 전제하더라도 염려할 필요가 없다고 답한 셈이다.

2) 재정 규모와 인플레이션

다른 경로도 있다. 과도한 재정 지출로 인플레이션이 야기될 것이라는 주장도 생각할 수 있다. 사실 과도한 것이 아니다. 세금을 더 거두어 나누어주는 것뿐이다. 80 대 20의 사회에서 부자에게 20을 거두어 빈자에게 20을 주거나, 부자에게 40을 거두어 부자와 빈자에게 20씩 주거나, 순조세나 순재정의 크기는 마찬가지다. 명목상으로만 총조세와 총재정이 증가할 뿐이다.

그래도 기본소득에 의해 분배가 달라지기 때문에 총수요를 증가시키고, 그것이 인플레이션을 야기할지 모른다고 걱정할 수 있다. 아마도 선별적 복지든, 기본소득이든 80 대 20을 60 대 40으로 변환시키는 것은 마찬가지라고 말했지만, 기본소득이 더 효과적으로 이를 달성한다는 것은 사실이다. 그래서 사실은 선별적 복지에서는 실제로는 70 대 30으로 만들었고, 기본소득에서는 목표대로 60 대 40으로 만들었다고 하자. 그러면 한 이론(절대소득 가설)에 의하면 가난한 사람은 소비 성향(가처분소득 중 소비하는 비율)이 높아서(저축 성향이 낮아서), 총소비가 증가할 수 있다(서민층 소비재를 위한 총투자도 증가할 수 있다). 그러면 총수요가 증가한다. 그것은 일면 바람직하기도 하다. 그렇지만 인플레이션이 염려될 수는 있다.

이 주장은 두 연결고리를 필요로 한다. "첫째, 빈자는 부자보다 소비 성향이 높다. 둘째, 총수요가 증가하면 물가가 상승한다." 사실 두 주장 모두에 실증적 근거가 거의 없다. 일시적으로 가난해진 사람이 일시적으로 부자가 된 사람보다 소비 성향이 높은 것은 사실이지만, 항상적으로 가난한 사람이 항상적으로 부자인 사람보다 소비 성향이 높다는 증거는 없다(기본소득은 소득이 항상적으로 상승한 것에 해당한다). 그렇다면 한국이 과거보다 저축률이 낮아졌다는 것도, 중국이 미국보다 저축률이 훨씬 높다는 것도 설명되지 않는다.[17] 더욱이 통화량이 일정하다면, 총수요가 증가할 경우 오히려 물가는 낮아지는 경향이 있다. 거래량이 늘어남에 따라 화폐에 대한 수요가 증가해 화폐 가치가 증가하기 때문이다. 결국 통화량이 인플레이션을 좌우한다.

혹시 귀하가 기본소득의 재원이 모자라서 통화 증발로 조달할 것을, 따라서 그로 인한 인플레이션을 염려하는 것이라면, 그러한 염려는 옳다. 통화 증발은 재정 조달의 최후의 수단이고 일시적일 뿐이다. 지속적으로 지급되는

---

17) 같은 이유에서 기본소득이 소비 수요(또는 총수요)의 증가를 통해서 소득주도 성장을 이룰 것이라는 기대도 실증적 근거가 없다. 성장의 경우, 소비율, 저축률 중 어느 쪽의 증가가 성장에 더 유리한지부터 밝혀야 한다. 실증은 저축률의 증가, 즉 자본 축적률의 증가가 성장에 유리하다는 쪽이다. 다만, 기본소득이 자원배분의 효율성 증진을 통해서 경제성장, 즉 비시장 활동은 물론 시장 활동도 촉진할 것임은 거의 분명해 보인다.

기본소득은 통화 증발로 조달할 수도 없고, 조달해서도 안 된다.

이상으로 K씨의 네 가지 질문에 대한 고찰을 마친다. 요컨대, 기본소득에 대한 일반적인 의구심은 재원이든, 증세든, 노동 공급이든, 인플레이션이든 결국 실현 가능성(정부예산 제약, 자원 제약)에 대한 의문들이다. 일반인은 기본소득의 긍정적 효과에 대해서 의문을 갖거나 더 많은 설명을 요구하는 것이 아니다.

6. 이행의 문제: 무상보육의 기본소득 전환의 경우

경제학자는 이행의 문제에도 관심을 가져야 한다. 기본소득은 복지의 큰판을 흔드는 제도적 변화를 의미한다. 많은 제도와 정책이 이에 맞추어 이행되어야 한다. 과도기적 이행기의 문제를 감안하면, 점진적 접근이 전반적 개편보다 좋을 수도 있다. 이하에서 필자는 무상보육을 기본소득으로 전환하는 점진적인 기본소득 이행 방안을 고찰하고자 한다. 즉, 새로 태어나는 아기부터 월 50만 원을 지속적으로 지급하는 방식으로 점차 기본소득을 도입하는 것이다. 필자는 이것이 기본소득을 도입하는 최선의 방법이라고 주장하는 것은 아니다. 그보다는 구체적 과정을 상정함으로써 기본소득의 도입에 따르는 긍정적 효과와 부정적 효과를 구체적으로 검토하는 것이 더 중요하다고 생각한다.

1) 무상보육과 기본소득

이를 현행 무상보육과 비교하면, 당분간(5년 동안) 재원 문제는 없게 된다.

물론 기본소득이 무상보육을 흡수하는 것을 전제로 한 것이고, 현행 전일제 보육의 경우 월 78만 원의 보육비가 보육원에 지급되기 때문이다. 오히려 그 차액과 무상보육 시행의 관리·감독 비용만큼 예산이 남게 된다. 물론 그 이후에는 새로운 아기가 태어남에 따라, 또한 기본소득의 대상이 확대됨에 따라, 재정 부담은 점진적으로 늘어나게 된다.

우선 부모로서 새 아기가 태어날 때, 현행의 무상보육을 선호할까, 기본소득을 선호할까를 생각해본다. 이 질문은 무상보육을 선택할 때 78만 원(종일제의 경우)의 지원을 받고, 기본소득으로는 50만 원만 받기 때문에 의미가 생긴다. 그렇지만 무상보육은 한시적이고, 기본소득은 평생 지급되기 때문에 기본소득을 선호할 수 있다.

필자는 두 가지 이유로 기본소득이 선택될 것이라고 믿는다. 아기에게 평생 안정적인 소득이 보장된다는 매력이 훨씬 더 중요하다는 것이 첫 번째 이유다. 안정적 소득은 취업시장에 괴물 같은 영향을 미치는 요인임이 충분히 증명되고 있다. 이것은 충분히 매력적이어서 출산율에도 직접적인 영향을 미칠 것이다.

2) 현물 지원과 현금 지원

두 번째 이유는 좀 더 미묘하다. 현금으로 지급되는 기본소득이 무상보육이라는 현물 지원보다 더 소중하다는 것이다. 현재의 무상보육은 보육원에 지급하는 것이다. 즉, 보육원에 다니면 받고, 그렇지 않으면 받지 못한다.[18] 다른 지원이 그렇게 이루어지는 경우는 드물다. 식당에서 밥을 사먹으면 정

---

18) 보육원에 다니지 않으면, 육아수당 10만 원만 지급된다.

부가 식당에 밥값을 지불하되, 집에서 밥을 해 먹으면 지원하지 않는 경우는 없다. 결국 보육원에 강력한 정책적 지원을 하는 셈이다. 그 결과, 종일제 78만 원에 반일제 68만 원으로 책정해도 보육원이 휴업을 내세우며 강력하게 반발한다. 식당에서 먹는 횟수를 반으로 줄일 때, 정부가 지원금을 15% 정도 줄이면 식당들이 강력하게 반발하는 격이다. 물론 일부 보육원장들이 막대한 권리금과 이득을 챙기는 문제는 있지만, 어려운 보육교사들의 임금으로 지급되고, 또한 부모의 보육 부담을 덜어주니 크게 보아서 별다른 문제는 없다고 볼 수도 있다. 중앙재정이냐 지방재정이냐라는 정치적 다툼도 결국 국가재정의 문제이니 큰 문제는 아닐 수 있다.

그렇지만 현행의 무상보육은 중요한 인센티브 문제를 가지고 있다. 원래의 목적은 아마도 맞벌이 부부의 육아 부담을 덜어주어 출산율, 고용률을 올리는 데 있었다. 그런데 전업주부에 대한 차별이라는 비판이 대두되자, 전업주부도 보육시설을 이용할 수 있게 했다. 어린 아기를 엄마가 기르는 것이 좋은지, 보육학자가 주장하듯이 사회성을 위해 일찍부터 보육원에 보내는 것이 좋은지는 논쟁거리다. 그렇지만 전업주부들도 필요에 따라 맡길 수도 있고, 데려올 수도 있는 무상보육을 마다할 리 없다. 더욱이 보육시설(특히 믿고 맡길 만한 좋은 보육시설)이 제한된 가운데, 보육원에서는 전업주부의 아기를 선호하는 경향이 생겼다. 맡기는 시간이 짧거나, 시간을 잘 지키기 때문이다. 그러므로 원래의 목적이었던 맞벌이 부부에 대한 구축 효과가 생겨났다. 이를 완화하기 위해 생겨난 것이 반일제이다. 전업주부에게 반일제를 선택하면 월 5만 원의 육아수당이 지급된다. 그렇지만 자유롭게 맡길 수 있는 종일제에 비하면 시간당 500원 정도의 이득에 불과하므로 반일제를 선택하는 사람이 드물다.

물론 제도는 역사적 과정을 따라 진화하는 것이므로, 모든 진화의 과정이 그런 것처럼 체계적으로 최적의 모습을 갖추기는 어렵다. 그렇지만 상당한

예산이 드는 현행의 무상보육 제도가 출산율에 얼마나 긍정적인 효과를 미치는지는 검토할 필요가 있다. 게리 베커(Gary Becker)의 「결혼의 이론 1(Theory of Marriage, Part 1)」(1973)에 의하면 결혼도 출산도 당사자의 경제적 여건과 환경의 변화에 의존한다. 냉정하다고 먼저 비판하고 나설 일은 아니다. 누가 현실을 더 정확히 예측하는가가 중요하다. 이 논문이 나올 때까지 한국은 산아제한 정책을 시행하고 있었으며, 유교적 사상 때문에 출산율이 너무 높다고 개탄하고 있었다. 그 설명에 의하면 한국은 계속 출산율이 높거나, 적어도 세계 최저가 되어서는 안 된다.

특히 중요한 환경의 변화는 전통적으로 일손을 보태고 노후의 보험이 되었던 자녀가 기르는 기쁨을 주고 또 남에게 내세워 자랑하는 명품으로 변화했다는 것이다. 필수품에서 사치품으로 변한 셈이다. 그렇게 변화한 데는 산업사회의 변화, 대가족 제도의 붕괴, 사회보장 제도의 보급 등 여러 이유가 있을 것이다. 아무튼 여성이 명품 백을 찾듯이, 저가의 여럿보다 고가의 하나가 더 자랑스러운 명품이 되었다고 치자. 그러면 무상보육이 어떤 효과를 가질 것인가? 이는 마치 여성 백을 살 때, 정부가 보조금을 지급하는 것과 같다. 그러면 보조금만큼 더 비싼 백을 찾게 될 것이고, 전반적으로 명품 백의 가격이 상승할 것이다. 보조금으로 일부는 더 많은 백을 사기도 하겠지만 그 효과는 명품 백의 가격 상승에 의해 반감될 것이다. 결국 무상보육은 특수활동 명목의 추가 비용을 발생시키거나, 보육 외의 육아 비용을 상승시켜서 육아의 고비용 저효율 구조를 심화시킬 수 있다.

기본소득은 현물 지원을 현금 지원으로 바꿈으로써 이러한 보육 편향과 그로 인한 비효율, 갈등을 없앤다. 0~2세 아기가 어머니의 품이냐, 보육시설이냐는 선택은 정부가 아니라, 어머니에게로 돌아가야 한다. 보육시설은 정부의 요구가 아니라, 고객의 수요에 기민하게 반응해야 한다. 맞벌이 부부에게

특혜가 가지 않는다고 불평할 일이 아니다. 보육비를 충당하지 못하는 일자리를 가진 주부는 기본소득을 받고 가정으로 돌아가게 하는 것이 올바른 노동의 배분이다.[19] 결국 현물 지원을 현금 지원으로 바꾸어 출산 지원의 효율성을 올리는 두 번째 이유만으로도 출산율이 증가할 것이다.

새로 태어나는 아기에게 평생의 기본소득을 보장하면 일부에서 출산율이 너무 오르지 않을까 하는 염려도 있을 수 있다.[20] 자녀를 낳고 기르는 데도 남다른 애착이나 비교 우위, 규모의 경제가 작용하기도 한다. 그러면 일부에서는 기본소득을 바탕으로 출산과 육아에만 전념하는 가족이 생겨날 수도 있다. 필자는 그 정도의 다양성은 우리 사회가 충분히 포용할 수 있고 염려할 일이 아니라고 생각한다.

무상보육의 기본소득으로의 전환에서도 점진적인 선택이 가능하다. 새로 태어나는 아기에게 평생 기본소득을 지급하는 것이 아니라 중학교, 또는 대학교를 졸업할 때까지만 기본소득을 지급하는 것도 가능하다. 부모에게 무상보육이냐, 기본소득이냐를 선택하도록 할 수도 있다. 필자는 그 정도만 되어도 부모는 기본소득을 선택할 것이라고 믿는다.

---

19) 비시장 노동(육아 등 가사활동)을 시장 노동으로 바꾸는 것이 바람직하지 않다면, 같은 이유로 단순히 고용률을 높이는 것이 올바른 정책 목표는 아니다. 오히려 미국처럼 어머니들이 모여 베이비 시팅 클럽(보육협동조합)을 만드는 것이 더 효과적일 수 있다.

20) 현행의 낮은 출산율은 일부 이행기 현상에 기인하고 있으므로, 곧 어느 정도 반등할 것이라고 예상된다. 이행기란 평균수명이 늘고, 교육 기간이 길어짐에 따라, 또 맞벌이 부부가 늘어나고 의료기술이 발전함에 따라, 결혼 연령과 출산 연령이 늦어지는 것을 말한다. 현행의 출산율 산출 방식(=연도별 출생아수/연도별 가임 여성인구)에 의하면, 균제 상태의 출산율이 동일하게 유지되더라도 이행기에 출산율이 떨어지기 마련이다. 그 조정이 거의 끝났으므로, 이제 출산율이 반등할 것이라는 의미이다.

7. 요약과 결론

이 글의 일차적인 목적은 일반인이 기본소득에 대해서 전형적으로 갖는 의구심을 검토하는 것이었다. 이를 인터뷰 기사를 본 K씨라는 독자가 메일로 보낸 질문에 답변하는 형식으로 작성했다. 아무런 소개가 없었으므로, 필자는 중년 이상의 교양인이 던진 반론이라고 생각하고 이에 답했다. 사실 K씨가 김 아무개라는 이름의 경제학과 1학년 학생이라는 것은 나중에 답신을 통해서 알게 되었다.[21] 답신의 주요 부분을 소개하면 다음과 같다(경어체를 고치지 않고 그대로 소개하는 것을 양해하시기 바란다).

> 교수님의 주장을 우연히 보았을 때 상당히 큰 충격을 받았습니다. 주장 자체도 획기적이기도 했고 하이에크와 프리드먼의 대학인 시카고 대학 출신인데 그들의 일반적 주장과는 약간 다르지 않나 싶기도 했습니다. (물론 이것도 제가 잘못 알고 있었음을 깨달았습니다.) 또한 저는 요즘 사회에서 논란이 되는 청년수당부터 시작해서(물론 이것과는 다른 경우임을 교수님께서 설명해주셨습니다), 스위스의 기본소득제 등 이런 생각을 바탕으로 상당히 오랜 기간 이 논의에 대해 숙고해보았습니다. 그리고 최종적으로 얻은 의문이 바로 제가 제기한 질문들입니다.
>
> 첫 번째 답변으로 깨달은 것은 기본소득제는 일종의 복지 통폐합이고 이로 인해 행정적인 비용 문제를 해결할 수 있다, 이 정도인 것 같습니다. 제가 약간 잘못 이해한 부분도 있어 의문점을 해소할 수 있게 되었습니다. 그리고 제가 첫 번째에서 제기한 의문 중 정파를 초월한 지지에 대해서 덧붙이면 저는 일반적으로

21) 어느 대학에 다니는지는 물어보지 않아서 모른다. 인하대가 아닌 것은 분명하다.

보수 우파들은 감세와 복지 축소를 주장하는 것으로 알고 있어서, 복지 예산이 늘어난다면 포괄적인 복지로 자유를 보장하는 것에서의 반발이 아니라 증세에 대한 반발이 있지 않을까 하는 의도에서 여쭤본 것입니다. (순조세 개념으로 이 의문 또한 해결된 것 같습니다. 표면적으로만 보고 반발할 수도 있겠지만.) 노동 공급에 대한 세 번째 답변은 노동에 대한 저의 인식을 크게 바꾸는 계기가 된 것 같습니다. 또한 인플레이션에 대한 의문 또한 명쾌하게 해결되었습니다.

필자는 K군의 질문이 여전히 기본소득에 대한 일반 교양인의 전형적인 의구심이라고 믿는다. 즉, 기본소득의 효과보다는 실현 가능성, 즉 재정 조달의 문제나 정치적 합의, 증세와 조세저항, 노동 공급의 위축, 인플레이션에 의구심을 갖고 있다. 기본소득이 바람직하다면, 기본소득이 보장되는 사회를 아름답게 그리는 것보다 이러한 의구심을 해소하는 것이 우선일 것이다.

전형적인 질문을 검토하는 과정에서 얻은 중요한 결론은 다음과 같다. 첫째, 기본소득은 원칙적으로 빈곤에 근거한 모든 소득 지원을 흡수해야 한다. 그것은 증세 부담을 줄이면서 기본소득에 필요한 재원을 확보하고, 선별적 복지의 비효율을 최소화하기 위한 필요조건이기도 하다. 그럼에도 불구하고 장애, 장기요양, 교육을 위한 선별적 복지는 유지되어야 한다.

둘째, 무상급식에서 촉발된 한국의 보편복지와 선별복지의 논쟁은 결과적으로 기본소득에 대한 좌우 대립의 중요한 요소를 제거함으로써 정치적으로 기본소득을 받아들이기에 유리한 지형을 만들어냈다. 아울러 기본소득의 실현 가능성만 보장되면 환경, 여성, 시민, 종교 단체의 광범한 지지를 받을 수 있다.

셋째, 증세와 조세저항과 관련해 총조세와 순조세의 개념을 구분하는 것이 중요하다. 심리적인 총조세에 대한 저항을 완화하기 위해 증세의 이름을 기본소득세, 또는 기본소득 기여금으로 명명하는 것이 바람직하다. 또한 정부의 크기를 판단하는 경우에도 총예산과 순예산의 개념을 구분하는 것이 중요하다.

넷째, 기본소득이 보장될 경우, 시장 노동의 공급은 증가할 수도 감소할 수도 있다. 즉, 빈곤의 함정이 없어지는 만큼 증가하기도 하고, 최소생계를 위해 시장 노동으로 내몰리던 시장 노동이 감소하기도 한다. 우리는 시장 노동 못지않게 비시장 노동이 중요하다는 것도 인식해야 한다. 다만 시장 노동의 급격한 감축은 바람직하지 않으므로, 또 시장 노동의 증감은 기본소득수준에 의존하므로, 기본소득수준을 정할 때 재원뿐만 아니라 시장 노동에 미치는 영향을 신중하게 고려해야 한다.

다섯째, 기본소득이 인플레이션을 야기할지 모른다는 우려는 기본소득의 재원의 전부 또는 일부를 통화 증발로 조달할 경우에만 타당하다. 그것은 가능하지도 필요하지도 않다. 아울러 기본소득이 총수요 증가를 통해서 소득 주도 성장을 가져온다는 주장은 이론적·실증적인 근거가 없다. 기본소득이 사회 갈등을 줄이고, 자원배분의 효율성을 증대시켜서 저축과 성장을 촉진하는 효과가 더 클 것으로 예상된다.

질문과 별도로 필자는 기본소득을 도입하는 실천적·점진적 방법으로 새로 태어나는 아기부터 무상보육의 재원을 흡수해 기본소득을 지급하고 점차 확대하는 방안을 검토했다. 이를 통해 우리는 현재의 선별적 복지가 어떻게 자연스러운 엄마의 선택을 왜곡할 수 있으며, 사회적 갈등을 증폭시키는지를 살펴볼 수 있었다. 더욱이 무상보육은 당면한 문제인 출산율을 제고하는 효과를 가지기 어렵다. 기본소득은 원래의 자연스러운 선택을 통해서 가족제도를 보호하고 출산율을 높이는 효과를 갖는다. 이것이 기본소득을 도입하는 최선의 방법은 아니겠지만, 현실적으로 기본소득으로 이행 가능한 경로가 있다는 것은 분명하다.

기본소득은 아직 항해하지 않은 미지의 바다다. 일부 지역에서 부분적인 기본소득이 실험된 것만으로는 기본소득이 전면적으로 실현된 사회가 어떤 사회가 될지를 추정하기는 어렵다.[22] 기본소득은 우리의 경제와 사회를, 나아가 우리는 가치와 문화까지 근본적으로 변화시킬 것이다. 그것은 거대한 파도같이 긴 파장을 가지고 우리의 생활을 변화시킬 것이다. 이 글은 바닷가도 가지 못하고, 서재에서 우리의 항해가 어떨 것이라고 추정하는 입문적 고찰에 불과하다. 우선은 관련된 지식의 조각들을 모아 추론하고, 전면적인 실행의 파장은 핀란드의 실험을 지켜보는 것이 최선일 것이다.

22) 알래스카의 영구기금이 대표적으로 안정적인 부분 기본소득이지만, 규모는 월 10만~20만원 수준이다. 1960년대 미국과 캐나다의 실험, 노스캐롤라이나 주의 실험, 브라질, 인도, 나미비아, 우간다의 부분 실험도 있지만, 단편적이고 지속적이지 않았다. 안정성, 지속성은 기본소득의 영향을 결정하는 데 매우 중요한 요소이다.

참고문헌

김태동 외. 2016. 『비정상 경제회담』. 옥당.

인터뷰. 2016.3.30. "장세진 교수가 '기본소득제'를 주장하는 이유." http://www.factoll.com/page/news_view.php?Num=3047.

Becker, Gary. 1973. "Theory of Marriage, Part I." *JPE*.

Hayek, Friedrich. 1973. *Law, Legislation and Liberty*.

Paine, Thomas. 1795. *Agrarian Justice*.

지은이(수록순)

박순일

미국 위스콘신 대학교(매디슨) 경제학 박사

전 한국보건사회연구원장

현재 한국사회정책연구원 대표이사

주요 연구: 「한국 공적연금제도의 평가와 정책적 함의」(공저, 2015), 『복지경쟁 그 끝은 어디인가: 경제와 사회의 균형순환발전모형』(2012), 『한국사회의 빈곤을 끝내는 길』(2010), 『위기의 사회보험 리모델링』(2009), 『21세기 한국사회의 통합과 정책이념의 방향』(공저, 2009)

최영기

서울대학교 경제학과 졸업, 텍사스 주립대학교(오스틴) 경제학 박사

현재 한림대학교 객원교수

주요 연구: 『어떤 복지국가인가?: 한국형 복지국가의 모색』(공저, 2013), 『한국의 노사관계와 노동정치』(공저, 1999)

김현경

고려대학교 경제학과 졸업, 메사추세츠 주립대학교 경제학 박사

현재 한국보건사회연구원 부연구위원

주요 연구: 『근로빈곤층 경제활동상태 변화와 복지정책 수요』(공저, 2016), 『시간제 일자리 확산이 불평등과 빈곤에 미치는 영향』(공저, 2016), 「한국의 소득불평등과 빈곤율 변화의 요인별 기여도 분석」(2016, 공저), "Labor Market Reforms, Temporary Workers and Wage Inequality"(공저, 2016)

이병희

서울대학교 경제학과 졸업, 서울대학교 경제학 박사

현재 한국노동연구원 선임연구위원

주요 연구: 「노동소득분배율과 가구소득 불평등 관계」(2016), 「사회보험료 지원정책의 효과 분석: 고용보험을 중심으로」(2015), 「한국형 실업부조 도입의 쟁점과 과제」(2013), "Informal work in Korea: Non-regulation or Non-compliance?"(2017)

이상영

서울대학교 경제학과 졸업, 서울대학교 경제학 박사
현재 명지대 부동산학과 교수
주요 연구: 『서울리츠 2030신주거전략』(공저, 2017), 『기업형 임대주택공급활성화를 위한 금융지원방안연구』(공저, 2017)

남기곤

서울대학교 경제학과 졸업, 서울대학교 경제학 박사
현재 한밭대학교 경제학과 교수
주요 연구: 『실사구시 한국경제』(공저, 2013), 『경제학자, 교육혁신을 말하다』(공저, 2011), "Until When Does the Effect of Age on Academic Achievements Persist?: Evidence from Korean data"(2014)

강병구

인하대학교 경제학과 졸업, 뉴욕 주립대학교 경제학 박사
현재 인하대학교 경제학과 교수
주요 연구: 「복지국가의 대안적 재정체계」(2014), 「근로장려세제와 최저임금제도의 분배효과 비교」(2009), 「양극화 해소를 위한 조세재정정책」(2007), 「공적 이전소득의 분배 및 노동공급 효과」(2004), 「근로소득의 불평등 변화에 대한 요인분석」(공저, 2003)

장세진

서울대학교 경제학과 졸업, 시카고 대학교 경제학 박사
현재 서울사회경제연구소 소장
주요 연구: 「주택 매매가격과 전세가격의 동학」(2017), 『비정상경제회담』(공저, 2016).

한울아카데미 2046

서울사회경제연구소 연구총서 XXXVI

인간다운 삶을 위한 경제정책

엮은이 | 서울사회경제연구소
지은이 | 박순일·최영기·김현경·이병희·이상영·남기곤·강병구·장세진
펴낸이 | 김종수
펴낸곳 | 한울엠플러스(주)
편 집 | 조인순

초판 1쇄 인쇄 | 2017년 12월 20일
초판 1쇄 발행 | 2017년 12월 30일

주소 | 10881 경기도 파주시 광인사길 153 한울시소빌딩 3층
전화 | 031-955-0655
팩스 | 031-955-0656
홈페이지 | www.hanulmplus.kr
등록번호 | 제406-2015-000143호

Printed in Korea.
ISBN 978-89-460-7046-2 93320(양장)
978-89-460-6416-4 93320(반양장)

※ 책값은 겉표지에 표시되어 있습니다.
※ 이 책은 강의를 위한 학생용 교재를 따로 준비했습니다.
강의 교재로 사용하실 때에는 본사로 연락해주시기 바랍니다.

외환위기와 그 후의 한국 경제

외자가 재벌을 공격한 사건, 외환위기
미국이 만들고 한국 노동자가 떠안은 위기

이 책은 외환위기의 성격과 그 후의 한국 경제의 성과를 살펴본다. 그러기 위해 기존 문헌들을 살펴보고 그에 나타나는 견해의 차이를 분석하고 정리한 뒤 필자 나름대로 의견을 제시한다. 이 과정에서 금융이나 노동 등 경제학의 분야에 따라 다른 견해를 "종합"하고 그에 따른 결론을 내린다.

필자는 외환위기 이전 한국 경제가 후진적이어서 위기를 맞았다는 분석에 반박을 제기한다. 책은 "당시 한국 경제는 언젠가는 금융위기가 일어날 수밖에 없는 구도였지만 그렇다고 외환위기로 가는 것과는 다른 얘기였다. 외환위기는 외환보유액이 부족해 발생한 유동성 위기였다"고 지적한다.

이 책은 국제통화기금(IMF) 외환위기의 성격을 규정하면서, 당시 상황을 복기하고, 환란 이후 한국 경제의 변화상까지 세세하게 담았다. 정부 차원에서 내놓은 외환위기 백서(白書)가 없는 상황이니 이 사태의 기승전결을 두루 확인하고 싶은 독자라면 반가울 만한 책이다. 학자들에게도 중요한 참고자료가 될 듯하다.

> 결국 미국은 그냥 두면 동아시아 내에서 해결될 유동성 부족 사태를 IMF로 가게 해서 사실상 외환위기를 "일으킨" 뒤, 자신의 요구 사항을 철저히 관철시키고 해결해 준 셈이다. 병 주고 약 주면서 약값을 많이 받아낸 꼴이다. _ 134쪽

지은이
이제민

2017년 11월 20일 발행
신국판
480면